国企视点

中国大连高级经理学院学术著作出版资助项目

中国特色国有企业管理

MANAGEMENT OF STATE-OWNED ENTERPRISES WITH CHINESE CHARACTERISTICS

陈占夺 著

中国经济出版社
CHINA ECONOMIC PUBLISHING HOUSE
·北京·

图书在版编目（CIP）数据

中国特色国有企业管理 / 陈占夺著．--北京：中国经济出版社，2022.6（2025.11 重印）

ISBN 978-7-5136-6932-0

Ⅰ．①中… Ⅱ．①陈… Ⅲ．①国有企业-企业管理-研究-中国 Ⅳ．①F279.241

中国版本图书馆 CIP 数据核字（2022）第 081205 号

责任编辑　王西琨
责任印制　李　伟
封面设计　任燕飞装帧设计工作室

出版发行　中国经济出版社
印 刷 者　北京科信印刷有限公司
经 销 者　各地新华书店
开　　本　710mm×1000mm　1/16
印　　张　14.75
字　　数　268 千字
版　　次　2022 年 6 月第 1 版
印　　次　2025 年 11 月第 4 次
定　　价　68.00 元
广告经营许可证　京西工商广字第 8179 号

中国经济出版社 **网址** www.economyph.com **社址** 北京市东城区安定门外大街 58 号 **邮编** 100011
本版图书如存在印装质量问题，请与本社销售中心联系调换（联系电话：010-57512564）

前 言

企业的异质性决定了企业管理的差异性，我国国有企业的性质、使命、功能、目标决定了国有企业管理是有“中国特色”的，也就是说，国有企业做强做优做大、建设世界一流企业，需要具有中国特色的企业管理理论。企业管理的终极目的是基于企业性质实现企业目标、发挥企业功能、履行企业使命。任何企业都不是一个封闭的独立的经济体，而是一个与其依附的社会、政治、法律等上层建筑密切联系、相互依存、相互作用的开放系统。我国国有企业的性质、使命、功能、目标与一般意义上的企业，特别是西方国家的企业有着显著差异，如果仅依赖西方管理理论，忽视我国国有企业管理的特殊性，是难以取得预期管理成效的。因此，搞好国有企业不仅需要借鉴西方成功的管理经验，遵循市场经济规律，发挥市场经济规律在激发企业活力、激发职工经济内生动力上的显著优势，而且要立足于我国国情，遵循人类社会发展规律、遵循党的建设规律，发挥中国特色社会主义制度的显著优势，从而在企业层面实现市场经济规律优势和中国特色社会主义制度优势的有机统一。

国有企业的性质需要从两个维度加以分析：从所有权属性上看，国有资产具有人民性，国有企业管理经营的主要是国有资产；从生产关系上看，国有企业体现的社会主义生产关系是社会主义公有制的基本实现形式。国有企业的使命具有时代性，新时代国有企业的使命主要体现在：国有企业是中国特色社会主义的重要物质基础和政治基础。国有企业的功能也具有时代性，新时代国有企业的功能主要有：经济增值与分配功能、科技创新主体功能、产业引领功能、战略安全功能、国计民生功能、公共服务功能等六个方面。新时代国有企业的目标主要包括：做强做优做大，建设世界一流企业；坚持党的领导，加强党的建设，建立中国特色现代企业制度；积极履行社会责任，发挥国有企业的社会功能。

本书以我国国有企业为研究对象，从“中国特色”出发，旨在从理论层面探索企业管理的“中国模式”，为企业管理贡献“中国方案”，为管理实践提供理论支撑，为国有企业管理者提供“适合管用”的管理工具和管理方法。

从新民主主义革命时期开始，中国共产党就一直在探索适合我国国有企业的管理模式，通过企业实践不断提炼具有中国特色的企业管理理论。在新民主主义革命时期形成了“三人团”领导体制。在社会主义革命和建设时期，先是借鉴苏联的“一长制”，后来逐步演变为“党委领导下的厂长负责制”，结合中国国情逐渐形成了以“两参一改三结合”为主要管理制度的“鞍钢宪法”。在改革开放和社会主义建设新时期，全面实行了厂长（经理）负责制，1992 年提出了“三句话”方针，从 1993 年开始探索建立现代企业制度。党的十八大以来，中国特色社会主义进入新时代，习近平总书记提出“两个一以贯之”原则，创新性地将党的领导和现代企业制度有机结合起来，要求建立中国特色现代国有企业制度。

梳理总结新民主主义革命时期以来国有企业管理的历史经验，并从理论上加以归纳，可以发现国有企业管理至少在四个方面具有鲜明的中国特色：公司治理、战略管理、职工管理、党的建设，如图 0-1 所示。

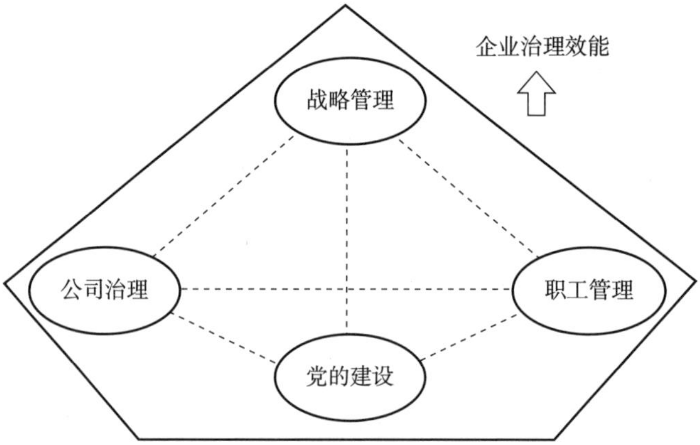

图 0-1 国有企业管理的四个“中国特色”

第一，在公司治理上具有中国特色。除董事会、经理层、监事会等治理主体外①，党委（党组）也是国有企业法定治理主体之一。在国有企业公司治理中，股东会是公司的权力机构。《中华人民共和国公司法》（以下简称《公司法》）规定：“国有独资公司不设股东会，由履行出资人职责的机构行使股东会职权。”国有企业党委（党组）发挥领导作用，把方向、管大局、保落实，依照规定讨论和决定企业重大事项。董事会是公司的决策机构，职能

① 按照 2024 年 7 月 1 日起施行的新《公司法》以及相关制度规定，国有企业中不设监事会，由审计委员会承担监事会职责。

是“定战略、作决策、防风险”。经理层是公司的执行机构，职能是“谋经营、抓落实、强管理”。监事会是公司的监督机构①，依照有关法律法规和公司章程设立，对董事会、经理层成员的职务行为进行监督。国有企业治理需要坚持“两个一以贯之”原则，做到坚持党的领导和完善公司治理相统一，在提高决策质量的同时确保决策效率，统筹发挥好中国特色社会主义制度优势和市场经济规律优势，使企业更好地统筹经济目标、政治目标和社会目标。

第二，在战略管理上具有中国特色。与一般意义上企业的战略管理不同，国有企业战略是国家战略的一部分，与国家战略是密不可分的整体。国有企业战略管理需要从三个层次加以考虑：一是要站在国家战略全局的高度进行考虑。国有企业必须贯彻落实国家战略，发挥国有经济对国家战略的支撑作用。二是要站在国有经济整体的高度进行考虑。坚持有所为有所不为，聚焦主责主业，推进国有经济布局优化和结构调整。三是要从企业自身的发展上进行考虑。国有企业特别是中央企业都是大型企业，需要充分运用西方成熟的战略管理理论，确保不同板块之间的战略协同，培育核心竞争优势，形成独特的价值创造模式。

第三，在职工管理上具有中国特色。首先，职工不仅是企业管理的对象，还是参与企业管理的主体。在我国国有企业中，职工既是企业宝贵的人力资源，同时，职工的全面发展也是企业追求的目标之一。与“资本雇佣劳动”相对应，“劳动雇佣资本”是国有企业职工管理的方向。在国有企业管理中，要坚持全心全意依靠工人阶级的方针，体现工人阶级主人翁地位，巩固党执政的阶级基础。其次，国有企业职工的人性假设具有鲜明的奉献性特征。国有企业职工队伍中的中国共产党党员是中国工人阶级中有共产主义觉悟的先锋战士，职工群众具有主人翁精神，这决定了国有企业职工具有奉献精神，具有利他主义行为倾向。再次，国有企业职工队伍建设需要同时激发经济内生动力和精神内生动力。最后，国有企业领导人员队伍建设需要坚持党管干部原则与市场化选人用人相统一。

第四，在党的建设上具有中国特色。在国有企业管理中，党的建设是企业管理的重要内容。首先，党的组织是国有企业组织体系中不可或缺的组成部分。除经营管理组织体系外，国有企业中还有党的组织体系，这是西方企

① 没有设立监事会的企业，监督职能由董事组成的审计委员会行使。另外，规模较小或者股东人数较少的有限责任公司，经全体股东一致同意，也可以不设监事。

业中所没有的。[1] 其次，坚持党的领导、加强党的建设是国有企业的独特优势，国有企业党的建设具有规律性和价值性。

本书共分六章，结构与逻辑如图 0-2 所示。其中前两章为背景和总论，后四章为分论。后四章分别论述了国有企业管理中具有中国特色的四个方面。

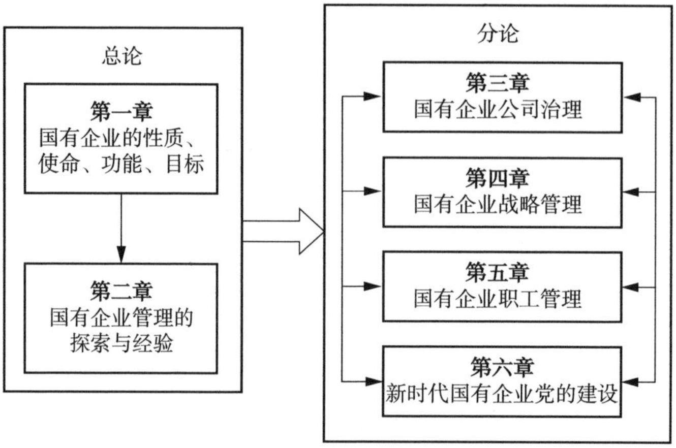

图 0-2　本书的结构与逻辑

第一章是国有企业的性质、使命、功能、目标。该部分旨在回答“国有企业是什么”“新时代国有企业的历史使命是什么”“国有企业应该/能够发挥哪些功能”“国有企业要实现哪些目标”等问题。

第二章是国有企业管理的探索与经验。该部分旨在通过分析国有企业管理的历史演进过程，从历史发展中探寻“中国特色国有企业管理的宝贵经验”。

第三章是国有企业公司治理。该部分旨在从“是什么”“为什么”“怎么办”三个方面构建公司治理的“中国模式”。

第四章是国有企业战略管理。该部分旨在从一般性和特殊性两个方面分析国有企业如何进行战略管理。

第五章是国有企业职工管理。该部分旨在从人性假设出发，着重分析国有企业中党员的价值追求、职工的主人翁精神对职工管理的影响。

第六章是新时代国有企业党的建设。该部分旨在从企业管理的视角探讨国有企业党的建设的任务与实践。需要特别说明的是，本部分将更多的笔墨放在了“如何通过国有企业党的建设创造价值”。

---

① 在我国民营企业中也同样有党的组织体系，只是党组织的职责定位与国有企业有所不同。

本书的适读对象包括国有企业中高层管理者。本书是关于国有企业管理的理论读物，旨在为国有企业管理者，特别是中高层管理者系统梳理国有企业管理与其他企业的不同，基于企业管理的“中国案例”和“中国实践”，尝试从理论高度提炼出企业管理的“中国模式”，从而为国有企业管理者提供更适合我国国有企业的管理工具和管理方法。

本书的适读对象也包括管理学学科的研究生。本书可作为硕士生和博士生的教材，使其整体、系统地理解国有企业管理，深入了解国有企业管理的独特性，并可以在整体把握下对国有企业管理的某一具体方向进行深入研究。

本书的适读对象还包括企业管理的理论研究者。国有企业取得的伟大成就足以证明国有企业在管理中的“中国特色”是符合客观规律的，是具有显著优势的。因此，企业管理应该有“中国学派”，也一定有“中国学派”。

本书适合作为国有企业高管培训，包括致力于管理者能力提升的中长期培训，以及公司治理、战略管理、职工管理、党的建设等专业性培训等的培训教材。

本书研究属于探索性研究。提炼企业管理的“中国学派”是一项伟大而艰巨的工程，本书只是在国有企业管理的“中国特色”方面进行了浅显的探索、粗略的总结。鉴于政治视野和理论素养不够，对企业实践的了解深度和剖析精准性不够，书中难免存在表述不准、内容疏漏之处，衷心希望各位读者不吝赐教，以便之后不断更新完善。

陈占夺

2022 年 5 月 19 日

目　录

第一章　国有企业的性质、使命、功能、目标

我国国有企业在管理上具有中国特色，这是企业管理理论差异性的体现。国有企业管理的“中国特色”，本质上是由国有企业在性质、使命、功能、目标上与其他类型企业的差异性决定的。为了便于对比研究，本书将企业分为中国国有企业、中国民营企业、西方国有企业、西方私营企业四种类型。不同类型的企业需要合适的管理理论和管理方法，通过这些合适的管理理论和管理方法使该类型企业的目标得以实现、功能得以发挥、使命得以完成。

本章共分四节，结构与逻辑如图 1-1 所示。

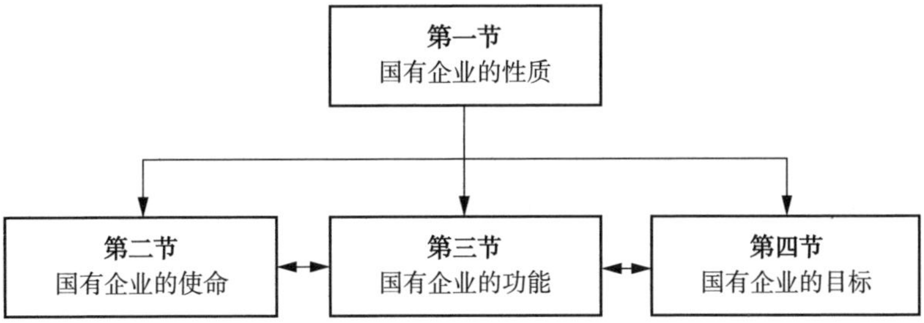

图 1-1　第一章的结构与逻辑

第一节　国有企业的性质

性质是事物本身所具有的与其他事物不同的根本属性，性质可以将某个事物区别于其他事物。企业性质是某种类型企业区别于其他类型企业的客观的根本属性。企业性质回答的是“我是谁”的问题。从性质的概念来分析，性质是客观的，是事物本身与生俱来的；性质是事物的根本属性，不是外表的特征。

一、决定企业性质的两个维度

企业是由股东出资成立的经济性组织，存在于特定的社会、政治环境之中，代表特定生产关系。因此，企业性质应该从所有权和生产关系两个维度加以确定。这两个维度是客观的，是企业成立之时就具有的，是企业的根本属性。

（一）所有权维度

对于企业为什么会存在这一问题，科斯认为，企业的本质是一种资源配置的机制，企业与市场是两种可以互相替代的资源配置方式，企业的边界最终将由市场机制的边际交易成本和企业组织的边际组织成本相等时的那一点决定。科斯把企业的边界理解为产权的内容（张宇燕、何帆，1996）。

从法律上讲，企业是由股东出资设立的经济性组织。企业主要以营利为目的，公司制是现代企业的主要形式。我国《公司法》规定："公司是企业法人，有独立的法人财产，享有法人财产权。公司以其全部财产对公司的债务承担责任。"

因此，所有权属性是企业性质的维度之一。分析企业性质必须考察企业的所有权性质和所有权结构。

（二）生产关系维度

企业是不是独立于社会和政治存在的呢？美国的私营企业是否完全地、纯粹地按照市场经济规律运作呢？

答案不言而喻。不同类型的企业是不同类型生产关系的具体体现。任何企业都不是一个纯粹的经济组织，而是存在于特定政治体制和社会环境之中的，并且与所处政治和社会密切联系、发生作用与反作用（宗寒，2010；张晨、张宇，2010；邵传林，2011）。从系统观念来看，任何企业都不是一个封闭的单纯的经济体，而是一个与其所处的社会、政治、法律等上层建筑密切联系、相互依存、相互作用的开放系统。无论是国有企业、民营企业，还是私营企业，都反映了其所在政治体制下的生产关系，是联系生产力和生产关系、联系经济基础和上层建筑的桥梁和平台。

因此，生产关系属性也是企业性质的维度之一。分析企业性质必须考察企业所代表的生产关系及在生产关系中所处的地位。

二、不同类型企业的性质比较

从所有权（自然人或非自然人所有）、生产关系（社会主义生产关系或资本主义生产关系）两个维度可以把企业分为中国国有企业、中国民营企业、西方国有企业、西方私营企业四类。[①] 需要特别说明的是，中国国有资产属于全体人民，而西方国家国有资产属于政府。根据所有权属性和生产关系属性的二维分法，这四类企业的企业性质如表 1-1 所示。[②]

表 1-1 不同类型企业的企业性质

维度	中国国有企业	中国民营企业	西方国有企业	西方私营企业
所有权	中国国有资产属于全体人民	民营资产属于自然人	西方国家国有资产属于政府	私营资产属于自然人
生产关系	国有企业是社会主义公有制的基本实现形式，公有制是社会主义基本经济制度的基础	非公有制经济是社会主义市场经济的重要组成部分	在国家经济中占辅助地位，是国家干预经济的一种手段	在国家经济中占主要地位
	是社会主义市场经济中的经济主体，体现的是社会主义生产关系		是资本主义市场经济中的经济主体，体现的是资本主义生产关系	

三、中国国有企业的性质与类型

（一）中国国有企业的性质

在所有权属性上，中国国有资产属于全体人民。《中华人民共和国宪法》规定："社会主义的公共财产神圣不可侵犯。国家保护社会主义的公共财产。禁止任何组织或者个人用任何手段侵占或者破坏国家的和集体的财产。"《中华人民共和国企业国有资产法》规定："国有资产属于国家所有即全民所有。国务院代表国家行使国有资产所有权。"

在生产关系属性上，中国国有企业体现的是社会主义生产关系。《中华人

① 为了便于分析，本书不讨论朝鲜、古巴等社会主义国家的国有企业。

② 中共中央办公厅 2020 年 9 月 15 日印发的《关于加强新时代民营经济统战工作的意见》中明确指出："民营经济作为我国经济制度的内在要素，始终是坚持和发展中国特色社会主义的重要经济基础；民营经济人士作为我们自己人，始终是我们党长期执政必须团结和依靠的重要力量。"

民共和国宪法》规定："中华人民共和国的社会主义经济制度的基础是生产资料的社会主义公有制，即全民所有制和劳动群众集体所有制。""国有经济，即社会主义全民所有制经济，是国民经济中的主导力量。"

（二）中国国有企业的具体类型

《中华人民共和国企业国有资产法》规定："本法所称国家出资企业，是指国家出资的国有独资企业、国有独资公司，以及国有资本控股公司、国有资本参股公司。"《中国共产党国有企业基层组织工作条例（试行）》规定："本条例适用于国有独资、全资企业和国有资本绝对控股企业。国有资本相对控股并具有实际控制力的企业，结合实际参照本条例执行。"由此可以看出，中国国有企业包括国有独资公司、国有全资公司、国有资本控股公司（简称国有控股公司）。其中，国有控股公司又可分为国有绝对控股公司和国有相对控股公司。①

第一类是国有独资公司，国有资产的股权比例为100%。国有独资公司包括两种：国家单独出资的中央企业集团公司和国家单独出资的地方国有企业集团公司。

第二类是国有全资公司，国有资产的股权比例也是100%。国务院国资委在对"关于国有全资企业的定义"的回复中说："日前没有文件对国有全资企业的概念做出解释。实际操作中，通常是指由国有单位、国有独资企业单独或共同出资，直接或间接合计拥有100%权益的企业。"根据这一解释，国有全资公司包括两种：一是由多个出资人出资的各级中央企业集团公司和地方国有企业集团公司，即公司有两个或两个以上股东；二是除上述国有独资公司外，仅有一个出资人的国有公司，如上述国有独资公司全资设立的子公司。

第三类是国有绝对控股公司，国有资产的股权比例超过50%，出资的国有股东对该企业具有实际控制力。关于"控股股东"的解释可以参考《公司法》的有关规定。

第四类是国有相对控股公司，国有资产的股权比例低于50%，但出资的国有股东对该企业具有实际控制力。

---

① 一方面，因公司制改革已经基本完成，国有独资企业的形式将逐步取消；另一方面，国有资本不占有实际控股地位的国有资本参股公司不属于国有企业。

第二节　国有企业的使命

使命是“出使的人所领受应完成的任务，应尽的责任”，比喻人或物应尽的重大责任、应完成的重大任务。企业使命是由企业性质决定的、由创立者赋予的、具有不同时代特征的重大责任和重大任务。企业使命回答的是“我有什么重大责任，我要完成什么重大任务”的问题。

在2016年全国国有企业党的建设工作会议上，习近平总书记指出：“国有企业是中国特色社会主义的重要物质基础和政治基础。”这明确了新时代国有企业使命的新内涵。

一、要巩固中国特色社会主义的重要物质基础

（一）在实现共同富裕中要发挥国有企业重要作用

共同富裕是社会主义的本质要求，是人民群众的共同期盼。我们推动经济社会发展，归根结底是要实现全体人民共同富裕。

邓小平同志曾深刻指出：我们在改革中坚持了两条，一条是公有制经济始终占主体地位，一条是发展经济要走共同富裕的道路，始终避免两极分化。

对于在共同富裕中公有制经济和国有企业要承担什么样的重大责任，习近平总书记明确指出：要立足社会主义初级阶段，坚持“两个毫不动摇”。要坚持公有制为主体、多种所有制经济共同发展，大力发挥公有制经济在促进共同富裕中的重要作用，同时要促进非公有制经济健康发展、非公有制经济人士健康成长（习近平，2021）。针对国有企业，习近平总书记提出：如果把国有企业搞小了、搞垮了、搞没了，公有制主体地位、国有经济主导作用还怎么坚持？工人阶级领导地位还怎么坚持？共同富裕还怎么实现？我们党的执政基础和执政地位还怎么巩固？中国特色社会主义还怎么坚持和发展？（习近平，2016）？

国有企业性质，决定了国有企业在实现共同富裕中要发挥重要作用（朱安东等，2020）。从物质富裕看，国有资产属于全体人民，人民是国有企业的最大股东，而且国有企业所形成的国有经济是中国特色社会主义的经济基础。从精神富裕看，坚持全心全意依靠工人阶级的方针是坚持党对国有企业领导的内在要求，坚持工人阶级的主人翁地位是对国有企业管理的要求。

因此，促进共同富裕需要坚持我国公有制经济的主体地位，坚持全心全

意依靠工人阶级，做强做优做大国有资产和国有企业，增强国有经济竞争力、创新力、控制力、影响力、抗风险能力。

（二）在构建新发展格局中要发挥国有企业的战略支撑作用

党的十九届五中全会对国有企业提出了新要求，“加快国有经济布局优化和结构调整，发挥国有经济战略支撑作用”。这一新提法明确了国有企业在国家战略中的重要地位和应承担的重大政治责任，赋予了新时代国有企业使命的新内涵（马锦燕，2021）。

1. 发挥国有企业战略支撑作用的理论逻辑

从企业层面来看，国有企业贯彻落实党中央决策部署和落实国家发展战略的重大举措，可以确保国有企业的发展方向与国家的战略相契合，有利于保证企业沿着正确的发展方向行进。

从国家层面来看，国有企业发挥国有经济对国家战略的支撑作用，可以有力保证国家战略的实现。

2. 发挥国有企业战略支撑作用的实践逻辑

加快构建以国内大循环为主体、国内国际双循环相互促进的新发展格局，是全面建设社会主义现代化国家、基本实现社会主义现代化的路径选择。

无论是畅通国内大循环，还是国内国际双循环形成良性互促，仅依靠市场经济手段是不可能实现的，国有企业在各自主责主业的产业链中，通过勇当“链长”、积极“补位”可以弥补市场经济的不足，促进产业链畅通。另外，健全社会主义市场经济条件下新型举国体制需要打通“国家”和“市场”之间的通道，而国有企业可以作为“国家”和“市场”之间的连接平台。

二、要巩固中国特色社会主义的重要政治基础

我们党要做到“任凭风浪起，稳坐钓鱼台”，就要有关键时刻听指挥、拉得出，危急关头冲得上、打得赢的基本队伍。历史已经证明，国有企业及其广大党员、干部、职工就是这样的队伍。

工人阶级是我国的领导阶级，是我们党执政最坚实最可靠的阶级基础，是全面建成小康社会、坚持和发展中国特色社会主义的主力军。国有企业培养了一支产业大军，2017 年就拥有了 4000 多万名在岗职工，近 80 万个党组织、1000 多万名党员（姚焕，2017）。到 2021 年，国务院国资委监管的中央企业有 29.3 万个基层党组织、415.2 万名党员（国务院国资委党委，2021）。

这是我国工人阶级队伍中的骨干力量，这些职工、党组织、党员就是党的坚实的政治基础。

以中华人民共和国成立初期为例，国有企业发挥集中力量办大事的制度优势，在大庆油田建设、“两弹一星一艇”研制、工业体系建设、国防体系建设中发挥了巨大作用。

以应对新冠肺炎疫情为例，国有企业勇挑重担，不计代价、不讲条件，竭尽所能服务抗疫一线，在应急保供、医疗支援、复工复产、稳定产业链供应链等方面发挥了重要作用。

在历次大战大考中，国有企业都是“党和国家最可信赖的依靠力量”“坚决贯彻执行党中央决策部署的重要力量”“我们党赢得具有许多新的历史特点的伟大斗争胜利的重要力量”。

第三节　国有企业的功能

2022 年 12 月 15 日，习近平总书记在中央经济工作会议上指示要求，以提高核心竞争力和增强核心功能为重点，谋划新一轮深化国有企业改革行动方案，首次提出“增强核心功能”。功能是指“事物或方法所发挥的有利的作用；效能”（见《现代汉语词典》第 7 版）。功能有宏观和微观之分，国有企业功能是国有经济功能的微观基础和具体实现形式。在西方资本主义国家，国有企业体现的是资本主义生产关系，被作为矫正市场失灵的工具，主要功能包括：提供公共服务，掌控金融、能源，应对市场失灵，承载政府产业政策。[①] 我国国有企业体现的是社会主义生产关系，国有经济是国民经济的主导力量。

我国国有企业的功能，既有一般性，也有特殊性，概括来说，主要包括经济增值与分配功能、科技创新主体功能、产业引领功能、战略安全功能、国计民生功能、公共服务功能等六个方面（如图 1-2 所示）。

六个功能相互之间具有严密的逻辑关系。其中，经济增值与分配功能是基础性功能，是其他功能有效发挥的基础和底气。科技创新主体既是功能也是关键手段，且具有决定性。国有企业特别是中央企业在国家科技创新体系

---

① 根据经济合作与发展组织（OECD）2018 年的报告，阿根廷、德国、加拿大、意大利、英国等 30 个国家将国有企业功能定位于：支持国家经济和战略利益；提供特定的公共产品或服务；从事“自然”垄断的业务活动；在市场监管不可行、效率不高的情况下，建立或维持国有垄断等。

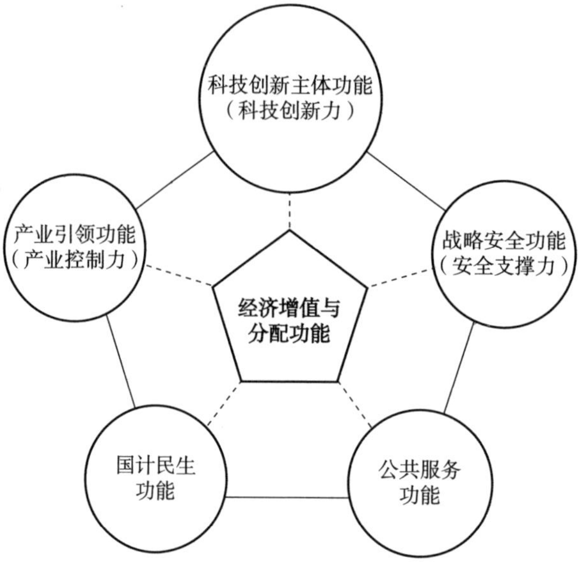

图 1-2　国有企业的六大功能

中具有主体地位、发挥主体作用，并通过科技创新这个关键手段提升其他功能。

一、经济增值与分配功能

经济增值与分配功能，指国有企业在资源转换过程中提升资产配置效率，提高资产收益率，实现国有资产保值增值；并且作为独特分配载体，使用国企方式促进资源的社会性优化配置。

除了初次分配，国有企业还在再分配（二次分配）中发挥重要作用；更重要的是，在抗击新冠疫情、脱贫攻坚、抗震救灾中，国有企业承担了资源分配的重要功能。一方面，国有企业积累和创造的物质财富为再分配提供了保障。再分配是在初次分配基础上对部分国民收入进行的重新分配，主要由政府调节机制起作用。一个典型的例子是上缴税费，2020 年，全国国有及国有控股企业（不含金融企业）上缴税费达 4.61 万亿元；另一个典型的例子是划转部分国有资本充实社保基金工作，截至 2020 年末，共划转 93 家中央企业和中央金融机构国有资本总额 1.68 万亿元。中央层面划转工作的全面完成，为促进建立更加公平、更可持续的养老保险制度提供了有力保障，充分体现了国有企业全民所有，发展成果全民共享。另一方面，通过在抗击新冠疫情、脱贫攻坚、抗震救灾等方面发挥不可替代的作用，国有企业实现了社会资源的重新分配。实践证明，这是调节分配的一种有效手段，是社会主义分配制度的重要组成部分。

二、科技创新主体功能

科技创新主体功能，指在新型举国体制中，国有企业特别是中央企业具有主体地位，发挥主体作用，有效联结政府和市场，主导突破关键核心技术，实现高水平的自立自强。

习近平总书记对国有企业的科技创新多次提出明确要求，强调国有企业特别是中央所属国有企业，一定要加强自主创新能力，研发和掌握更多的国之重器；推进国有企业打造原创技术策源地，要把准战略方向，围绕事关国家安全、产业核心竞争力、民生改善的重大战略任务，加强原创技术供给，超前布局前沿技术和颠覆性技术，在集聚创新要素、深化创新协同、促进成果转化、优化创新生态上下功夫，全方位培养、引进、用好人才。要强化责任链条，加强协同配合。习近平总书记在主持召开二十届中央财经委员会第一次会议时进一步强调，要加强关键核心技术攻关和战略性资源支撑，从制度上落实企业科技创新主体地位。

增强科创主体功能，切实发挥中央企业在建设现代化产业体系、构建新发展格局中的科技创新作用，是党和国家赋予国有企业特别是中央企业新的重大历史使命，国有企业特别是中央企业作为科技创新国家队，责无旁贷。新型举国体制依靠“市场化+政府调控”难以有效发挥其应有作用，市场与政府之间需要国有企业有机联结。通过构建“市场+国企+政府”的“三位一体”模式，能够发挥国有企业的公共属性和关键领域主导作用，是社会主义市场经济条件下新型举国体制的重要特色和有效实现路径。

三、产业引领功能

产业引领功能指充分发挥国有经济战略支撑作用，提升我国产业竞争力，确保我国制造业等重要产业的产业链供应链韧性和自主可控，确保我国在前瞻性战略性新兴产业竞争中占据领先和主导地位。

增强产业引领功能，切实发挥中央企业在建设现代化产业体系、构建新发展格局中的产业控制作用，是党和国家赋予国有企业特别是中央企业新的重大使命和光荣任务。党的十九届五中全会作出了构建新发展格局的重大战略部署，并要求“发挥国有经济战略支撑作用”。党的二十大报告强调“支持专精特新企业发展，推动制造业高端化、智能化、绿色化发展”“推动战略性新兴产业融合集群发展，构建新一代信息技术、人工智能、生物技术、新能源、新材料、高端装备、绿色环保等一批新的增长引擎”。

四、战略安全功能

战略安全功能指坚持公有制主体地位，充分发挥国有经济主导作用，确保国家经济安全、国防军工安全、科技安全、社会安全、金融安全、能源安全、粮食安全、重要产业链供应链安全。①

《中华人民共和国宪法》规定，国家在社会主义初级阶段，坚持公有制为主体；国有经济，是国民经济中的主导力量。增强战略安全功能，切实发挥中央企业在建设现代化产业体系、构建新发展格局中的安全支撑作用，是《中华人民共和国宪法》赋予国有企业的职责，国有企业必须承担好、保证好。

五、国计民生功能

国计民生功能指在关系国民经济命脉的重要行业和关键领域，国有企业承担基础性、保障性任务，着力破解人民日益增长的美好生活需要和不平衡不充分发展之间的矛盾，助力实现共同富裕。

基础设施领域容易出现市场失灵，建设投资大、周期长、效益低甚至亏损。实践证明，在通信、交通运输、物流等关系国计民生的重要行业领域，国有企业发挥了重要的保障作用。② 在解决区域发展不平衡问题上，国有企业也承担了许多修建铁路、公路、电力等基础设施的重大任务。

六、公共服务功能

公共服务功能指在水、电、公共交通、生态环保、防灾减灾救灾、公共应急物资保障、健康养老等公共服务领域由国有企业提供公共产品或服务，实现对公共服务领域的有效供给。

---

① 党的二十大报告提出，“以人民安全为宗旨、以政治安全为根本、以经济安全为基础、以军事科技文化社会安全为保障”“加强重点领域安全能力建设，确保粮食、能源资源、重要产业链供应链安全”。

② 粮食、能源资源等领域也属于国计民生行业，但由于当前粮食安全、能源安全的极端重要性，在本书中归入了战略安全。

公共服务领域具有非竞争性和非排他性，容易出现“搭便车”现象。国有企业以保障民生、服务社会、提供公共产品和服务为主要目标，不以营利为目的，通过内部引入市场化管理机制，不断提高公共服务效率和质量。

第四节 国有企业的目标

目标是“想要达到的境界或目的”。企业目标就是实现其使命和功能在一定时期内所要达到的预期成果，应该用一系列定性或定量的指标加以描述。企业目标回答的是：“在这个历史时期，为了履行使命、实现功能，我要取得什么样的成果？这些成果要在什么时间完成？”企业目标不同，企业的战略选择、决策标准就会不同。为了更好地理解国有企业的目标，有必要分析一下国有企业目标函数与一般性企业的区别。

一、国有企业的目标函数

（一）国有企业的目标与一般性企业的目标的区别

正如前文所述，企业存在于特定的经济、政治、社会环境中，都有经济性、社会性和政治性。但不同类型的企业，其经济性、社会性、政治性的外在要求和内涵是有明显差别的，如表 1-2 所示。

表 1-2 国有企业目标与一般性企业目标的区别

	国有企业	一般性企业
经济目标	是国有企业的主要目标之一	是一般性企业的主要目标
社会目标	是国有企业的责任，内涵更广，且具有强制性	是一般性企业的义务，除法律要求外不具有强制性
政治目标	是国有企业的责任	主要是法规要求（在民营企业中也要夯实党建基础）

在经济目标方面，国有企业是一个经济性组织，首要目标是获取好的经济回报。在这一点上国有企业与一般性企业是一致的，这也是由“国有资产属于全体人民”这一企业性质和“中国特色社会主义的重要物质基础”这一企业使命决定的。

在社会目标方面，国有企业与一般性企业不同，社会责任[①]对国有企业来说是一种必须承担的责任，具有强制性，内涵较一般性企业广。如在新冠肺炎疫情暴发初期国有企业转产防护服和口罩，在“六稳六保”时期降费让利。

在政治目标方面，国有企业必须讲政治，要坚持党对国有企业的领导，保证党中央重大决策部署和上级党组织决议在本企业贯彻落实；国有企业要发展好党员、建设好党的基层组织、夯实国有企业党建基础、提高党的建设质量。

（二）企业目标函数

通过以上分析我们可以得到一般性企业和国有企业的目标函数。

一般性企业目标函数：

$$Y=f(E),\ St.\ S,\ P.\ （S，P\ 是约束条件）$$

其中，E 为经济目标，S 为社会目标，P 为政治目标。

国有企业目标函数：

$$Y=f(E,\ S,\ P)$$

其中，E 为经济目标，S 为社会目标，P 为政治目标。

（三）国有企业三个目标之间的关系

从短期来看、从单个决策事项来看，国有企业三个目标之间可能存在矛盾或冲突，但从长期来看，国有企业三个目标之间是相互促进的关系。

1. 经济目标对其他目标的作用

国有资产保值增值实现得越好，国有企业就越有实力承担社会责任、越有实力贯彻落实党中央重大决策部署和上级党组织决议及加强基层党组织建设。

2. 政治目标对其他目标的作用

坚持党对国有企业的领导，贯彻落实党中央重大决策部署和上级党组织决议，可以确保企业发展的社会主义方向，保证企业更好地履行社会责任；夯实基层党组织，发挥基层党组织战斗堡垒作用和党员先锋模范作用，可以把党建独特优势转化为企业竞争优势、价值创造优势，最终形成发展优势，从而为做强做优做大国有企业提供坚强政治和组织保证。

---

① 本书中的社会责任是由企业承担的，超越了法律与经济对组织要求的事项。这种事项对于一般性企业来说是企业出于义务的自愿行为。

3. 社会目标对其他目标的作用

国有企业履行社会责任，可以提高用户等利益相关者对企业价值理念的认同，构筑友好的企业生态圈。一方面可以减少企业与生态圈内利益相关者的价值冲突；另一方面可以提高企业的品牌影响力，吸纳和开发更多的潜在用户。

二、国有企业的经济目标

国有资产保值增值是国有企业的经济目标，要通过做强做优做大和建设世界一流企业来实现国有资产长期保值增值。需要说明的是，“做强做优做大”是所有国有企业的目标，“建设世界一流企业”并不是所有国有企业都要实现的目标。

（一）通过做强做优做大、建设世界一流企业实现国有资产保值增值

只有做强做优做大、建设世界一流企业，国有资产才能实现可持续性的保值增值。

习近平总书记明确指出，不能“把国有企业搞小了、搞垮了、搞没了”，“国有企业不仅要，而且一定要办好”“坚定不移把国有企业做强做优做大”。党的十九大提出，“培育具有全球竞争力的世界一流企业”。党的十九届五中全会提出，“深化国资国企改革，做强做优做大国有资本和国有企业”，“弘扬企业家精神，加快建设世界一流企业”。党的十九届六中全会明确提出，“支持国有资本和国有企业做强做优做大”。2022 年 2 月 28 日，中央全面深化改革委员会第二十四次会议审议通过了《关于加快建设世界一流企业的指导意见》，要求加快建设一批产品卓越、品牌卓著、创新领先、治理现代的世界一流企业。

（二）做强做优做大、建设世界一流企业的历史必然性

从历史逻辑上看，做强做优做大、建设世界一流企业是历史发展的必然结果，具有历史必然性。自早期在革命根据地建立公营企业以来，国有企业在管理上就把提高效率和效益作为重要目标，当前，国有企业已经具备做强做优做大的基础条件。

早在 1942 年 12 月，毛泽东主席在陕甘宁边区的高干会议上就强调，工厂委员会的目标就是要“成本少、产品好、推销快”，要行政、党支部、工会三方面三位一体地共同执行任务。

在社会主义革命和建设时期，国有企业规模迅速扩大，建立起独立的比

较完整的工业体系和国民经济体系。

在改革开放和社会主义现代化建设新时期，国有企业实现了跨越式发展，经历了从小到大的发展过程，并在金融危机后逐步向做强做优转变。

中国特色社会主义进入新时代，国有企业发展取得显著成绩。2020 年，全国国有及国有控股企业（不含金融企业）实现营业总收入 63.29 万亿元、利润总额 3.42 万亿元、净利润 2.48 万亿元。在 2021 年《财富》世界 500 强排行榜上，中国（含香港、台湾地区）共有 143 家公司上榜，其中国务院国资委监管的中央企业及其子企业共 49 家，地方国资委监管的国有企业共 33 家（刘青山，2021）。

（三）做强做优做大、建设世界一流企业的现实必要性

中外历史反复证明，国家强则企业强，企业兴则国家兴（卢纯，2020，2021）。在英国、美国、德国、新加坡、日本等经济强国渐次崛起的历程中，一批大国强企在国家的重视培育和自身的努力奋斗下成长为各自领域的世界一流企业。

当前，我国实现了第一个百年奋斗目标——全面建成小康社会，正向着全面建成社会主义现代化强国的第二个百年奋斗目标迈进。另外，国家和企业发展面临的环境日益复杂，有研究者认为外部环境处于“VUCA”时代，即 Volatility（波动性）、Uncertainty（不确定性）、Complexity（复杂性）、Ambiguity（模糊性）。

为了在全面建成社会主义现代化强国中发挥国有企业的使命和功能，就必须做强做优做大国有企业，必须建设世界一流企业。

三、国有企业的政治目标

（一）坚持党的领导，加强党的建设

坚持党的领导、加强党的建设是新时代国有企业目标之一。国有企业是党领导的国家治理体系的重要组成部分，理所当然要坚持党的领导。

1. 坚持党的领导、加强党的建设的历史必然性

国有企业发展史是一部坚持党的领导、加强党的建设的历史。国有企业在各个历史阶段成就与贡献的取得根本在于坚持了党的全面领导。历史证明，坚持党的领导、加强党的建设是国有企业的“根”和“魂”，是我国国有企业的独特优势。

在新民主主义革命时期，我们党在革命根据地建立和发展公营经济，为确保革命胜利发挥了重要作用。中华人民共和国成立后，在党的领导下大规模抽调党员、干部支援工业建设，迅速建立了我国的工业化基础。改革开放以来，我们党领导国有企业艰辛改革，各级党组织和广大党员干部职工积极投身改革发展，国有企业实现了跨越式发展，形成了“要治厂、先治党”的重要经验。

党的十八大以来，我们党领导国有企业深化改革，各级党组织和广大党员干部职工凝聚力量，国有企业“两个重要基础”作用进一步巩固，“六个力量”作用进一步彰显。①

2. 坚持党的领导、加强党的建设的现实必要性

进入新发展阶段，中国迈向建设社会主义现代化强国的新征程，这要求国有企业要有更大的责任担当。在新发展阶段，面临百年未有之大变局，国有企业需要贯彻新发展理念、构建新发展格局、实现高质量发展，这要求国有企业坚持和加强党的全面领导，做强做优做大，建设世界一流，发挥对国家战略的支撑作用，发挥解决发展不平衡不充分问题的重要作用，承担好“两个重要基础”功能。

新形势下，国有企业坚持党的领导、加强党的建设，总的要求是：坚持党要管党、从严治党，紧紧围绕全面解决党的领导、党的建设弱化、淡化、虚化、边缘化问题，坚持党对国有企业的领导不动摇，发挥企业党组织的领导核心和政治核心作用，保证党和国家方针政策、重大部署在国有企业贯彻执行；坚持服务生产经营不偏离，把提高企业效益、增强企业竞争力、实现国有资产保值增值作为国有企业党组织工作的出发点和落脚点，以企业改革发展成果检验党组织的工作和战斗力；坚持党组织对国有企业选人用人的领导和把关作用不能变，着力培养一支宏大的高素质企业领导人员队伍；坚持建强国有企业基层党组织不放松，确保企业发展到哪里、党的建设就跟进到哪里、党支部的战斗堡垒作用就体现在哪里，为做强做优做大国有企业提供坚强组织保证。

---

① 习近平总书记在全国国有企业党的建设工作会议上强调：要通过加强和完善党对国有企业的领导、加强和改进国有企业党的建设，使国有企业成为党和国家最可信赖的依靠力量，成为坚决贯彻执行党中央决策部署的重要力量，成为贯彻新发展理念、全面深化改革的重要力量，成为实施“走出去”战略、“一带一路”建设等重大战略的重要力量，成为壮大综合国力、促进经济社会发展、保障和改善民生的重要力量，成为我们党赢得具有许多新的历史特点的伟大斗争胜利的重要力量。

（二）建立中国特色现代企业制度

建立中国特色现代企业制度是新时代国有企业的目标之一。中国特色现代企业制度是国有企业发挥“中国特色社会主义的重要物质和政治基础”作用的制度根基。

1. 建立中国特色现代企业制度的历史必然性

长期以来，我们一直在进行企业制度的探索，不断寻找适合我国国有企业的企业制度。

在新民主主义革命时期，在革命根据地建立的公营企业中形成了“三人团”领导体制；中华人民共和国成立后，逐步形成了“党委领导下的厂长负责制”，结合中国国情总结出“鞍钢宪法”；改革开放后，全面实行厂长（经理）负责制；从 1993 年开始探索建立现代企业制度。

长期的探索实践表明，不同历史时期的国有企业领导体制适合当时的历史条件，对履行国有企业使命、发展国有企业起了很大的作用，但一直以来都没有从根本上解决国有企业的政治性和经济性之间的冲突问题。

习近平总书记在 2016 年提出要建立“中国特色现代国有企业制度”，创造性地提出了“两个一以贯之”。① 以“两个一以贯之”为根本特征的中国特色现代企业制度为解决国有企业政治性和经济性之间的冲突提供了创造性的解决方案。

2. 建立中国特色现代企业制度的现实必要性

国有企业改革的根本目标是建立中国特色现代企业制度。②

当前，中国特色现代企业制度还存在诸多不完善的地方，例如，法人治理结构和治理机制还没有将制度优势更好地转化为治理效能，特别表现在决策效率上；党组织与董事会、经理层的权责关系和流程还有待进一步理顺，经理层资源配置方面的权责有待进一步放权；国有控股混合所有制企业的差异化管控还有待进一步探索；党建工作还没有做到与生产经营有效地深度融合。

---

① 习近平总书记 2016 年 10 月 10 日在全国国有企业党的建设工作会议上提出：“坚持党对国有企业的领导是重大政治原则，必须一以贯之；建立现代企业制度是国有企业改革的方向，也必须一以贯之。要把加强党的领导和完善公司治理统一起来，建设中国特色现代国有企业制度。”

② 2021 年 10 月 10 日，在国务院国资委党委召开的习近平总书记全国国有企业党的建设工作会议重要讲话发表五周年学习座谈会上，明确提出“牢牢把握建设中国特色现代企业制度的改革根本方向”。

因此，国有企业必须加快完善中国特色现代企业制度。党的十九届四中全会明确提出，“深化国有企业改革，完善中国特色现代企业制度”；党的十九届五中全会明确要求，“加快完善中国特色现代企业制度”，使用了“加快”两个字；党的十九届六中全会将“建立中国特色现代企业制度”写进了历史决议。

四、国有企业的社会目标

一直以来，我国国有企业积极主动履行社会责任，特别是面对急难险重任务冲锋在前，树立了良好形象。新形势下，需要着眼于实现常态化、长效化，进一步完善国有企业履行社会责任机制。

国有企业积极履行社会责任，以遵循法律和道德的透明行为，在运营全过程对利益相关方、社会和环境负责，最大限度地创造经济、社会和环境的综合价值，促进可持续发展，这是适应经济社会可持续发展要求、提升企业核心竞争力的必然选择。

国有企业要不断加强社会责任的谋划、践行和传播，正确理解和把握国有企业社会责任的内涵、落实机制和实践方式，更好地将其融入企业战略和重大决策，融入日常经营管理和供应链管理。

国有企业要在履行社会责任中发挥模范带头作用，必须坚决贯彻落实党中央决策部署，把维护人民群众根本利益作为企业发展的出发点和落脚点，在履行社会责任中义不容辞、责无旁贷。

第二章　国有企业管理的探索与经验

要想管好今天的国有企业，就必须了解国有企业的发展历史。企业管理是一种实践性科学。企业管理的“中国特色”是对企业实践探索的总结和升华。本章旨在从国有企业管理的历史演进中总结国有企业管理的宝贵历史经验。

本章共分五节，结构与逻辑如图 2-1 所示。

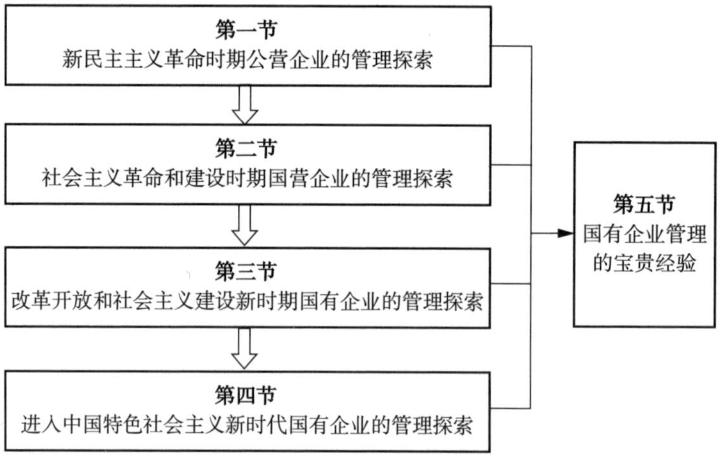

图 2-1　第二章的结构与逻辑

第一节　新民主主义革命时期公营企业的管理探索

在新民主主义革命时期，党在革命根据地建立和发展公营经济，这为确保革命胜利发挥了重要作用。在这一时期，在企业管理上探索了“三人团”领导体制，为国有企业的领导体制和企业管理积累了宝贵经验（郝鹏，2021；

邱宝林，2022）。[①]

一、公营企业是党领导下的企业组织

《官田兵工厂思想政治工作管理条例》第一条就明确规定："中央兵工厂是中国共产党领导的国家企业组织，是中国工农武装不可分割的一部分。""在管理中，必须坚持突出无产阶级政治立场、用工人阶级先进思想去武装员工们的头脑，借以形成前进的永恒动力。"

革命根据地的企业也单独建立了党支部。我们党通过这些基层组织将党的纲领、路线、方针、政策贯彻到党员、群众中。通过党的基层组织的战斗堡垒作用，通过党员的先锋模范作用，有力地支持了企业的生产。如官田兵工厂成立初期，枪炮科、弹药科各有一个党总支和团总支，每股各设一个党支部、团支部。党团组织每周开展一次组织生活，在组织生活中，经常开展批评与自我批评，从而保证每个党团员时刻是生产战线上的突击手，时刻是全体工人思想、学习和劳动方面的榜样（袁和平，2021）。

二、"三人团"领导体制

在新民主主义革命时期，公营企业的管理探索如表 2-1 所示。

表 2-1　新民主主义革命时期公营企业的管理探索

主要模式	标志性事件	说明
形成了"三人团"领导体制 后来初步探索了"一长制"	1934 年 4 月，苏维埃中央政府人民委员会制定颁发了《苏维埃国有工厂管理条例》	满足了革命战争对经济、物资、武器的需要 但"三人团"领导体制没有解决好三方意见如何统一的问题

1934 年 4 月，中央苏区发布了《苏维埃国有工厂管理条例》，规定国有工厂的负责者为厂长。厂长由其所隶属的上级苏维埃机关委任，对于厂内的一切事务有最后决定权，并向苏维埃政府负绝对的责任。在厂长之下设工厂管理委员会，由厂长、党支部代表、工会代表、团支部代表、工厂其他负责人、工人代表等 5～7 人组成。管理委员会内组织"三人团"，由厂长、党支

① 与"公营经济"相对应，本书中将这一时期的企业称为"公营企业"，没有采用《苏维埃国有工厂管理条例》中的"国有工厂"说法。这也是为了将其与中华人民共和国成立初期的"国营企业"及 1993 年明确的"国有企业"区分开。

部代表和工会代表组成，负责协调处理厂内的日常工作。

但在实际运营中发现存在一定弊端，行政、党支部和职工工会的工作可能存在分裂的情况（张喜亮、刘青山，2021）。抗日战争后期，由于根据地扩大，工厂数量增多、规模扩大、经营管理也比过去复杂，“三人团”领导体制中意见不一致的弊端开始暴露。为此，根据地的公营企业借鉴了苏联经验，开始尝试实行以厂长为主的“一长制”领导体制。

第二节　社会主义革命和建设时期国营企业的管理探索

社会主义革命和建设时期，通过没收官僚资本、继承解放区公营经济及其他途径建立了能够控制国家经济命脉的国营经济，并由中央和地方政府直接经营，因此公营企业改称国营企业。在这一时期，企业党组织带领广大党员和职工群众战天斗地、无私奉献，自力更生、艰苦奋斗，迅速建立起了我国工业化基础，探索提炼了“鞍钢宪法”，形成了大庆精神等一系列国有企业精神。

一、国营企业的管理探索过程

在经济建设中，如何办好国营企业、改善和加强企业管理、扩大企业中的民主管理范围等是一些新的重大问题。社会主义革命和建设时期国营企业的管理探索如表 2-2 所示。

表 2-2　社会主义革命和建设时期国营企业的管理探索

主要模式	标志性事件	说明
“一长制”与党委领导下的厂长负责制并行	1951 年，中共中央东北局拟定了《关于党对国营企业领导的决议》，中央同意在东北试行 1954 年，中共中央批转华北局《关于在国营厂矿企业中实行厂长负责制的决定》	“一长制”：生产行政统一指挥，工厂的决策和运行效率高。但“一长制”忽视了党的集体领导，弱化了民主管理
党委领导下的厂长负责制	1956 年 9 月，中共八大提出在企业中实行党委领导下的厂长负责制 1960 年 3 月，毛泽东批示“鞍钢宪法”	党委领导下的厂长负责制具有鲜明中国特色，但在推行过程中，党委成了决策中心

二、"一长制"

中华人民共和国成立初期，国家接收了很多不同性质的企业，这些企业如何转变成社会主义性质的企业？如何废除旧的管理制度特别是官僚制度，对企业进行民主改革，探索新的制度？这些是没有教科书可以借鉴的。

东北最早的国营企业管理制度就是学苏联的"一长制"，也称单一指挥制或专责制。企业的工作分为生产行政工作和政治思想领导两类，厂长对生产经营重大活动具有最后的决定权；党委在企业政治思想领导方面负有完全责任，对企业的生产行政工作负有保障、监督责任（张旭、王天蛟，2020）。

1953 年，在试点的基础上，经过中共中央批准，以全国总工会的名义在全国范围内推广东北"五三三"工厂贯彻"一长制"。1954 年 5 月，中共中央批转华北局《关于在国营厂矿企业中实行厂长负责制的决定》，认为随着国家进入有计划的经济建设，中央各部与各地区加强了对国营厂矿的领导，"有必要也有可能在全国各国营厂矿（包括地方国营厂矿）实行厂长负责制，以便进一步提高工业企业的领导水平，更好地完成国家计划"。

尽管当时"一长制"更能体现责任到人，减少多头领导、推诿、扯皮等现象，但是它本身存在缺陷：一是"一长制"无法有效协调企业内部的党、政、工、团等组织的关系和工作，特别是弱化了党对企业的领导（田毅鹏、苗延义，2016）；二是"一长制"与全国及上级领导机关实行的党委领导制不易衔接；三是"一长制"与企业管理民主化目标之间存在矛盾，不利于广大职工参加管理和调动其积极性。

三、党委领导下的厂长负责制

1956 年年初，毛泽东主席听取国务院有关部委的汇报，形成了以《论十大关系》为代表的中国共产党关于中国社会主义建设道路的探索成果。在这次集中调查研究中，毛泽东主席发现了不少苏联经济体制的弊病。他提出："国家和工厂，国家和工人，工厂和工人，国家和合作社，国家和农民，合作社和农民，都必须兼顾，不能只顾一头。无论只顾哪一头，都是不利于社会主义，不利于无产阶级专政的。"① 毛泽东主席说："例如'一长制'，中央曾经批转过某些地区的经验，认为可以试行。那个时候对这个问题还没有经验，

---

① 毛泽东．毛泽东文集（第 7 卷）［M］．北京：人民出版社，1999：31.

就不能下一个断语，说‘一长制’不好。一直到不久以前，我们才断定‘一长制’不好，集体领导和个人负责相结合的制度好。”会议对“一五”计划期间一切学习苏联经验的弊端进行了反思，结论是苏联的“一长制”不适合中国国情（张旭、王天蛟，2020）。

1956 年 9 月，党的八大提出：“在企业中，应当建立以党为核心的集体领导和个人负责相结合的领导制度。凡是重大的问题都应当经过集体讨论和共同决定，凡是日常的工作都应当由专人分工负责。”

此后，国营企业开始实行党委领导下的厂长负责制，同时把职工代表大会作为扩大企业民主、吸收职工群众参加管理的基本制度。这与当时的国家政治经济体制合拍，对于巩固新生的共和国政权和社会主义经济建设起到了积极作用。

■ **知识链接**

在党的八大上刘少奇作政治报告（国营企业领导体制部分）

（1956 年 9 月 15 日）

在企业中，应当建立以党为核心的集体领导和个人负责相结合的领导制度。凡是重大的问题都应当经过集体讨论和共同决定，凡是日常的工作都应当由专人分工负责。企业的领导者，企业中的党组织、行政组织、工会组织和青年团组织，都应当善于把企业的当前任务向群众解释清楚，善于发动群众开展社会主义竞赛和先进生产者运动，提出合理化建议，不断地改进工作。企业中各方面的领导骨干，都应当善于深入群众，同群众打成一片，了解群众的情绪和要求，积极帮助群众解决困难。

资料来源：中国政府网，http：//www.gov.cn/test/2008-06/03/content_1004301_4.htm。

四、“鞍钢宪法”

1960 年 3 月 22 日，毛泽东主席在中共中央批转的《鞍山市委关于工业战线上的技术革新和技术革命运动开展情况的报告》回复批示中首次提出“鞍钢宪法”（余菁，2021）。

毛泽东主席代表中央写的批示提出：鞍钢是全国最大的企业，“过去他们认为这个企业是现代化的了，用不着再有所谓技术革命，更反对大搞群众运动，反对‘两参一改三结合’的方针，反对政治挂帅，只信任少数人冷冷清清地去干，许多人主张‘一长制’，反对党委领导下的厂长负责制，认为‘马钢宪法’是神圣不可侵犯的”。现在这个报告，“不是‘马钢宪法’那一套，而是创造了一个‘鞍钢宪法’。‘鞍钢宪法’在远东，在中国出现了”。①

“鞍钢宪法”是对我国社会主义企业的管理工作做出的科学总结，强调要实行民主管理，实行干部参加劳动，工人参加管理，改革不合理的规章制度，工人群众、领导干部和技术人员三结合，即“两参一改三结合”的制度。

1961 年制定的“工业七十条”正式确认这个管理制度，并建立党委领导下的职工代表大会制度，使之成为扩大企业民主，吸引广大职工参加管理、监督行政，克服官僚主义的好方式。

第三节　改革开放和社会主义建设新时期国有企业的管理探索

改革开放和社会主义建设新时期，我们党领导国有企业进行艰辛改革，企业党组织教育引导广大党员、干部倾力支持改革、积极投身改革，为国有企业跨越式发展做出了巨大贡献，形成了“要治厂、先治党”的重要经验。在这一时期，1993 年 3 月八届全国人大一次会议通过的《中华人民共和国宪法修正案》将宪法有关条文中的“国营经济”和“国营企业”分别修改为“国有经济”和“国有企业”。

一、国有企业管理的探索过程

通过改革使国有企业成为市场主体，激发企业活力是这一时期国有企业管理的主旋律。改革开放和社会主义建设新时期国有企业的管理探索如表 2–3 所示。

表 2–3　改革开放和社会主义建设新时期国有企业的管理探索

管理模式	标志性事件	说明
粉碎“四人帮”后，恢复党委领导下的厂长负责制	1978 年 4 月，中央印发《关于加快工业发展若干问题的决定（草案）》，要求恢复党委领导下的厂长负责制	迅速地恢复生产运行

① 邵丁，董大海．中国国有企业简史［M］．北京：人民出版社，2020：151.

续表

管理模式	标志性事件	说明
厂长（经理）负责制	1986年9月颁布《全民所有制工业企业厂长工作条例》，规定了厂长（经理）负责制。同年，国务院发文要求全面推行厂长（经理）负责制	由计划经济转向市场经济的过程中起到了解放生产力的作用。但厂长权力过大，“一把手”现象严重
“三句话”方针的领导体制	1992年7月颁布《全民所有制工业企业转换经营机制条例》，明确要“充分发挥党组织的政治核心作用，坚持和完善厂长负责制，全心全意依靠工人阶级”	强调要发挥党组织作用，强调要依靠工人阶级。在实际操作中，厂长依然是中心，党组织作用和民主管理弱化
探索建立现代企业制度	1993年11月，党的十四届三中全会提出建立现代企业制度 1993年12月，《公司法》颁布 2004年6月，国务院国资委开展董事会试点，之后建立外部董事占多数制度	更好地利用市场经济规律。但出现了“老三会”与新“三会一层”的冲突

二、厂长（经理）负责制

厂长（经理）负责制指厂长对企业的生产经营和行政管理工作统一领导、全面负责。企业党组织在思想政治方面负领导责任，对党群工作和思想政治工作实行统一领导，对生产经营和行政管理工作起保证监督作用，协调厂长和各群众组织之间的关系，监督各级领导干部。

1984年10月，党的十二届三中全会通过了《中共中央关于经济体制改革的决定》，其进一步明确指出：“必须建立统一的、强有力的、高效率的生产指挥和经营管理系统。只有实行厂长（经理）负责制，才能适应这种要求。”

1986年9月中共中央、国务院颁布《全民所有制工业企业厂长工作条例》，同年，国务院发文要求全面推行厂长（经理）负责制。

■ 知识链接

《全民所有制工业企业厂长工作条例》(节选)

(1986年9月)

第一条　为改革全民所有制工业企业的领导体制，确定厂长的责任和权限，实行厂长负责制，特制定本条例。

第二条　全民所有制工业企业（以下简称企业）依照国家法律规定，取得企业法人资格。企业的法定代表人为厂长，负责代表法人行使职权。厂长依据本条例规定，对本企业的生产指挥和经营管理工作统一领导，全面负责。

第六条　厂长应当定期向企业党的基层委员会（含不设基层委员会的党总支部委员会、支部委员会，以下简称党委）报告工作，接受监督。

第七条　厂长应当定期向职工代表大会（或职工大会，下同）报告工作，听取意见，组织实施职工代表大会在其职权范围内作出的有关决定，负责处理职工代表大会提出应由行政方面处理的提案，接受职工代表大会的监督。

第二十六条　厂长有企业经营管理工作的决策权和生产指挥权。厂长同管理委员会的多数成员对经营管理中的重大问题意见不一致时，厂长有权作出决定。

资料来源：中国政府网，http://www.gov.cn/zhengce/2020-12/25/content_5574122.htm。

三、“三句话”方针

“三句话”方针指“发挥企业党组织的政治核心作用，坚持和完善厂长（经理）负责制，全心全意依靠工人阶级”。

“三句话”方针的提出基于厂长（经理）负责制逐渐暴露重大缺陷。随着改革的全面推进，由于厂长（经理）在企业享有绝对权威，党委的监督制约作用十分有限，职代会的监督作用更是形同虚设，上级主管部门的监督因为信息不对称也很难起到作用，厂长（经理）实际上处于无人监督的状态。

针对厂长（经理）负责制出现的问题，1990 年 12 月末，党的十三届七中全会通过的《中共中央关于制定国民经济和社会发展十年规划和“八五”计划的建议》提出要“深化企业领导体制和经营机制改革，进一步发挥党组织的政治核心作用，坚持和完善厂长负责制，全心全意依靠工人阶级办好企业”。这是改革开放后对国有企业内部领导体制作出的重要表述。但由于没有很好地解决三者之间的关系问题，在实际操作中，厂长依然是中心，党组织作用和民主管理没有得到加强。

四、现代企业制度

建立现代企业制度是 1993 年党的十四届三中全会提出的。1993 年 11 月，党的十四届三中全会审议并通过《中共中央关于建立社会主义市场经济体制若干问题的决定》（以下简称《决定》）。《决定》指出：进一步转换国有企业经营机制，建立适应市场经济要求，产权清晰、权责明确、政企分开、管理科学的现代企业制度。

《决定》提出，国有企业实行公司制是建立现代企业制度的有益探索。规范的公司能够有效地实现出资者所有权与企业法人财产权的分离，有利于政企分开、转换经营机制，企业摆脱对行政机关的依赖，国家解除对企业承担的无限责任，也有利于筹集资金、分散风险。公司可以有不同的类型。具备条件的国有大中型企业，单一投资主体的可依法改组为独资公司，多个投资主体的可依法改组为有限责任公司或股份有限公司。

■ 知识链接

《中共中央关于建立社会主义市场经济体制若干问题的决定》（节选）

（1993 年 11 月 14 日）

建立现代企业制度，是发展社会化大生产和市场经济的必然要求，是我国国有企业改革的方向。其基本特征，一是产权关系明晰，企业中的国有资产所有权属于国家，企业拥有包括国家在内的出资者投资形成的全部法人财产权，成为享有民事权利、承担民事责任的法人实体。二是企业以其全部法人财产，依法自主经营，自负盈亏，照章纳税，对出资者承担资产保值增值的责任。三是出资者按投入企业的资本额享有所有者的权益，即资产受益、重大决策和选择管理者等权利。企业破产时，出资者只以投入企业的资本额对企业债务负有限责任。四是企业按照市场需求组织生产经营，以提高劳动生产率和经济效益为目的，政府不直接干预企业的生产经营活动。企业在市场竞争中优胜劣汰，长期亏损、资不抵债的应依法破产。五是建立科学的企业领导体制和组织管理制度，调节所有者、经营者和职工之间的关系，形成激励和约束相结合的经营机制。所有企业都要向这个方向努力。

资料来源：人民网，http：//www.people.com.cn/item/20years/newfiles/b1080.html。

第四节　进入中国特色社会主义新时代国有企业的管理探索

党的十八大以来，中国特色社会主义进入新时代，党对深化国有企业改革作出了重大部署，国有企业改革、发展、党的建设都取得了巨大成就，其在管理方面开始着力建设中国特色现代企业制度。

一、国有企业管理的探索过程

中国特色社会主义进入新时代，习近平总书记在全国国有企业党的建设工作会议上提出“两个一以贯之”原则，要求“建设中国特色现代国有企业制度”。“两个一以贯之”原则是重大理论创新，深刻揭示了由国有企业性质决定的国有企业的政治属性，为长久未决的“核心”和“中心”问题从根本上给出了解决方案，为建设具有中国特色的企业管理制度提供了根本遵循，指明了建设方向。

这一时期，国有企业的管理探索集中于建立和完善中国特色现代企业制度，具体如表 2-4 所示。

表 2-4　中国特色社会主义新时代国有企业的管理探索

管理模式	标志性事件	说明
以“两个一以贯之”为根本特征的中国特色现代企业制度	2016 年 10 月，全国国有企业党的建设工作会议召开，习近平总书记提出了“两个一以贯之”原则，要求建立中国特色现代国有企业制度 2017 年 10 月，党的十九大审议通过的《党章》将国有企业党委（党组）的“领导核心和政治核心作用”调整为“领导作用” 2019 年 10 月，党的十九届四中全会将“中国特色现代国有企业制度”扩展为“中国特色现代企业制度” 2021 年 5 月，中共中央办公厅下发了《关于中央企业在完善公司治理中加强党的领导的意见》 2021 年 3 月，《中华人民共和国国民经济和社会发展第十四个五年规划和 2035 年远景目标纲要》印发，明确具体建设任务	基于中国国情和国有企业性质使命，吸收国外可借鉴经验。能够统筹发挥社会主义制度优势和市场经济规律优势

二、中国特色现代企业制度

2016 年 10 月 10 日，习近平总书记在全国国有企业党的建设工作会议上强调：坚持党对国有企业的领导是重大政治原则，必须一以贯之；建立现代企业制度是国有企业改革的方向，也必须一以贯之。要把加强党的领导和完善公司治理统一起来，建设中国特色现代国有企业制度。

（一）对坚持党对国有企业的领导的要求

党对国有企业的领导是政治领导、思想领导、组织领导的有机统一。国有企业党组织发挥领导作用，把方向、管大局、保落实，依照规定讨论和决定企业重大事项。要明确党组织在决策、执行、监督等环节的权责和工作方式，使党组织发挥作用组织化、制度化、具体化。

（二）对遵循市场经济规律的要求

不能把坚持党的领导和遵循市场经济规律对立起来。要把加强党的领导和完善公司治理统一起来。在实际运行中，要处理好党组织和其他治理主体的关系，明确权责边界，做到无缝衔接，形成权责法定、权责透明、协调运转、有效制衡的公司治理机制。

(三) 对全心全意依靠工人阶级的方针的要求

坚持全心全意依靠工人阶级的方针是坚持党对国有企业领导的内在要求，要在政治上保证、制度上落实、素质上提高、权益上维护。要健全以职工代表大会为基本形式的民主管理制度，推进厂务公开、业务公开，落实职工群众知情权、参与权、表达权、监督权，充分调动工人阶级的积极性、主动性、创造性。企业在重大决策上要听取职工意见，涉及职工切身利益的重大问题必须经过职代会审议。要坚持和完善职工董事制度、职工监事制度，鼓励职工代表有序参与公司治理。

(四) 对干部管理的要求

国有企业领导人员不是西方国家的企业家，也不是我国民营企业的企业家，而是党在经济领域的执政骨干，是治国理政复合型人才的重要来源。培养国有企业领导人员，要将坚持党管干部原则和发挥市场机制作用结合起来。

(五) 对加强党的建设的要求

坚持党的领导、加强党的建设是我国国有企业的光荣传统，是国有企业的“根”和“魂”，是我国国有企业的独特优势。要把国有企业基层党组织建设成为坚强战斗堡垒。

第五节　国有企业管理的宝贵经验

通过对国有企业发展历史的回顾和对国有企业在企业管理方面探索的梳理，我们可以得到“一个坚定、三个坚持、三个统一”的管理经验，如图 2-2 所示。

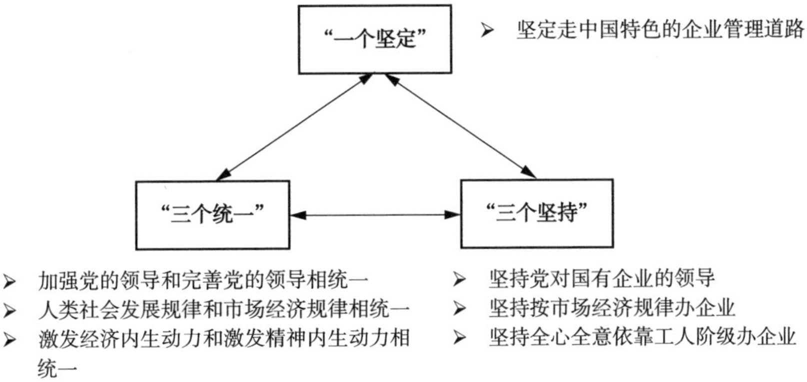

图 2-2　国有企业积累的管理经验

一、“一个坚定”

国有企业积累的宝贵经验之一是必须坚定走中国特色的企业管理道路。

企业制度既具有一般性，也具有特殊性。适合我国国有企业的制度一定是植根于中国的土壤，并广泛借鉴企业管理的一般性规律的。

在国有企业发展历程中，既借鉴过苏联的企业管理经验，也借鉴过西方的企业管理（特别是公司治理）经验。但历史证明，无论是苏联的“一长制”模式，还是西方的“三会一层”或“两会一层”① 分权制衡模式，只能借鉴部分内容，不能照搬照抄。

中华人民共和国成立初期，我国国营企业从苏联引进了“一长制”，尽管当时“一长制”更能体现责任到人，减少多头领导、推诿、扯皮等现象，但是它本身也存在缺陷。“一长制”无法有效协调企业内部党、政、工、团等组织的关系和工作，因此降低了资源配置效率；无法确保党对企业的领导权，因此无法保证国有企业正确的发展方向；无法做到企业民主管理，因此不能保证工人阶级主人翁地位，不能激发职工主人翁精神。

改革开放后，我国国有企业从西方引进了“三会一层”的管理体制。尽管“三会一层”有利于分权制衡，对所有权和经营权的分离起到了重要推动作用，但是它本身也存在缺陷。“三会一层”漠视了“企业是一个有机系统”这一事实，把企业管理中的权力按照“还原论”割裂开来：一是“三会一层”将党组织排除在外，造成了国有企业党的领导和党的建设弱化、淡化、虚化、边缘化，导致国有企业过度重视经济目标，弱化政治目标和社会目标；二是“三会一层”淡化了民主管理，不利于维护工人阶级主人翁地位；三是“三会一层”过度强调“分权”，轻视了“统一”，忽视了企业中各利益主体之间的辩证统一关系。

“党委领导下的厂长负责制”是“具有中国特色的企业管理”的一次有益尝试，为国有企业管理积累了宝贵经验。“党委领导下的厂长负责制”是在计划经济体制下提出的，一方面，强调建立以党组织为核心的集体领导和个人负责相结合的领导制度，凡是重大的问题都应当经过集体讨论和共同决定，凡是日常的工作都应当由专人分工负责；另一方面，强调企业管理的关键在于发挥职工群众的积极性，并指出“职工群众的积极性能不能发扬，在很大

---

① “两会一层”指股东大会、董事会、经理层的模式，该模式中没有监事会，如美国的公司治理结构。

程度上取决于企业的领导制度和领导工作是不是健全”。

与国外管理理念相比，“党委领导下的厂长负责制”具有很强的创新性。第一，“党委领导下的厂长负责制”将企业视为一个整体，政治机构（党委）和经营管理机构（厂长）是这个整体的组成部分。第二，党委与厂长不是分权的关系，而是领导和被领导的关系，即“以党为核心的集体领导和个人负责相结合的领导制度”。第三，“党委领导下的厂长负责制”强调能否办好企业关键在于能否发挥职工群众的积极性。

“党委领导下的厂长负责制”是在我国国有企业管理实践的基础上借鉴国外管理经验提出的，是符合当时历史阶段的国情的。但是由于多种原因，“党委领导下的厂长负责制”并没有发挥应有的作用，而是逐步演变为党的一元化领导。一是在当时的计划经济体制下，企业是生产主体，经营自主权很小，党委很容易陷入生产事务，使党组织与厂长的矛盾冲突加剧。二是模糊了“领导”和“管理”的界限，把党的领导模糊为党组织对企业生产经营具体事务的管理。正如 1978 年 12 月 13 日邓小平同志在中央工作会议闭幕会上的讲话中指出的，“思想一僵化，条条、框框就多起来了。比如说，加强党的领导，变成了党去包办一切、干预一切；实行一元化领导，变成了党政不分、以党代政”。

“三句话”方针是基于我国国情、借鉴西方管理经验，特别是公司治理经验进行的管理创造。“三句话”方针提出了办好国有企业的三个极为重要的因素：党组织、管理层、工人阶级。“三句话”方针虽然提出了基本原则，但并没有给出具体实施方案。在当时的历史背景下，“三句话”方针也没有发挥应有的作用。

“两个一以贯之”原则是企业管理“中国模式”的体现，明确了国有企业管理的中国道路。第一，“两个一以贯之”原则要求坚持党的领导必须一以贯之，这是因为国有企业管理具有特殊性，国有企业根植于中国特色社会主义这一特色土壤，国有企业的性质决定了坚持党的领导的合法性，国有企业的使命、功能、目标决定了坚持党的领导的必要性。第二，“两个一以贯之”原则要求建立现代企业制度也必须一以贯之，这是因为国有企业管理具有一般性，市场经济规律是一种有效的资源配置方式，是激发人的经济内生动力的有效方式，国有企业管理需要遵循市场经济规律。第三，更重要的是“两个一以贯之”原则并没有把党的领导和建立中国特色现代企业制度分立开来，而是将其视为一个整体，强调两者的有机结合。

二、"三个坚持"

国有企业积累的宝贵经验之二是"三个坚持"，即坚持党对国有企业的领导、坚持按市场经济规律办企业、坚持全心全意依靠工人阶级办企业。

（一）坚持党对国有企业的领导

长期以来如果没有国有企业为国家发展打下的重要物质基础，就没有我国的经济独立和国家安全，就没有人民生活的不断改善，就没有我国今天在世界上的地位，就没有一个社会主义中国在世界东方的岿然屹立。

国有企业从无到有、从小到大、从弱到强，在各个历史阶段取得显著成就，为我国经济社会发展、科技进步、国防建设、民生改善做出了历史性贡献，最根本的原因是有中国共产党的坚强领导。历史和现实都证明，国有企业的发展史就是坚持党的领导、加强党的建设的历史。没有党的坚强领导，没有国有企业各级党组织长期的努力，没有国有企业广大党员、干部、职工的不懈奋斗，就没有国有企业的今天。事实证明，坚持党的领导、加强党的建设是国有企业的"根"和"魂"，是我国国有企业的独特优势。只有坚持党对国有企业的领导，才能通过贯彻落实党的理论和路线方针政策、贯彻落实国家发展战略，确保国有企业改革发展的社会主义方向；只有坚持党管干部、党管人才原则，才能建强企业领导班子和职工队伍；只有建实建强基层党组织，才能夯实党的执政基础，发挥基层党组织的战斗堡垒作用和党员的先锋模范作用，凝聚党员群众建功立业。

在新的历史时期，坚持党对国有企业的领导要不断完善党对国有企业的领导体制机制，将党组织职责权限写进《公司章程》，在《公司章程》中明确党组织的法定地位；要坚持党委书记、董事长"一肩挑"，健全党委委员和董事会、经理层成员"双向进入、交叉任职"的领导体制；要在企业制度中明确党组织在决策、监督、执行中的具体权责。

（二）坚持按市场经济规律办企业

判断一种企业制度是否比其他企业制度更有优势，一个重要的标准是看这种企业制度是否比其他的企业制度更能提高资源转换效率，更能提高资源转换效果。毋庸置疑，市场经济是一种有效的资源匹配方式，提高企业的资源转换效率和效果必须坚持按市场经济规律办企业。

改革开放以来，通过让利放权、承包制、公司制等改革举措，用市场经济规律管理国有企业，使国有企业逐渐成为市场主体，极大地解放了国有企业的生产力；通过三项制度改革、中长期激励等改革举措，国有企业用市场经济规律进行企业管理，极大地解放了国有企业职工的生产力。

在新的历史时期，坚持按市场经济规律办企业，一是要对企业授权、放权，使企业成为真正的市场主体，使市场经济在资源配置中起决定性作用；二是要加大企业内部管理的市场化改革力度，使市场化方式在企业管理中起决定性作用。

（三）坚持全心全意依靠工人阶级办企业

全心全意依靠工人阶级是“以人民为中心”思想在国有企业管理中的具体实现，是社会主义国家企业区别于资本主义国家企业的显著特征。

习近平总书记明确指出，“坚持全心全意依靠工人阶级的方针，是坚持党对国有企业领导的内在要求”。[①] 党的十八大以来，习近平总书记高度重视工人阶级的地位和作用，多次出席工人活动，同普通工人座谈，提倡“劳动精神”，并强调“无论时代条件如何变化，我们始终都要崇尚劳动、尊重劳动者，始终重视发挥工人阶级和广大劳动群众的主力军作用”（韩震，2020；宋笑敏，2021）。习近平总书记在2015年庆祝“五一”国际劳动节暨表彰全国劳动模范和先进工作者大会上的讲话指出：“全心全意依靠工人阶级的根本方针都不能忘记、不能淡化，我国工人阶级地位和作用都不容动摇、不容忽视。”[②]

人是生产力中最革命、最活跃的因素，是生产力的创造者和生产关系的体现者，劳动者作为生产力主体在企业生产经营活动中占据着主导和决定性的位置。历史证明，工人阶级是企业发展的真正力量。在新民主主义革命时期，工人克服了难以想象的困难满足作战和经济需要，涌现了吴运铎等一大批英雄人物；在社会主义革命和建设时期，通过全心全意依靠工人阶级激发工人阶级的主人翁精神，在中华人民共和国成立初期迅速恢复了生产，在建设时期迅速建立了我国的工业体系，涌现了王进喜等一大批英雄人物；在改革开放和社会主义建设新时期，通过市场化改革举措解放了职工生产力，促进了企业的跨越式发展；中国特色社会主义进入新时代，通过加强党的领导和党的建设提高了职工的政治地位，通过深化市场化方向改革提高了职工的

① 习近平．坚持党对国有企业的领导不动摇，开创国有企业党的建设新局面［N］．人民日报，2016-10-12（1）．

② 习近平．在庆祝“五一”国际劳动节暨表彰全国劳动模范和先进工作者大会上的讲话［N］．人民日报，2015-4-29（1）．

经济地位。

在新的历史时期，坚持全心全意依靠工人阶级办企业。一是要健全职工参与管理制度，提高职工的政治地位，使职工参与管理、参与决策、参与监督。二是要健全职工参与企业发展成果共享制度，提高职工的经济地位。

三、“三个统一”

国有企业积累的宝贵经验之三是“三个统一”，即加强党的领导和完善党的领导相统一、人类社会发展规律和市场经济规律相统一、激发经济内生动力和激发精神内生动力相统一。

（一）加强党的领导和完善党的领导相统一

坚持和加强党对国有企业的领导，是要发挥中国特色社会主义制度优势，确保国有企业政治目标和社会目标的实现，统筹实现经济目标、政治目标和社会目标，而不是要党组织直接成为企业生产经营的决策和指挥中心，不是用党组织取代董事会、取代经理层。

国有企业的发展历史证明，弱化党对国有企业的领导，国有企业是搞不好的，国有企业的目标是无法实现的，国有企业的使命是无法履行的；反过来，如果党组织直接成为企业生产经营的决策和指挥中心，国有企业也是搞不好的。因此，国有企业管理要做到加强党的领导和完善党的领导相统一。

加强党的领导和完善党的领导相统一，重点在于完善党的领导上，要通过不断地完善党的领导来更好地坚持和加强党的领导。

一是要不断完善和改进党的领导方式，着眼于把方向、管大局、保落实，避免把党组织直接作为企业生产经营的决策和指挥中心。

二是要坚持民主集中制这一根本领导制度，善于运用民主的办法，善于通过协商的方式，善于集中、敢于担责。

三是要坚持群众路线这一基本领导方法，不断增强群众工作本领。

四是要坚持依法执政这一基本领导方式，遵照法律法规、公司章程和企业管理制度行权。

（二）人类社会发展规律和市场经济规律相统一

遵循市场经济规律的企业才可能成为有竞争力的企业，遵循人类社会发展规律的企业才是负责任的企业。

前文对企业性质的分析表明，国有企业是社会主义生产关系的重要组成部分，国有企业的这种特殊性决定了国有企业管理应该遵循人类社会发展规律。简单地说，就是从经济基础和上层建筑的关系上来看国有企业的价值，就是从党、国家、人类社会的高度看待国有企业的价值。同时，国有企业是企业的类型之一，具有经济细胞这一基本属性，国有企业的一般性决定了国有企业管理应该遵循市场经济规律。因此，国有企业管理要做到人类社会发展规律和市场经济规律相统一。

人类社会发展规律和市场经济规律相统一，关键在于统筹好国有企业经济目标、政治目标、社会目标之间的关系。

一是要对国有企业进行分类管理。将中央企业集团及其所属子公司和地方国有企业集团及其所属子公司分为公益类、商业一类、商业二类，对不同类别的企业或业务实行分类核算和分类考核。

二是提升整体性思维、大局意识和战略性思维。将经济目标、政治目标、社会目标作为一个整体统筹考虑、科学决策；从企业长远发展和国有经济、党、国家、人民的高度进行企业决策。

（三）激发经济内生动力和激发精神内生动力相统一

企业的发展关键要靠人，企业管理的关键是管人。人的需求不只包括物质需求，还包括精神需求，满足人的物质需求可以激发人的经济内生动力，满足人的精神需求可以激发人的精神内生动力。

毋庸置疑，国有企业中的每名职工都有“经济人”假设的特征，也会有“社会人”假设、“自我实现人”假设、“复杂人”假设的特征。[①] 因此，使用经济激励方法激发员工的经济内生动力是一个必选项。同样，国有企业中的每名职工都具有奉献精神，特别是党员和党员领导干部。《党章》中对党员义务的要求就是要有奉献精神。本书中将具有奉献精神的人性假设定义为“政治人”假设。因此，使用党建工作方法激发员工的精神内生动力也是一个必选项。

显然，每个人都不是单纯的“政治人”，也不是单纯的“经济人”，而是具有多种属性的复杂而完整的人。因此，国有企业管理一定要做到激发经济内生动力和激发精神内生动力相统一。

激发经济内生动力和激发精神内生动力相统一，关键在于要注重挖掘党建的管理方法属性，并与企业管理理论中的管理方法统筹使用，这是双向融

---

① 在人性假设中，有“经济人”假设、“社会人”假设、“自我实现人”假设、“复杂人”假设等。在本书中，为简化分析，仅使用“经济人”假设与“政治人”假设相对应。

合形成价值转化的根本。

一是在企业管理中使用党建工作方法，特别是思想政治工作方法和坚持群众路线工作方法，从内心深处激发职工为国家、为人民真诚奉献的精神。

二是正确使用经济激励和约束等企业管理方法，尊重市场经济规律和人本身具有的“经济人”属性，使职工利益与企业利益趋同，从而激发职工的经济内生动力。

三是通过围绕生产经营开展工作，发挥基层党组织和党员作用，激发干部职工的奉献精神，建班子带队伍，组织凝聚职工队伍，凝心聚力做好企业中心工作。

第三章　国有企业公司治理

公司治理是中国特色现代企业制度的核心内容，国有企业公司治理具有鲜明的中国特色。坚持“两个一以贯之”原则是我国国有企业公司治理的鲜明特征，坚持党对国有企业的领导是我国国有企业公司治理的特色和优势。本章从一般性和特殊性出发探索国有企业公司治理的“中国模式”。

本章共分七节，结构与逻辑如图 3-1 所示。

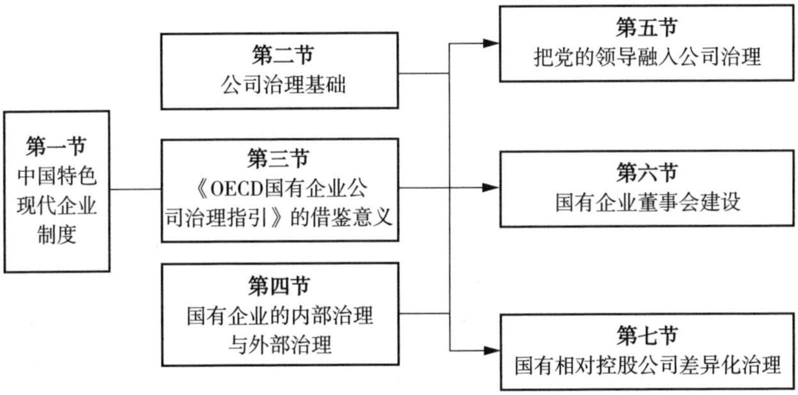

图 3-1　第三章的结构与逻辑

第一节　中国特色现代企业制度

中国特色现代企业制度的适用对象不仅包括我国国有企业，而且包括我国民营企业。二者在建设中国特色现代企业制度上的主要不同在于党组织的职能地位不同。由于本书的研究对象是我国国有企业，所以本书将聚焦我国国有企业如何建设中国特色现代企业制度。

一、企业管理制度的国别差异

企业制度具有国别差异性，我国国有企业的企业制度也具有自己的特色。

公司治理是企业制度的重要组成部分，经济合作与发展组织认为："好的或有效的公司治理制度是具有国家特性的，它必须与本国的市场特征、制度环境以及社会传统相协调。"（秦永法，2017）公司治理本来就没有放之四海而皆准的模式，对比公司治理的"英美模式""德国模式""日本模式""新加坡模式"可以清楚地发现各种模式有明显的不同，即使是"英美模式"中的英国和美国也有很大差异。各国不同的治理模式是公司治理一般性原理在不同制度背景下的反映（宋笑敏，2021）。

我国是中国共产党领导的社会主义国家，实行"公有制为主体、多种所有制经济共同发展，按劳分配为主体、多种分配方式并存，社会主义市场经济体制的社会主义基本经济制度"，必然通过党的全面领导确保公有制的主体地位。因此，建立中国特色现代企业制度要立足我国国情，借鉴西方的有益经验，不能生搬硬套外国的做法。

二、中国特色现代企业制度"双螺旋"模型及运作机制

习近平总书记提出的"两个一以贯之"重要指示要求，为中国特色现代企业制度奠定了理论基础。

（一）"双螺旋"模型

为了更深刻地理解"两个一以贯之"，借鉴生物学概念，尝试用图的形式刻画了中国特色现代企业制度理论模型，称之为中国特色现代企业制度"双螺旋"模型（简称为"双螺旋"模型，或"DNA"模型），如图 3-2 所示。[①]

在模型中，党建管理线（即"党的领导、党的建设线"，用红色表示，也称为"红色线"），是由国有企业的特殊性决定的，这代表"坚持党对国有企业的领导是重大政治原则，必须一以贯之"；资本管理线（用蓝色表示，也称为"蓝色线"），是由国有企业的一般性决定的，这代表"建立现代企业制度是国有企业改革的方向，也必须一以贯之"；党建管理线和资本管理线不是各自独立的，而是要在⑤、⑥、⑦三个连接点"互补配对"[②]，实现有机融合，这代表"要把加强党的领导和完善公司治理统一起来"。

① 本模型是在国务院国资委重大课题（2017）"中国特色现代企业制度重大问题研究"的课题成果基础上进一步研究得出的。

② "互补配对"是 DNA 的碱基配对的基本原则。

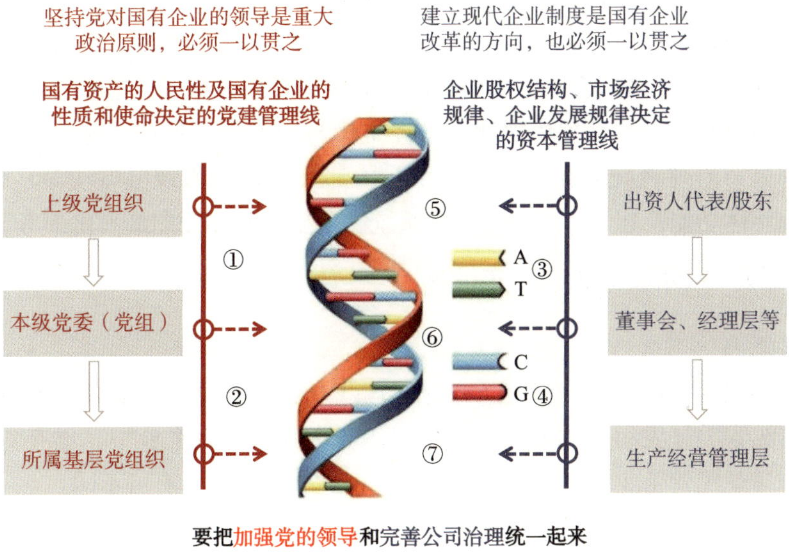

图 3-2 中国特色现代企业制度“双螺旋”模型

“双螺旋”模型强调系统性，具体表现为整体性、有机性、动态性、螺旋上升性，意味着中国特色现代企业制度建设是一个不断向前演化和完善的过程，从一个阶段不断向下一个更高阶段跃迁。

（二）系统理论是“双螺旋”模型的基础

习近平总书记指出，“系统观念是具有基础性的思想和工作方法”。[①]“双螺旋”的基础是系统理论，即中国特色现代企业制度（包括公司治理）是一个系统。建设中国特色现代企业制度，包括结构、各主体的权责、各主体之间的关系、制度运行机制等，都需要满足系统的相关规律，只有这样才能在整体上发挥中国特色现代企业制度的制度优势，才能把制度优势更好地转化为治理效能。

《中国大百科全书·自动控制与系统工程》中定义：“系统是相互制约、相互作用的一些部分（要素）组成的具有某些功能的有机整体。”系统思想的核心是把事物作为一个有机整体来考量。一般认为，系统由多个要素组成；各要素之间、要素与整体之间以及整体与外部环境之间存在着有机联系；系

---

① 新华网．（受权发布）习近平：关于《中共中央关于制定国民经济和社会发展第十四个五年规划和二〇三五年远景目标的建议》的说明［EB/OL］．（2020-11-03）［2022-04-15］．http：//www. xinhuanet. com/politics/leaders/2020-11/03/c_ 1126693341. htm.

统具有整体功能（这种整体功能不同于要素功能）。[①]

以中国特色现代企业制度中的公司治理为例，企业内部的公司治理系统由党委（党组）、董事会、经理层、职代会等治理主体组成，这些治理主体就是系统的要素；各治理主体之间、治理主体与内部公司治理、内部公司治理与外部公司治理之间存在着有机联系；内部公司治理系统具有决策、监督、执行等整体功能；建设内部公司治理系统，需要从整体效能最大化来考量。

（三）“双螺旋”模型运作机制

1. 党建管理线

在我国国有企业中，有一条党建管理线，这条管理线包括企业上级党组织、本级党委（党组）和所属下级党组织。在我国民营企业中，也有党建管理线，只是民营企业中党组织和国有企业中党组织的职责有所不同。

党建管理线的管理目标，也就是党组织的目标，主要包括四个方面：第一，确保党对国有企业的领导权。确保党的路线方针政策在本企业的贯彻执行，监督、保证本企业贯彻落实党中央决策部署以及上级党组织决议的重大举措。第二，加强国有企业党的建设，提高党的建设质量，夯实中国特色社会主义的重要政治基础。第三，确保国有企业经济责任、政治责任和社会责任的实现，特别是政治责任和社会责任的实现。第四，发挥坚持党的领导、加强党的建设的独特优势，引领保障国有企业高质量发展。总结来说，党建管理线的目标，是“侧重政治目标和社会目标，统筹经济、政治、社会三个目标”。

实现党建管理线的管理目标，需要遵循党的建设规律和马克思主义政治经济学理论。这也意味着，国有企业管理需要遵循党的建设规律和马克思主义政治经济学理论，统筹实现国有企业经济目标、政治目标、社会目标，解放和发展企业职工的生产力。

2. 资本管理线

企业是由股东投资形成的经济性组织。在所有企业中，无论是西方的企业，还是我国的国有企业，或是民营企业，都有着一条资本决定的管理线，称之为“资本管理线”。这条资本管理线形成了股东、董事会经理层、企业生产经营层的委托代理关系。

市场经济是一种有效的资源匹配方式，提高企业的资源转换效率和效果，

---

① 王众托．系统工程引论（第4版）[M]．北京：电子工业出版社：1，15.

需要坚持按市场经济规律办企业。改革开放以来，通过让利放权、承包制、公司制等改革举措，使用市场经济规律管理国有企业，使国有企业逐渐成为市场主体，极大地解放了国有企业的生产力；通过三项制度改革、中长期激励等改革举措，国有企业使用市场经济规律进行企业管理，极大地解放了国有企业中职工的生产力。

资本管理线的管理目标，也就是股东、董事会、经理层、生产经营层的管理目标，主要包括四个方面：第一，要考虑股东价值。比如常说的“国有资产保值增值”，就是股东价值之一。企业是由股东出资设立的经济性组织，必然要追求股东投资回报，需要特别说明的是，经济价值仅仅是股东价值的维度之一，而不是全部。第二，要考虑内部利益相关者价值。比如经理层任期制和契约化、“三项制度改革”、科技企业跟投机制、利润分享机制等，都考虑了内部利益相关者价值，使职工（包括经理层成员）能够因自己的努力和贡献而参与分享企业的发展成果。第三，要考虑外部利益相关者，包括用户、供应商、金融机构、政府等的价值。第四，要考虑广义利益相关者的价值，比如环境等。总的来说，资本管理线的目标，是“侧重经济目标，兼顾社会目标和政治目标”。

实现资本管理线的管理目标，需要遵循市场经济规律和企业发展规律。这也意味着国有企业管理需要遵循市场经济规律和企业发展规律，实现对资源的优化配置，解放和发展企业中职工的生产力。

3. 两条管理线的融合

把一般性企业的“资本管理线”和我国国有企业特有的“党建管理线”融合在一起，就形成了中国特色现代企业制度“双螺旋”模型。

建设中国特色现代企业制度的关键，是要做到制度优势和市场经济有机结合，充分解放和发展企业和企业中人的生产力。两条管理线的融合需要基于系统理论，以统筹发挥中国特色社会主义制度优势和遵循市场经济规律优势为标准，以“人的融合”“制度融合”“信息融合”为手段，持续不断地动态完善和进化。

从图 3-2 中可以看出，两条线的连接点主要有三个：第一个是上级党组织和出资人代表/股东之间的连接（图 3-2 中的⑤）；第二个是本级党委（党组）与董事会、经理层等之间的连接（图 3-2 中的⑥）；第三个是所属基层党组织与生产经营管理层之间的连接（图 3-2 中的⑦）。本书只讨论第二个和第三个连接点。

第二个连接点：首先，两条线通过“双向进入、交叉任职”领导体制实现人的连接，即“人的融合”。《中国共产党国有企业基层组织工作条例（试行）》对“双向进入、交叉任职”进行了较为详细的规定：“坚持和完善‘双向进入、交叉任职’领导体制，符合条件的党委（党组）班子成员可以通过法定程序进入董事会、经理层，董事会、经理层成员中符合条件的党员可以依照有关规定和程序进入党委（党组）。”需要注意的是，党组织和董事会或经理层高度重合，并不符合系统理论。其次，通过公司章程、“三重一大”决策制度、党委议事规则等制度实现运行规则的连接，即“制度融合”。最后，通过解决外部董事信息不对称的诸多举措，以及进入董事会、经理层的党委（党组）班子成员，实现信息传递，即“信息融合”。

第三个连接点：首先，通过基层党组织应建尽建（不能出现“空白班组”）、“双向进入、交叉任职”、“一岗双责”等实现人的连接，即“人的融合”；其次，通过“三会一课”、思想政治工作，劳动竞赛、党员先锋岗、党员责任区等党组织活动等实现运行规则的连接，即“制度融合”；最后，通过教育管理党员、团结凝聚职工群众、围绕生产经营开展工作等实现信息传递，即“信息融合”。

“双螺旋”强调两条线连接的有机性、动态性、螺旋上升性，意味着人员、制度、信息都是不断动态变化的。

（四）建设中国特色现代企业制度的着力点

怎样建设和完善中国特色现代企业制度，从“双螺旋”模型来看，主要从以下七个方面着手。

前两个是党建管理线上的管理，就是图 3-2 中的①和②。一是上级党组织对本级党委（党组）的管理，以及本级党委（党组）自身建设。二是本级党委（党组）对所属基层党组织的管理，比如基层党组织建设、党建责任制考核。

另外两个是资本管理线上的管理，就是图 3-2 中的③和④。一是出资人代表/股东对董事会、经理层等的管理，以及董事会、经理层等的自身建设，比如大股东管控模式、放权授权、委派外部董事、对董事会考核，董事会对董事长、总经理授权，经理层任期制和契约化。二是董事会、经理层等对生产经营管理层的管理，比如组织结构、“三项制度”改革等。

还有三个是两条线的融合，就是前面分析过的⑤、⑥、⑦三个点。

三、中国特色现代企业制度的基本特征

（一）坚持党的全面领导，做到与完善公司治理有机统一

国有企业的性质、使命决定了其具有经济、政治、社会三种目标，既要考虑企业自身利益，又要考虑国家和人民利益。坚持党的领导，做到与完善公司治理有机统一，可以使企业更好地统筹好企业目标和国家目标，从而发挥国有企业的功能，完成光荣使命。

实践表明，组织落实、干部到位、权责明确、监督严格是实现坚持和加强党的领导与完善公司治理有机统一的四个任务：①通过“党建入章”实现组织落实；②通过“双向进入、交叉任职”“一肩挑”实现干部到位；③通过明确党委（党组）决定权、把关权、监督权，科学划分各治理主体权责清单，实现权责明确；④通过党内监督、党组织对董事会经理层监督、董事会自身制衡等实现监督严格。

（二）遵循市场经济规律，做到市场化运营

在社会主义市场经济下，市场经济是管理企业和企业管理都必须遵循的基本原则。管好企业的关键是要解放好生产力。遵循市场经济规律，做到市场化运营，可以使“无形的手”的作用得到充分发挥，从企业和员工两个层面解放生产力。

实践表明，遵循市场经济规律、解放企业和职工生产力重点要做到四个方面的工作：①“以管资本为主的国有资产监管体制”有效形成；②企业按市场化机制运营；③董事会经理层有效运转；④对职工的激励机制、约束机制健全。

（三）全心全意依靠工人阶级，强化工人阶级主人翁地位

一直以来，资本与劳动之间的矛盾是资本主义国家企业管理中不可调和的矛盾，而全心全意依靠工人阶级，通过“发展依靠职工、发展为了职工”强化工人阶级主人翁地位，真正激发职工的内生动力，使“劳动雇佣资本”成为可能。

实践表明，坚持全心全意依靠工人阶级重点在于四个方面：①以职工代表大会为基本形式的民主管理制度健全并有效运行；②职工董事、职工监事制度完善并有效履职；③基层党组织凝聚党员群众、服务党员群众功能有效发挥；④采取利润分享等激励手段实现企业发展成果由职工参与共享。

（四）坚持党管干部原则，做到与市场机制有机统一

企业家在企业管理中发挥着重要作用，这个群体的定位与管理是企业管理的关键。我国国有企业的企业家既具有通常意义上企业家的经济属性，又具有鲜明的政治属性。而鲜明的政治属性不仅是区别于西方企业家的本质特征，而且使干部具有大局意识、奉献精神、团队意识，干部队伍更具凝聚力、执行力、战斗力。

实践表明，坚持党管干部原则，做到与市场机制有机统一，重点在于三个方面：①坚持党管干部原则，同时分不同股权结构和企业层级等，明确董事会和经理层的选人用人权。②能够把国有企业领导人员“20 字”标准有效贯彻到干部“选、育、用、管”全流程，并建立有效的“三个区分开来”容错机制。“三个区分开来”指把干部在推进改革中因缺乏经验、先行先试出现的失误和错误同明知故犯的违纪违法行为区分开来；把上级尚无明确限制的探索性试验中的失误和错误同上级明令禁止后依然我行我素的违纪违法行为区分开来；把为推动发展的无意过失，同为谋取私利的违纪违法行为区分开来。[①] ③建立对企业领导人员市场化管理机制，真正实现按市场化机制选聘、按业绩拿薪酬、按业绩定去留。

（五）加强党的建设，做到与生产经营有机融合

在国有企业中，党的建设是企业管理的重要内容，是价值创造的重要来源。这种价值创造既包括经济价值，也包括政治价值和社会价值。

实践表明，国有企业加强党的建设，把党建打造成企业价值链上的真正一环，重点要做到四个方面：①党建基础夯实；②党建作用有效发挥；③党建工作方法充分运用；④形成良好的政治生态，监督功能取得实效。

四、中国特色现代企业制度的制度内容

本书将中国特色现代企业制度的内容分为公司治理制度、企业经营管理制度、企业党的建设制度。[②]

---

① 习近平．习近平总书记在省部级主要领导干部学习贯彻党的十八届五中全会精神专题研讨班上的讲话［N］．人民日报，2016-05-10（1）．

② 一般认为，产权制度、国有资产监督管理制度也是现代企业制度的内容，但考虑到本书是从国有企业管理的角度出发的，主要探讨管理者如何管理国有企业的问题，所以本书将中国特色现代企业制度的内容限定在公司治理、企业经营管理和企业党的建设方面。

（一）公司治理制度

在中国特色现代企业制度的内容中，最具有中国特色的是公司治理制度。

习近平总书记在全国国有企业党的建设工作会议上强调：中国特色现代国有企业制度，“特”就特在把党的领导融入公司治理各环节，把企业党组织内嵌到公司治理结构中，明确和落实党组织在公司法人治理结构中的法定地位，做到组织落实、干部到位、职责明确、监督严格。

公司治理变得越来越重要。一方面，委托代理导致的“内部人控制”问题越来越受到关注，资本市场日益重要，技术的进步使利益相关者参与公司治理的意愿和能力显著提高；另一方面，企业经营环境日益复杂，企业风险明显加大，这使得企业保持正确的发展方向十分重要。

国有企业公司治理制度，按不同维度进行划分。具体来说，按公司治理功能可分为决策制度、监督制度、执行制度。也可以按具体类别分为：①公司治理结构制度；②各治理主体相互之间关系的制度，如各治理主体的权责定位、权责划分、决策监督执行的流程等；③各治理主体自身建设的制度，如加强党的自身建设的制度、党委议事规则，规范董事会建设制度、董事会议事规则，规范经理层建设制度、经理层议事规则，外部董事管理建设，董事会及董事考核制度，经理层考核制度等；④各种专项制度，如投资管理制度、战略管理制度、干部聘用与管理制度、混合所有制企业管理制度等。

（二）企业经营管理制度

经营管理制度是中国特色现代企业制度的主要组成部分。

经营管理制度包括组织制度、人力资源管理、研发管理、供应管理、生产管理、财务管理、质量管理、营销管理、客户管理、内部控制、项目管理、创新管理、价值管理等。

（三）企业党的建设制度

党的建设制度是中国特色现代企业制度的重要组成部分。

党的建设是国有企业管理的重要内容，也是国有企业管理的中国特色。一方面，在国有企业管理中，党的组织是国有企业组织体系中不可或缺的组成部分，在企业公司治理、干部管理、人才培养、生产经营等企业管理方面都发挥着重要作用；另一方面，企业管理最关键的是对人的管理，“党建就是做人的工作的”，党的建设在人的管理方面具有其他管理方法无法比拟的独特优势，这是一种“有价值的、稀缺的、难以模仿的、不可替代的”优势。

党的建设具体包括党员发展、党员教育管理等党员队伍建设制度，党组织换届、工作机构设置等组织建设制度，“三会一课”、民主评议党员等组织生活制度，干部选拔任用、教育培训等干部人才队伍建设制度，企业文化建设、思想政治工作等思想政治宣传工作制度，党务公开、纪检监察等党内民主与监督制度，统战群团工作制度，党建责任考核制度，等等。

五、中国特色现代企业制度的制度优势

（一）全面解放人的生产力

判断一种企业制度好不好，一个很重要的标准就是这种企业制度对生产力的解放程度，而在企业中，最关键的生产力要素就是职工。马克思指出，人是生产力中最革命、最活跃的因素。因此，相比于其他类型的企业制度，中国特色现代企业制度是否有制度优势，首先要看它能不能更好地解放和发展职工的生产力。①

1. 人是完整的人、全面的人

马克思、恩格斯认为，人是要全面发展的。在《1844 年经济学哲学手稿》中，马克思阐述了人的全面发展思想。马克思认为，人的发展是“人以一种全面的方式，也就是说，作为一个完整的人，占有自己的全面的本质”。恩格斯在《对英国北方社会主义联盟纲领的修正》中指出：“我们的目的是建立社会主义制度，这种制度将给所有的人提供健康而有益的工作，给所有的人提供充裕的物质生活和闲暇时间，给所有的人提供真正的充分的自由。”②

在中国特色现代企业制度下，职工不只是西方学者提出的“经济人”“社会人”“自我实现人”“复杂人”，更重要的是，我国企业中的职工③，特别是党员，还是具有奉献精神的利他性的“政治人”。

笔者认为，考虑了“政治人”特征后，人（职工）才有可能是一个“真实的人”“完整的人”，如果仅考虑人的“经济人”特征（包括“社会人”“自我实现人”“复杂人”），那么这个“人”是不完整的，是不全面的（关于国有企业职工的人性假设参见第五章第一节）。

---

① 在本书中，除非将“职工”与“党员”“领导干部”等一同使用，否则均指企业内的所有人员，包括群众、党员、领导干部。

② 摘自恩格斯《对英国北方社会主义联盟纲领的修正》（1887 年 6 月 14 日和 23 日之间），《马克思恩格斯全集》第 1 版第 21 卷第 570 页。

③ 包括民营企业的职工，从更广泛的意义上来说也包括资本主义国家的企业员工。

2. 中国特色现代企业制度可以激发职工的经济内生动力

我们必须认识到，国有企业职工，包括党员和党员领导干部，无一例外地具有“经济人”特征。[①] 因此，经济激励和经济约束虽然不是唯一的管理手段，却是重要的、不可或缺的。我们还必须认识到，当前，国有企业的经济激励机制和经济约束机制还没有到位，职工的经济内生动力还没有被激发，职工的生产力还没有被解放。

一方面，中国特色现代企业制度强调“中国特色”，但并不否认西方的好的管理经验，“建立现代企业制度是国有企业改革的方向，也必须一以贯之”就充分说明了要按市场经济规律办企业，按市场经济规律解放人的生产力。当前，国有企业改革中推进的“三项制度”改革、经理层任期制契约化、跟投机制、股权激励等改革措施就是在用经济手段解放人的生产力。

另一方面，在社会主义生产方式下，职工不仅是一种生产要素，而且是需要被发展的对象，国有企业管理效能之一就是职工的发展。马克思指出：“资本主义生产方式按照它的矛盾的、对立的性质，还把浪费工人的生命和健康，压低工人的生存条件本身，看作不变资本使用上的节约，从而看作提高利润率的手段。”而社会主义生产方式则不同，在初次分配中，通过坚持多劳多得，着重保护劳动所得，增加劳动者特别是一线劳动者劳动报酬，提高劳动报酬在初次分配中的比例，使企业发展成果更多地让职工共享。

3. 中国特色现代企业制度可以激发职工的精神内生动力

党建的管理方法能够真正激发人的活力，从而形成核心能力。在《关于费尔巴哈的提纲》中，马克思指出：“只有在共同体中，个人才能获得全面发展其才能的手段，也就是说，只有在共同体中才可能有个人自由。”西方企业的管理实践表明，过度依赖经济激励会放大人的“经济人”属性，培养出精致的利己主义者，遏制“群体人”的活力。而党建管理方法恰恰能够弥补单纯经济管理方法的不足，可以激发广大党员职工的主人翁精神。

（二）形成企业的独特可持续竞争优势

判断一种企业制度好不好的另一个重要标准就是看这种企业制度对企业竞争优势的作用程度。企业与企业之间竞争的根本在于企业能否形成独特的、可持续的竞争优势。因此，相比于其他类型的企业制度，中国特色现代企业制度是否有制度优势，关键要看它能不能形成更强的独特可持续竞争优势。

① 为了避免歧义必须说明，“经济人”特征只是国有企业职工的人性假设属性之一，不是全部。

借用资源基础理论中的 VRIN 资源属性①，本书中的“独特竞争优势”指有价值的、稀缺的、难以模仿的、不可替代的竞争优势，这种独特性也提高了竞争优势的可持续性。

1. 中国特色现代企业制度可以在发展战略选择上保证方向正确

党的理论具有先进性、国家战略具有前瞻性，国有企业坚持党的全面领导能够在产业选择中占领优势位置。党在经济领域的理论路线方针是符合经济发展规律的，为做强做优做大国有资本和国有企业奠定了坚实的理论基础。新发展理念是符合人类可持续发展规律的，构建“以国内大循环为主体、国内国际双循环相互促进”的新发展格局是适合我国新发展阶段要求并具有明显优势的国家战略。

在中国特色现代企业制度下，国有企业通过党委（党组）发挥领导作用，贯彻党中央决策部署和国家战略，能够确保国有企业改革发展方向正确，在产业选择和价值链位置选择（特别是战略性新兴产业）、在形成新的发展动能实现高质量发展方面形成优势。

2. 中国特色现代企业制度可以凝聚力量保证战略有效实施

国有企业中党的基层组织和广大党员是企业的独特资源。习近平总书记指出：“马克思主义政党不是因利益而结成的政党，而是以共同理想信念而组织起来的政党。”② 广大党员的价值性来源于远大理想和崇高追求，表现在担当精神和奉献精神上，这既是《党章》要求每名党员必须做到的，也是每名党员的价值追求。

在国有企业中，我们党集中了数量众多的先进分子，建立了科学严密的组织体系，具有强大的组织动员力，这种独特资源是其他企业不具备的。在中国特色现代企业制度下，通过围绕生产经营开展工作，在企业改革发展中攻坚克难，发挥基层党组织战斗堡垒作用和党员先锋模范作用，带领广大职工凝心聚力共同完成企业的中心工作，确保战略的有效实施。

3. 中国特色现代企业制度可以在职工管理中激发人的活力

“人”是最核心的生产要素，企业激发了“人”的活力，解放了“人”的生产力，就一定会获得可持续的竞争优势，能够在激烈的市场竞争中占领

---

① 资源基础理论认为，VRIN 指资源必须同时具有价值性（Valuable）、稀缺性（Rare）、难以模仿性（Imperfectly Imitable）、不可替代性（Non-Substitutable）。

② 习近平．推进党的建设新的伟大工程要一以贯之［J］．求是，2019（19）：4-15.

先机。

正如前文所述，中国特色现代企业制度能够全面解放人的生产力，这是一种独特的可持续竞争优势。

（三）确保国有企业履行使命

国有企业的性质决定了国有企业的使命不同于其他类型的企业，因此，我们分析中国特色现代企业制度的优势，除了人和企业层面之外，还要站在国有企业使命的高度来分析。

1. 中国特色现代企业制度可以巩固中国特色社会主义物质基础

第一，在中国特色现代企业制度下，国有企业通过党委（党组）发挥领导作用可以更好地统筹经济目标、社会目标和政治目标。我国国有资产属于全体人民，国有企业是中国特色社会主义的重要物质基础和政治基础，只有坚持党的领导，才能确保国有企业坚持以人民为中心的发展思想，统筹实现国有企业经济目标、社会目标和政治目标。

第二，在中国特色现代企业制度下，国有企业通过党委（党组）发挥领导作用可以确保国有企业发展成果分配的先进性。判断一种企业制度是否具有先进性，很重要的一个标准是看其能否通过分配实现共享，实现共同发展。我国国有企业是社会主义公平正义、共同富裕的经济基础。中国特色现代企业制度在党的领导下通过按劳分配为主体、多种方式并存的分配制度，注重发展成果与职工共享、与人民共享，使国有企业发展成果惠及全体职工、全体人民，从而实现国有企业发展为了人民这一目标。

2. 中国特色现代企业制度可以巩固中国特色社会主义政治基础

第一，在中国特色现代企业制度下，国有企业通过党委（党组）发挥领导作用可以确保国有企业政治功能的有效发挥。社会主义国有经济是全民所有制，带有强烈的政治特性，因此也承担着更重要的政治功能，在贯彻执行党中央大政方针和重大决策部署、贯彻落实国家战略、实现共同富裕、抗击疫情、脱贫攻坚、抗震救灾等重大事件中发挥了重要作用。

第二，在中国特色现代企业制度下，国有企业通过党委（党组）发挥领导作用可以巩固工人阶级领导地位。中国共产党是中国工人阶级的先锋队，同时也是中国人民和中华民族的先锋队。工人阶级是我们党执政最坚实最可靠的阶级基础。通过提高国有企业党的建设质量把产业工人中的先进力量吸收到党员队伍中，推动国民经济建设，诚实执行党的路线方针政策，坚定维护党的执政地位，巩固党的执政基础。

六、国有企业管理效能“金字塔”模型

既然企业的本质是一个资源转换系统，可以从转换效果（产出的成果）和转换效率（投入产出比）两个方面进行评价。当然，必须强调的是，管理效能不只是经济效能，不同类型的企业，如国有企业和民营企业、国外私人企业，由于企业性质不同，其管理效能也存在很大差异。

对国有企业来说，管理效能包括三个维度：一是宏观层面的效能；二是与一般性企业相同的企业层面的效能；三是职工层面的效能。三层效能之间是紧密相连的，如图 3-3 所示。

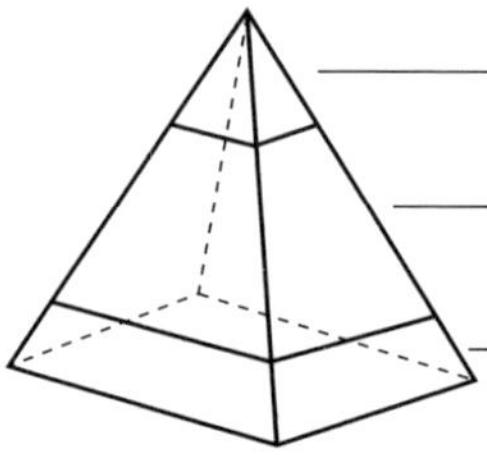

图 3-3 国有企业管理效能的“金字塔”模型

（一）宏观层面的效能

宏观层面的效能主要是履行国有企业的使命，巩固中国特色社会主义的重要物质基础和政治基础。

上层建筑反作用于经济基础，国有企业的宏观效能越好，国有企业的发展空间越大，发展环境越好，企业层面的效能也就会越好。

（二）企业层面的效能

企业层面的效能包括两类：一类是结果性指标，用于评价经济性产出和资源转换效率，如利润总额、投入产出率（销售利润率、总资产报酬率、人均产值等）；另一类是因素类指标，用于评价企业的竞争优势，如核心技术、治理能力、管理能力、文化等。本书更加关注因素类指标，也就是更加关注企业竞争优势。

企业是生产关系的反映，生产关系反作用于生产力。企业层面效能越好越能解放和发展企业职工的生产力。如一个激励先进、约束后进的制度可以更好地激励人努力工作。

国有企业所形成的生产关系是中国特色社会主义经济基础的重要组成部

分，经济基础决定上层建筑，只有企业层面的效能得到发展（国有企业做强做优做大），宏观层面的效能才能得到长久保证。

（三）职工层面的效能

马克思、恩格斯认为，人是要全面发展的。国有企业管理效能的维度之一应该体现在职工的全面发展上。职工的全面发展包括物质和精神两个方面。

人是最革命、最活跃的生产因素，提高企业层面的效能必须解放和发展企业职工的生产力。生产力决定生产关系，要做强做优做大国有企业，就必须解放和发展企业所能使用或运用的各种要素的生产力，这其中最关键、最重要的要素是企业职工。

第二节　公司治理基础

我国国有企业公司治理需要借鉴国外在公司治理方面积累的先进经验。因此，在探讨我国国有企业治理的特殊性之前，有必要对国外企业公司治理产生过程、世界各国公司治理的主要模式、公司治理的功能、公司治理的基本原理等问题作简要分析。

一、公司治理的产生与功能

（一）公司治理的产生

20 世纪 30 年代之前，大多数美国公司还是由家庭所有。如通用电气、强生、宝洁等，其中大多成形于 19 世纪末 20 世纪初。初始阶段，这些公司的董事会一般由家庭成员、富有的投资者及来自各方面的 FOFs（创始人的朋友）组成。这些董事中的许多人，甚至可以说是绝大多数人都是与公司利益紧紧绑在一起的利益相关者，也就是说，他们的利益与公司利益是趋同的，因而肯定会努力维护公司的利益并会设法为公司取得商业成功出一份力。

20 世纪 30 年代发生了著名的“经理革命”，权力中心迅速由所有者经理人转向了职业经理人。这一运动在美国学者伯利和米恩斯所著的《现代公司与私有产权》中有详细阐述。公司的快速发展需要大量资金作为其发动机的燃料，因而开始通过公开上市走向股权交易市场，于是“现代公司”诞生了。根据伯利和米恩斯的定义，“现代公司”指那些不存在“有绝对支配力的所有者”的公司，“公司控制权保持着与所有权分离的状态”。

与公司所有权和控制权分离一同出现的是“内部人控制”问题。伯利和米恩斯在《现代公司与私有产权》中提出，现代公司中公司所有权与经营权出现了分离，公司已由所有者控制转变为经营者控制，经营者权力的增大有损害资本所有者利益的危险。

20 世纪 80 年代后期，公司治理问题引起了西方学者的关注，并逐渐成为一个重要的研究领域。李维安（2017）综合国内外相关研究将公司治理定义为：通过一套包括正式或非正式的、内部或外部的制度或机制来协调公司与所有利益相关者之间的利益关系，以保证公司决策的科学化，从而维护公司各方面的利益的一种制度安排。

（二）公司治理的功能

在公司治理的功能中最重要的两个是监督和决策（特别是战略决策）。

1. 监督功能

委托代理关系是委托人和代理人的一种契约关系。从监督的视角来看，监督的主体是（资产等）委托人，监督的客体（对象）是代理人，股东是委托人；董事会和监事会具有双重身份，既是代理人，也是委托人；经理层是代理人。因此，股东是监督主体；董事会和监事会既是监督主体，也是监督客体；经理层是监督客体。另外，利益相关者在公司治理中的重要性日益提高，利益相关者本身也具有监督主体的性质。

代理人与股东及利益相关者的利益冲突和信息不对称，导致内部人控制问题的产生。代理人（经理层）会按照自己利益最大化的方式进行决策，但这可能会损害股东及利益相关者的利益，原因有二：第一，委托人及利益相关者与代理人存在利益冲突或利益不一致，代理人自己的利益最大化可能与委托人及利益相关者的利益产生冲突；第二，委托人和代理人之间存在信息不对称，即代理人拥有不易直接被委托人观察的（知识和行为等方面）私人信息（殷萍萍，2012），这种信息不对称会影响委托人对代理人监督的有效性。因此，所有违背股东及利益相关者期望的动机与行为，即“代理人的机会主义风险”，均应成为委托人的监督内容。

2. 决策功能

随着市场经济的不断发展，现代公司规模越来越大、业务越来越多样化、技术也越来越复杂，同时，外部环境也越来越复杂，经济环境、政治环境、技术环境的不确定性加大，单个人的知识、技能难以应对这种复杂性的决策。因此，现代企业急需一种利用集体智慧应对复杂性和动荡性的决策机制。通过集体智慧提高决策的科学性、尽可能规避经营风险，使企业得到更好的经济效益和更快的发展，是对各方利益的最根本保障。因此，能否实现科学决策也是衡量公司治理是否有效的重要标准。

拉姆·查兰（2019）对发挥董事会领导力极为推崇，他与另外两位作者合著的专著《董事会领导力》中提出：“参与公司治理的董事会应该更加积极地发挥领导作用，而不只是实施对管理层的监督管理。”

二、世界各国公司治理的主要模式

在世界范围内，公司治理既有一般性，又有国别特点。较有代表性的公司治理模式有美国公司治理模式、德国公司治理模式、日本公司治理模式和新加坡淡马锡公司治理模式。

（一）美国公司治理模式

美国公司治理模式又被称为“外部人”模式或市场导向模式。这种模式由股东大会选举董事组成董事会，董事会对股东大会负责。董事会负责托管公司财产、选聘经营班子，并全权负责公司的各种重大决策，下设审计、薪酬、提名等委员会。经理层为职业经理人，经理层对董事会负责。美国公司不设置监事会，而是引入了独立董事制度，外部董事在董事会中的比例占半数以上。

美国公司治理模式的形成与其特定的经济政治制度、较为完善的外部监督机制和发达的资本市场等有着密切的联系（夏春刚、石春生，2003）。主要特点包括：一是资本市场非常发达，企业融资主要以资本市场直接融资为主，公司股份非常分散；二是企业外部监督机制相对完善，立法执法体系健全；三是经理人市场发育充分，公司可以便利地在经理人市场中选聘合适的经理人。

（二）德国公司治理模式

与美国公司治理模式不同，德国公司治理模式是建立在银行主导的金融体制上的，又称“内部人”模式或银行导向模式。这种模式既设立董事会，又设立监事会。监事会由资方代表和劳方代表构成，资方代表由股东大会选举产生，劳方代表通常由企业职工、工会选出（李维安，2017）。德国公司治理模式下的监事会不仅是监督机构，而且是决策机构，监事会拥有董事任免权、薪酬制定权、重大事项审批权，还负责控制董事会及监督董事执行公司业务。董事会是执行监事会决议、负责公司日常运营的执行机构，在一定程度上相当于美国公司治理模式中的经理层。

德国公司治理模式以保护集体利益为原则，强调集体主义力量（周昱汝，2011），注重保护利益相关者的权益。主要特点包括：一是公司股权相对集中、法人交叉持股。德国的公司以银行为代表的金融机构持股比例和非金融公司交叉持股比例较高，个人持股较少。二是重视银行在公司决策中的作用。一方面是因为银行是德国公司资金的主要提供者；另一方面是因为银行享有股票代理权，股东可以将股票托管给银行。三是员工参与被置于重要的制度地位。德国颁布了一系列关于职工参与决定的制度，如《矿冶共同决定法》《经营组织法》等，规定在监事会中职工占有一定比例，由于企业规模、人数、性质不同，职工代表在监事会中的比例可以占到1/3~1/2。

（三）日本公司治理模式

日本公司的治理结构由股东大会、董事会、监事会和经理层组成。董事会和监事会是平行机构，均由股东大会选举产生，互不隶属。董事会是最高决策机构，负责公司业务决策，同时指派董事代表具体负责公司业务的运营；监事会承担对董事会和经理层的监督职能。

日本公司治理模式主要特点包括：一是银行为主的体制。在日本，银行不仅为公司提供信贷资金，而且持有公司股份，作为所有者对董事会和经理层进行监督和控制，在公司治理结构中处于核心地位。二是金融机构法人和企业法人为公司大股东，法人交叉持股。日本公司的大部分股权主要控制在金融机构和实业公司手中，采用相互持股方式的核心在于防止企业被吞并，可以加强关联企业之间的联系。三是内部董事①占大多数，即董事会成员大多来自公司内部，他们在执行决策时，容易实现各部门的通力协作，但也容易导致经营者权力的膨胀。为了解决由此引发的监督弱化问题，日本公司的治理结构中特别设立了监事会，其负责对董事会和经理层的监督。

（四）新加坡淡马锡公司治理模式

在新加坡，淡马锡公司代表政府经营国有资产、支配股权。淡马锡公司是新加坡为了管理国有资产而组建的国有控股公司，新加坡财政部拥有淡马锡公司100%的股权。

---

① 内部董事按照等级秩序分为会长、社长、副社长、专务董事、常务董事和一般董事。社长类似于美国大公司的首席执行官，是经理阶层中的最高负责人，对公司的全部经营活动负责。

在公司治理结构方面，新加坡财政部主要负责任命淡马锡公司董事会的主席和董事，审阅经审计的财务报告，召集与淡马锡公司或其管理的关联公司会议，讨论公司计划和绩效，等等。董事会是淡马锡公司治理的核心，独立董事占半数以上，董事会成员任命需要经过财政部领衔的“董事会委任委员会”审查和批准，并且要征得总统的同意。

政府官员董事主要来自总统府、财政部、金融管理局、贸易发展局等，下属企业负责人则是业绩突出、资深的经理人，民间人士则包括私营企业家、中立学者及其他专业人士。董事会负责决策企业的重大事项，如经营战略、股息分配及配股、投资决策、资金使用等。

政府监督管理和公众监督是淡马锡公司主要的监督方式。政府主要通过对董事会及主要经理人员的任命来实施其监督管理权，另外政府还要求淡马锡公司定期报送财务报表，以随时了解监控淡马锡公司的经营状况，政府可随时对国有企业进行检查。

公众监督是最大特色，任何机构或个人只需要交纳很少的费用就可在注册局调阅任何一家企业的材料。

三、国外主要公司治理模式的比较

不同国家公司治理模式仍存在很大差异（张银杰，2017），具体参见表 3-1。

表 3-1　国外主要公司治理模式比较

	美国公司	德国公司	日本公司	新加坡淡马锡公司
股权结构	股权相对分散，股权具有高度的流动性	股权相对集中，法人相互持股，股权流动性较差	股权相对集中，法人相互持股，股权流动性较差	股权集中度较高，政府出资，市场化运作
股东大会	最高权力机构，最大限度体现中小股东利益	最高权力机构，最大限度体现股东、职工利益	最高权力机构，由法人大股东行使权力	财政部控股
董事会	外部董事占多数，引入独立董事制度，下设若干委员会	董事会是监事会的下位机构，对监事会负责，性质属执行机构	董事会与监事会是并列机构，对股东大会负责	强权董事会制度，决策机构

续表

	美国公司	德国公司	日本公司	新加坡淡马锡公司
监事会	无	由资方代表和劳方代表构成，任命、监控、指导董事会成员，拥有决策权	监事会成员多来自公司内部	无

资料来源：董大海. 中国国有企业基本理论读本［M］. 北京：人民出版社，2020。

四、公司治理的基本原理

公司治理是企业管理的重要内容，具有客观规律性，为了取得良好治理效果，需要遵循一系列的一般性原理。董大海等（2021）总结了公司治理的七个基本原理，本书在此基础上增加了“系统性原理”和“分工协同原理”，这九个基本原理统称为“公司治理的基本原理”，如图 3-4 所示。

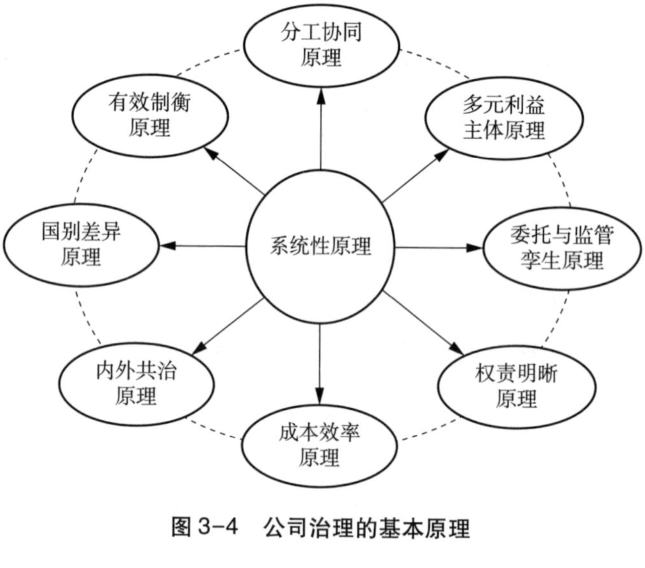

图 3-4　公司治理的基本原理

（一）系统性原理

公司治理是一个系统，不是各治理主体之间简单的分权和制衡，认识到这一点极为重要。本书将系统性原理作为公司治理的第一个基本原理，并将其置于所有基本原理的中心位置。

公司治理是一个系统，表现之一是公司治理结构具有整体性，各治理主体之间是差异互补关系。以我国《公司法》规定的一般性企业公司治理为例，主要治理主体包括股东（大）会、董事会、经理层、监事会。四个治理主体的职能各有侧重且差异化互补：股东（大）会是权力机构、董事会负责决策、经理层负责执行、监事会负责监督，四个治理主体的职能整合在一起决定了企业的公司治理效能。任何一个治理主体缺位都将对治理效能造成巨大影响。[①]

公司治理是一个系统，表现之二是公司治理运行机制具有系统性。公司治理具有决策、监督、执行三大功能。以战略决策为例，董事会与经理层的良性互动、有效协调至关重要。董事会是战略决策的责任主体，如果不依靠经理层，董事会的战略决策绝不会成功。一种可能是，董事会在确定战略发展方向或进行具体的业务层战略选择时没有充分听取经理层的意见，从而导致战略选择不符合企业自身的资源禀赋，或不具有可执行性。另一种可能是，董事会的战略方向和战略选择是正确的，但经理层并不愿意全力执行。

系统性原理要求公司治理要满足系统的有关规律。第一，各治理主体之间在职能上要满足"差异互补"，即各治理主体在职能上要具有差异性，同时各治理主体的职能要具有互补性。第二，各治理主体在人员构成上要满足"差异互补"，即各治理主体的人员构成不能高度重合[②]，同时各治理主体的人员适当交叉有利于解决信息不对称问题[③]。第三，各治理主体之间既要"各自分权"，又要"整体协调"，以一般性企业的战略决策为例，董事会和经理层既要各有侧重，又要从整体上考虑相互补位。

（二）多元利益主体原理

现代意义上的公司治理源自现代公司的兴起。现代公司是对古典企业的革命，其最大特点是股权分散，甚至治理主体过多、沟通协调成本过高，难以在股东层面形成及时、有效的经营决策（现代企业与古典企业主要区别见表 3-2）。于是，委托代理产生了，即由股东选聘董事组成董事会，作为股东的代理人对公司重大经营管理事项作出决策；再由董事会选聘经理，主持日常经营管理工作。

---

① 国有独资公司中不设监事会，但外部董事占多数，公司治理的监督功能由董事会，特别是董事会中的外部董事承担。

② 如在我国的一些国有企业中，党委会与经理层高度重合。

③ 在我国的国有企业中，党委书记、董事长"一肩挑"，实现了党委会、董事会的人员适当交叉。

表 3-2　现代企业与古典企业的主要区别

企业类型	古典/传统企业	现代企业
主要特点	自然人企业 股权属于“老板”个人 无限责任 规模较小	法人企业 股权分散 有限责任 规模较大

资料来源：董大海．中国国有企业基本理论读本［M］．北京：人民出版社，2020。

进一步考察公司治理的演变过程可以发现，较早的企业观认为，企业是经济组织，奉行“资本至上”的原则，“一切权力归股东”。所以，只有股东是公司治理的主体。早期的“英美治理模式”就是如此。但是，公司治理到了德国情况发生了较大的改变。在德国，公司最顶层的权力一部分来自股东（会），一部分来自公司内部员工，两方共同组建监事会，构成第二级权力机构，然后再向下延伸，构建董事会。德国的企业观认为，企业不仅是一个经济组织，而且是一个政治组织，员工作为企业重要的利益相关者，有权参政议政，也应该得到这个权利。在德国，这被视为“企业政治民主”的一部分。再后来，利益相关者企业观出现了，它认为，企业不仅是经济组织，而且具有政治性和社会性，应该把企业涉及的社会方面也作为利益相关者。因此，“委托—代理”和“利益相关者—代理”之间的关系调和成为多方利益相关者共同关注的目标（Donaldson and Preston，1995）。如今，国内外普遍接受了这样的观念，力所能及地将各个方面的利益相关者纳入公司治理体系。

多元利益主体原理是公司治理的基本原理之一。现代公司中存在多元利益主体是引入公司治理的充分且必要条件。说其是“必要条件”，是因为如果公司中的利益主体较少，那就没必要引入现代公司治理这样一套复杂的制度体系，通过沟通或谈判就可以解决问题；反之，只有当公司中的利益主体多元化且对其利益诉求非常强烈时，才需要引入公司治理体系。说其是“充分条件”，是因为如果公司的利益主体是多元化的，各个利益主体都要保护自身的利益，那就需要一套制度安排来保障各方利益，这套制度安排就是“公司治理”。

多元利益主体原理要求要维护每个利益主体（大股东、中小股东、董事会、经理层、职工、用户等）的合法合理利益。重视满足和协调不同利益主体的利益诉求，设计激励和约束机制，调动每个利益主体的积极性。

（三）委托与监管孪生原理

现代公司规模大、股东多，因此衍生出股东将某些权力委托给代理人这样一种治理方式。于是，所有权与经营权分离了。两权分离提高了决策效率，这是它的优点，但是，两权分离也产生了“内部人控制”问题，公务腐败、监守自盗等问题屡屡发生。究其根本，“两权分离”的过程也是“两心分离”的过程。如果代理人（也就是内部人）“有二心”，他就有做出不利于股东等利益相关者的投机行为的可能。

因此，现代公司就需要一套制度安排来监督内部人的投机行为，这套制度的内核是：现代企业是一个权力的委托代理过程；从企业作为经济组织的角度考察，资产委托到哪里，对资产的监管就要跟随到哪里；从企业作为社会组织的角度考察，利益相关者将权力委托到哪里，他就要把监督延伸到哪里。一句话概括：凡有委托，必有监督。

委托与监管孪生原理是公司治理的基本原理之一。在具体制度设计上，股东等利益相关者将权力委托给董事会，同时对董事会进行监督；董事会再将部分权力委托给经理人，并对其进行监督；必要的话还要设立监事会，以代表股东等利益相关者对董事会和经理人进行监督；顺理成章，监事会也要接受股东等利益相关者的监督。这种设计构成了委托代理与监督的链条或网络。

（四）权责明晰原理

公司治理需要权责明晰，主要源自现代公司治理主体多元化及其协调的现实需要。古典企业，尤其是业主制企业，其治理主体只有一个，即“老板”，其既是投资者、所有者，也是经理人，他一个人说了算。所以，古典企业没有公司治理，只有公司管理、公司控制。“治理”一词是伴随着多元治理主体产生的。既然公司治理包含多元治理主体，既有纵向权责结构，又有横向权责结构，因此需要“确权”和“明责”，即为不同的治理主体分配不同的责任和相应的权力，实现权责全覆盖，有责必有权，有权有监督，失责有追责。

权责明晰原理是公司治理的基本原理之一。权责明晰原本是最基本的组织管理常识。但是在我国公司治理实践中，权责混乱现象时有发生，甚至相当严重。在公司治理的责权设计中有三个问题需要注意：一是权责来源，谁赋予了你权责？二是权责覆盖，是否覆盖了全部风险且没有交叉重叠？三是行权履责能力，你是否具有担当权责的能力？

（五）成本效率原理

公司治理是有成本的，既包括显性成本，如聘请董事、监事、经理人的人力成本，又包括很多隐性成本，如内部人投机行为造成的公司损失，还包括沟通冲突成本、时间延误成本及由于决策层级较多、流程繁杂导致的官僚主义成本等。这些成本都会影响公司治理模式的选择（刘汉民、康丽群，2013）。

除了需要考虑成本，公司治理更需要讲究效率。因为公司治理是一套相互制衡的机制设计，对于不同复杂程度的公司治理模式，其决策链条不同，效率也就不同。然而，面对瞬息万变的商业竞争，决策效率至关重要。

治理结构越复杂，治理成本越高，决策效率越低。因此，对于一个现实中的企业而言，其总会权衡利弊得失，在达到法律基本要求的情况下选择一个“满意的”管理或治理方式。

成本效率原理是公司治理的基本原理之一。企业是经济组织，经济性是公司治理的第一原则。成本效率原理表明，公司治理体系设计必须考虑成本和效率。成本很高或效率很低，即使这个治理体系“大而全”、很完美，也不是“好的”治理体系。

（六）内外共治原理

广义的公司治理包括内部治理和外部治理。内部治理即狭义上的公司治理，是公司内部利益主体及其关系的制度设计或安排，它的主要作用是协调公司内部各利益主体之间的利益关系。外部治理则主要通过外部市场（产品市场、经理人市场、资本市场等）、外部制度（公司治理和企业信息公开的相关法规）和监管部门来约束和抑制“内部人”的投机行为，保障企业利益相关者权益。

内部治理和外部治理二者为互补关系，共同构成了完整的公司治理体系。现代公司治理实践表明，公司治理机制是一个联动系统，各治理要素之间存在交互影响，外部治理和内部治理有机结合才是科学解决公司治理问题的关键，片面强调某个治理要素的作用都可能出现各种问题或导致治理效率的降低（杨慧，2002）。

内外共治原理是公司治理的基本原理之一。市场经济体系越健全，包括与其相联系的法律环境越完善、外部治理体系越健全，内部治理的压力就越小；反之，市场经济体系不健全（不存在充分有效的经理人市场）、法制不完善、信息不公开，内部治理的压力就更大。如在英美国家，资本市场发达、经理人市场发育充分、法律体系健全，英美公司治理更多依赖外部治理，内部治理结构很简单。德国和日本证券市场不活跃、资本流通性相对较弱，加之股东间交叉持股（形成了“半内部人”关系），所以日德公司要格外注重内部治理，而且治理结构也更加复杂（增加了监事会）。所以，只有内外共治才能达到良好的公司治理效果。

（七）国别差异原理

对国外公司治理经典模式做深入研究可以发现，各国的公司治理表现出较大的差异。例如，英美模式没有监事会，而德日模式则设有监事会。更深入的研究发现，即使德国、日本都有监事会，其结构也并不相同：德国的监事会是纵向结构，监事会置于董事会之上；日本的监事会则是横向结构，监事会与董事会并列。即使是看似“同种同源”的英美模式也存在较大差异。一是英国机构投资者在公司治理中的表现比美国同行更活跃，因为美国法律严格限制金融机构在公司持有的股份数量，而英国则没有这种限制。这个法律上的差异导致美国养老基金、保险公司、银行和投资公司在企业中所持股份远低于英国同行，调查表明，美国机构投资者持有的股份仅是英国的2/3。二是英国和美国的公司董事会的构成和运作不同。在美国，外部董事在董事会中占多数。而英国则没有硬性要求，多数公司内部董事占多数，这种构成使得董事和经营管理者的角色变得模糊了。

国别差异原理是公司治理的基本原理之一。不存在唯一的、“放之四海而皆准”的最佳公司治理模式。世界各国的公司治理都因为受到所在国特有的经济政治法律制度、资本市场、社会文化等特征的影响而呈现出差异性或多样性。因此，我们应当有信心、有理由在学习借鉴国外的有益经验，并在明其脉理的基础上，以差异化和权变的思想（陈维政等，2008）来看待、思考和设计具有我国特点、所有制特点乃至企业自身特点的公司治理体系，开发设计出中国特色的公司治理模式，而且要用发展的观点适时而变，与时俱进。

（八）有效制衡原理

有效制衡是公司治理的基础。为了理解有效制衡的必要性，需要回溯源头问题：为什么要建立公司治理体系？公司治理究竟要实现什么功能？

正是因为股权多元化才提出了这样的要求：一方面，需要协调多元利益主体以达成共同方向、共同目标、共同战略，形成公司上下一致的行动；另一方面，股权多元化也导致在多元利益主体层面进行沟通和决策的成本过高、效率过低，于是“创造出来”董事会、经理层，还可能有监事会，形成了委托代理链条（网络）。公司治理体系就这样诞生了。

有效制衡原理是公司治理的基本原理之一。没有股东会认为监督不重要，尤其对于国有企业。国有企业的公司财产所有者（全体人民）与内部人距离遥远，对内部人的有效监督就显得尤为重要。

监督的方式有很多，在多元主体情况下，制衡是最常见的组织设计策略。从这个意义上说，有效监督需要有效制衡，两者虽为因果，亦可视为同义。制衡的主要目的是监督，同时它也是决策之必需。对监督而言，如果制衡一词的重点在“制”字上，即“制约”，那么对决策而言，它的重点则在“衡”字上，即“权衡”，综合平衡各方创意、建议和意见形成更稳健的决策。

（九）分工协同原理

分工协同是公司治理的关键。如果只是强调监督、强调各治理主体之间通过分工进行制衡，那么公司治理的效能将非常低下，这不是公司治理想要达到的目标。公司治理是要通过对不同治理主体的有效协调创造更大的价值，因此，公司治理的一个基本理念是在发展中监督，发展是目的，监督是手段。

公司治理的实践表明，各治理主体之间的协同对公司治理效能非常重要，这一点突出表现在公司治理文化（很多研究者更强调董事会文化）上。研究者发现，当一个公司的董事会具有包容型文化，也就是董事之间具有良好的信任关系，彼此能够倾听与自己不同的意见时，董事会的治理效能一般都很好。

分工协同指各治理主体在分工的基础上的有效协同。不同的治理主体，职能是差异化的，如我国国有企业公司治理中，党组织发挥领导作用，职能是“把方向、管大局、保落实”；董事会是决策主体，职能是“定战略、作决策、防风险”；经理层是执行主体，职能是“谋经营、抓落实、强管理”。但是，想要实现治理目标，需要多个治理主体在分工的基础上有效协同。以企业战略选择为例，需要经理层、董事会、党组织三者通力协作、充分调研、充分协商，而不是党组织先定产业方向、董事会选择具体战略、经理层再加以实施。

五、董事的素质能力要求

董事会是公司治理的核心，而董事是董事会功能的关键。本部分将介绍一般性公司治理对董事的素质能力要求，这些素质能力要求对我国国有企业董事选聘也具有很好的借鉴意义。

美国管理学家拉姆·查兰等（2019）总结了美国公司中选聘董事的八项标准，归纳了优秀董事的六项品质要求、八项能力要求。

（一）选聘董事的八项标准

◇ 董事候选人是否具有把公司作为一个整体来考虑的清晰的战略性思维？是否具有以客户价值、企业竞争地位为出发点的主张，从而为公司核心战略思路的持续进化做出贡献？

◇ 董事候选人是否明显切实地对董事会的会议讨论有益？不会把讨论导入经营细节的歧途？

◇ 董事候选人是否从公司核心战略思路出发制定业务战略及执行计划，在此方面是否具备实战经验？一旦出现市场崩塌、需要系统性制定新的发展方向时，董事候选人是否能够有所助益？

◇ 意欲成为董事的候选人是否具有这样的经历——曾在其他公司与管理层协同合作，共同制定出基于公司核心战略思路的新的商业模式？这一经历需要得到证明。

◇ 董事候选人能否提升董事会的思想及经验的多元化程度？能否在指引公司形成核心战略思路、发展战略及战略执行方面弥补原有不足，从而提升董事会的整体力量？

◇ 对于公司而言，当重大问题摆在眼前、风险和压力巨大时，领导力尤为关键。当这种情形出现时，董事候选人能否当仁不让地顶上去，并能实质性、建设性地参与其中？

◇ 董事能否令董事会工作变得更有成效？例如，当讨论某一事项时，能礼貌并让人感觉受到尊重地提出正确的问题，而不会扯出毫不相干的经验来耗费大家的时间精力。与人交谈时，董事候选人的沟通能力是否很强？

◇ 董事候选人能否带来真正的价值，不仅能让董事会受益，而且能助管理层一臂之力？

（二）优秀董事的六项品质要求

◇ 管理经验：广博的企业管理经验，包括面对危机的领导经验。

◇ 尊重信任：能够获得其他董事的尊重和信任。

◇ 协作克制：合作协同和自我克制的行为风格。

◇ 亲和力强：能与其他董事建立良好的关系。

◇ 从容自如：对自己的能力成就充满自信，对自己的角色定位有正确的认识。

◇ 百折不挠：在面对困难、面临压力时，能保持乐观，坚持到底。

（三）优秀董事的八项能力要求

◇ 一位有经验的导师，一位在他处已经获得证实的优秀的领导者。

◇ 表现出对核心思路、战略及经营性事务已有充分的掌握，并能做出久经考验且明智的判断。

◇ 能把个人喜好和兴趣放下，一心一意地当好首席执行官值得信任的顾问和合作伙伴。

◇ 展示出对公司治理的认识和接纳，包括对公司进行监管和领导。

◇ 在董事会实行对公司的领导时能投入个人的时间、精力及情感。

◇ 是一位良好的倾听者，并且总能从他人那里获得好主意，知道其他董事的脑子里在想什么，能把各位董事不同的观点具象化，创造条件尽量便于其他董事把潜藏的忧虑或担心表达出来，将董事会的注意力及交流重点聚焦于那些值得深思熟虑的事项上。

◇ 展示出具有有效的影响力、外交能力，以及积极的指引力。

◇ 自身体现出具备诚实正直的品质，同时要求别人具备同等品质。

第三节 《OECD 国有企业公司治理指引》的借鉴意义

国有企业不是中国特有的，其他国家也有国有企业。1999 年 5 月，为顺应全球化公司治理的发展需求，OECD[①] 成员国通过了《OECD 公司治理准则》[②]。2005 年推出了《OECD 国有企业公司治理指引》（以下简称《指引》），并在 2015 年进行了修订。中国政府以受邀国的身份参与了《指引》的修订工作（鲁桐，2018）。修订后的《指引》共分为七章，为我国国有企业公司治理提供了有益参考。

一、国家所有权的宗旨

尽管在 20 世纪 80—90 年代出现了一波私有化浪潮，但在 OECD 国家和非 OECD 国家，国家仍然是商业企业的重要所有者（鲁桐，2016）。据经济合作

---

① OECD 是由 36 个市场经济国家组成的政府间国际经济组织，旨在共同应对全球化带来的经济、社会和政府治理等方面的挑战，并把握全球化带来的机遇。

② 《OECD 公司治理准则》不是强制性的，其官网描述为“（G20/OECD 公司治理原则）为国家决策者提供了关于公司治理主要问题的建议，如股东权利、高管薪酬、财务披露、机构投资者行为、董事会实务及股票市场的运作”。

与发展组织最新公布的统计数据，截至 2015 年年底，不包括中国在内的世界主要国家（40 个）中央政府共有 2467 家国有企业，资产价值超过 2.4 万亿美元，雇佣人数 920 万人（OECD，2017）。

在经济合作与发展组织成员国中，国家设立或维持国有企业的理由通常有三种：一是与外包给私人经营者相比，通过国家所有权提供公共产品或服务的效率或可靠程度更高；二是相关领域具有自然垄断性质，市场监管不可行或效率太低；三是出于国家利益的考虑，为了实现更高级别的经济和战略目标，有必要设立或维持国家所有权，如维持某些行业的国家垄断性质，或扶持具有系统重要性却濒临破产的企业。

《指引》第一章“国家所有权的合理性”是 2015 年修订新增加的内容，旨在强调制定国家所有权政策的必要性。通过制定明确的国家所有权政策管理国有企业是许多国家的成功经验（OECD，2011）。

（一）《指引》的有关规定

国家以公众利益为出发点，在国有企业行使所有权。国家应仔细评估并披露相关目标，以证明国家所有权的合理性，并定期进行复审。

A. 国家在企业中持有所有权的最高目标应该是通过高效的资源配置实现社会价值最大化。

B. 政府应当制定一项所有权政策，明确国家所有权的总体宗旨、国家在国有企业治理中的作用、国家执行所有权政策的方法，以及执行过程中所涉政府机构各自的角色与职责。

C. 所有权政策应受适当的政治问责制度约束，并向公众披露。政府应定期对所有权政策进行复审。

D. 持有任何国有企业所有权时，国家都应明确所有权宗旨，并定期对其进行复审。一个或一组国有企业必须实现的任何公共政策目标都应由相关政府部门明确委托并公开披露。

（二）借鉴意义

第一，国有企业要追求多维目标。我国国有资产属于全体人民所有，国有企业的目标不应该是企业价值最大化，也不应该仅有经济目标，而应是全体人民价值最大化，包括全体人民的经济利益，也包括全体人民的社会利益和政治利益，具体体现为国有企业的经济目标、政治目标和社会目标。

第二，资源配置效率是国有企业考核的重要指标。只有高效的资源配置才能为国有资产的最终所有者（人民）创造价值。提高国有企业的管理和运营效率是长期以来各国政府关注的重要政策内容（鲁桐、党印，2015）。因此，对于资源配置效率低且无法有效改善的国有企业或某一类国有企业，政府应该考虑采用其他所有制结构来替代。在完全市场竞争性领域，要有一个各种所有制企业公平竞争的环境，对国有企业采取严格的市场化退出制度机制，将不具备可持续竞争优势的国有企业通过市场化手段淘汰。《指引》评注指出，"虽然在公共服务领域，国有企业一般被认为更具优势，但是仍需考虑效率方面的问题。在这一领域，只有符合下列标准，才可以认定公众获得了最佳服务：服务的提供方式高效、透明，并且任何其他的替代选择，都无法基于同样的财政资源向公众提供更优质的服务"。

第三，对国有企业要进行差异化治理，不但国有控股公司需要差异化治理，不同类别的企业也需要差异化治理。当前，对国有相对控股公司实施与独资企业不同的差异化治理已经得到普遍认同，但对于那些虽然同属国有独资或国有全资的集团公司却分属不同类别（商业一类、商业二类、公益类）的子企业，还没有进行差异化治理的探索。《指引》评注指出："国家拥有某一企业或某一类企业的宗旨可能不尽相同。""将国有企业划分成不同的类别，并相应界定每类国有企业的宗旨，有助于澄清国家的政策理念。"

二、国家作为出资人的角色

（一）《指引》的有关规定

国家应当作为一个积极的知情出资人，确保国有企业治理具有高度专业性与有效性，并以透明和问责的方式予以实施。

A. 政府应当使国有企业的法律形式尽量简单和标准化。国有企业运营应当遵循被普遍认可的企业规范。

B. 政府应当允许国有企业拥有完全的经营自主权，以实现既定目标，并且应当克制干预国有企业日常管理的冲动。作为股东，政府应当避免以不透明的方式更改国有企业的目标。

C. 政府应当允许国有企业董事会履行职责，并尊重其独立性。

D. 国家应该在其政府序列中明确界定行使所有权的实体。所有权应当由一个集中的所有权实体统一行使，如果这一点无法实现，也应通过一个协调机构来行使。"所有权实体"应当具备有效履职的资格和能力。

E. 所有权实体应对相关代表机构（representative bodies）负责，并应明确界定其与相关公共部门（包括国家最高审计机构）的关系。

F. 国家应当在充分知情的基础上以出资人身份积极主动行事，并根据每个企业的法律结构行使所有权。

（二）借鉴意义

第一，应该不断完善国有企业的独立市场经济主体地位。《指引》评注解释道："除非企业使命发生根本性变更，否则国家不应轻易修改对国有企业设定的总体任务和目标。""所有权实体向国有企业或其董事会发出指令时，应以战略问题和公共政策目标为限，而不应干预国有企业的经营性决策。"

第二，把规范董事会建设作为重要任务。规范董事会建设的关键在于提高董事和董事会的独立性。《指引》评注解释道："在董事会成员的提名和选举上，所有权实体应重点关注的是，国有企业董事会能够以专业、独立的方式履职。"

第三，将国家所有权职能更多地集中于履行出资人职责的机构。很显然，"九龙治水"的国有资产监督管理体制不是一个好的选择。《指引》评注认为"所有权职能的集中能够形成巨大优势"，并列举了"将所有权职能集中于某个独立的实体"的优点：有助于明确所有权政策及其方向，确保所有权职能行使的连贯一致；可以将财务报告或董事会提名等关键治理领域的专家会聚一堂，从而加强、整合所有权实体的相关能力；所有权职能的集中行使也是避免利益冲突的有效方式，可以将所有权职能的行使与国家的其他潜在冲突活动明确隔离。

三、市场中的国有企业

（一）《指引》的有关规定

在不违背国家所有权宗旨的前提下，国有企业的法律和监管框架应当确保其在从事经济活动时，有一个平等的市场环境，并进行公平竞争。

A. 国家所有权职能与可能影响国有企业经营环境的其他国家职能（尤其是市场监管职能），应当明确分离。

B. 利益相关者（包括债权人和竞争对手）认为其权利遭受侵犯时，应当有权通过法律或仲裁程序获得有效救济。

C. 如果国有企业既要从事经济活动又要完成公共政策目标，必须对其成本和收入结构适用高标准的透明度和披露要求，以便判定收支所属业务种类。

D. 与公共政策目标相关的成本应当由国家承担，并予以披露。

E. 原则上，国有企业从事经济活动时不应豁免于一般法律、税法和规章。法律法规不应当不恰当地区别对待国有企业和其市场竞争对手。

F. 国有企业在为开展经济活动而获取债务融资和股权融资之时，应当遵循市场统一条件。

G. 如果国有企业参加公共采购，无论是作为招标方还是竞标方，都应当遵循一套具有竞争性、非歧视性且适度透明的招投标流程。

（二）借鉴意义

第一，对国有企业的分类不仅是在集团层面，而且要根据业务类型进行划分。如某个公益型国有企业，其子公司从事的是竞争性业务，则要按市场化的方式进行归类和考核。《指引》评注解释道："如果国有企业既要从事经济活动，又要完成公共政策目标，那么，在可行且有效的情况下，从结构上分离这两种不同的活动，将有助于明确其所应达成的公共政策目标，并进行相应的成本核算和融资。"同时，《指引》评注也承认，"基于具体国有企业的生产要素（包括技术、资本设备和人力资源等），有时分离并不可行，而在某些情况下，即便可行，也不具备经济效益"。

第二，与公共政策目标相关的成本应当由国家承担。我国国有企业在履行社会责任、贯彻国家大政方针中承担了很多与公共政策目标相关的成本，这些成本在必要时应由国家补充资本金，或在考核中加以考虑。《指引》评注提出："为了维持与私人竞争对手之间的公平竞争环境，需要对履行公共政策目标的国有企业给予充分的补偿，并采取措施避免过度补偿和补偿不足。"

四、平等对待股东和其他投资者

（一）《指引》的有关规定

如果国有企业是上市公司，或存在非国有出资人，则国家和企业应该充分承认所有股东的合法权利，确保每个股东得到平等对待，并拥有平等获取公司信息的权利。

A. 国家并非国有企业唯一出资人的，应努力全面实施《经合组织公司治理原则》；国家为国有企业唯一出资人的，也应当全面实施《经合组织公司治理原则》中的相关章节。

B. 所有上市国有企业以及所有（如可行）非上市国有企业均应遵守国家

的企业治理准则。

C. 国有企业有义务执行公共政策目标的，应该始终向非国有企业股东披露相关信息。

D. 如果国有企业参与合资和公私合营（PPP）等合作项目，缔约方应该确保其合同权利得到维护，并确保及时、客观地处理争议。

（二）借鉴意义

对国有独资公司以外的国有企业，特别是国有控股公司，要平等对待所有股东。《指引》评述指出："确保所有国有企业公平对待所有股东的做法符合国家利益。国家在这方面的声誉将影响国有企业吸引外部资金的能力以及对企业价值的评估，因此，应确保其他股东不会将国家视为一个不透明、不可预见和不公平的所有者。相反，国家应当作为公平对待股东的典范，遵守最佳实践。""在许多情况下，国家作为占据支配地位的大股东，有权在股东会议上直接做出决定，无须取得任何其他股东同意，且通常有权决定董事会的组成。尽管这种决策权是符合所有权原理的合法权利，但是国家作为占有支配地位的股东，应避免滥用这一权利。"

五、利益相关者关系和负责任商业行为

（一）《指引》的有关规定

国家所有权政策应当充分承认国有企业对利益相关者的责任，要求其报告与利益相关者的关系，并就国有企业的负责任商业行为提出明确期望。

A. 政府、国家所有权实体和国有企业自身应当承认并尊重通过法律或双方协议确定的利益相关者权利。

B. 在具有相关性和可靠性的前提下，上市或大型国有企业应当报告其与职工、债权人和受影响社区等利益相关者的关系。

C. 国有企业董事会应当制定内部监察、道德及合规制度或措施，包括反欺诈和反腐败制度与措施，并予以认真落实，严密监督和广泛宣传。这些制度或措施应该以国家标准为基础，与国际承诺相适应，并适用于国有企业及其所属机构。

D. 国有企业应当遵循高度负责任的商业行为。政府应当公开披露相关期望，并明确落实机制。

E. 国有企业不应当作为政治活动的融资工具。国有企业本身不应当捐赠

任何政治献金。

（二）借鉴意义

第一，在国有企业公司治理中要特别注意与利益相关者的关系。《指引》评注中强调：“国有企业应当承认，利益相关者关系对于打造财务状况良好、可持续发展的公司具有重要意义。一方面，在国有企业履行公共服务义务之时，利益相关者关系可能会产生关键影响；另一方面，在某些基础设施领域，国有企业可能对其活动范围内的宏观发展趋势和社区产生重大影响，因此，利益相关者关系对国有企业尤其重要。”

第二，在国有企业公司治理中要对利益相关者及时、准确地公开信息。《指引》评注指出：“为鼓励与利益相关者积极开展合作共赢，国有企业应当确保利益相关者有权及时、定期获取相关、充分、可靠的信息，以便利益相关者行使其权利。”

六、信息披露和透明度

（一）《指引》的有关规定

国有企业应当高度透明，并在会计、披露、合规和审计等方面保持与上市公司同等的高标准和严要求。

A. 国有企业应当按照国际公认的高质量披露标准，报告公司的重大财务和非财务信息，以及国家（作为出资人）和公众高度关注的事项，尤其是以公共利益名义从事的活动。

B. 国有企业的年度财务报表应当由独立外部审计机构按照高质量标准进行编制。专门的国家监察程序并不能替代独立的外部审计。

C. 所有权实体应当针对国有企业建立一套统一的报告体系，并于每年公布国有企业总体情况报告。良好实践表明，通过互联网发布报告有利于公众更为便捷地获取信息。

（二）借鉴意义

在国有企业公司治理中要强化信息披露，制定标准化的信息披露制度要求。《指引》评注强调：“为了强化国有企业董事会和管理层的问责制，促进国家作为所有权者的知情权，国有企业的财务和非财务绩效的透明度是要害所在。”“所有国有企业均应披露财务和非财务信息，而大型和上市国有企业则应当按照高质量的国际公认标准进行披露。”“国有企业应当报告其财务和经营业绩、非财务信息、薪酬政策、关联交易、公司治理结构和治理政策。”同时《指引》评注指出：“披露要求不应损害基本公司机密的保护，不应使国有企业在与私营企业的竞争中处于不利地位。”

七、国有企业董事会的职责

(一)《指引》的有关规定

国有企业董事会应当具备必要的权限、能力和客观性，以履行战略指引和监督管理层的职能。董事会成员应当诚实守信，并对自身的行为承担责任。

A. 国有企业董事会应当有明确的受托责任，并对企业的经营业绩承担最终责任。应当通过立法特别是公司法，清晰界定国有企业董事会的角色。董事会应当接受出资人问责，以企业的最佳利益行事，并对所有股东一视同仁。

B. 国有企业董事会应当以其受托责任及政府设定的目标为基础，有效履行制定战略和监督管理层的职能。董事会应当有权任免首席执行官，根据企业长期利益设定管理层薪酬水平。

C. 国有企业董事会应当具备恰当的人员构成，确保其有能力作出客观、独立的判断。所有董事会成员（包括政府官员），应当基于任职资格提名选用，并承担同等法律责任。

D. 如存在独立董事，应当确保其与企业、管理层、其他主要股东和所有权实体不存在任何可能妨害其作出客观判断的重大利益或关系。

E. 应当实施相关机制，避免利益冲突妨碍董事客观履职，并限制董事会运作中的政治干扰。

F. 董事长应当对董事会运作效率负责，并担任与国家所有权实体沟通的联络人，必要时可与其他董事会成员协调配合共同扮演角色。良好实践提倡董事长与首席执行官分设。

G. 如果董事会按规定必须设有职工代表，则应建立相关机制，确保职工代表能够有效履职，并有助于提升董事会的技能、信息和独立性。

H. 国有企业董事会应当考虑设立由独立且符合条件的董事组成的专业委员会，以支持整个董事会履行职责，尤其是审计、风险管理和薪酬方面的职责。专业委员会的设立应当提高董事会运作效率，而不是削弱其职责。

I. 国有企业董事会应当在董事长的督导下，每年对董事会运作成果和效率进行科学评价。

J. 国有企业应当制定高效的内部审计流程，并设立内部审计部门，该部门应受董事会和审计委员会或行使同等职能的公司机构监督，并直接向其报告。

（二）借鉴意义

第一，国有企业公司治理要把董事会建设作为重点。董事会在公司治理中发挥着极为重要的作用。《指引》评注强调：“提升国有企业董事会的自主权，改善其治理质量和成效，是确保国有企业实现高质量公司治理的根本。在国有企业设置有影响力的董事会，作为企业和所有者的代表，有效地监督管理层，同时避免干预管理层的日常经营，这种做法具有重要意义。为了做到这一点，有必要确保国有企业的董事会能够胜任其职责，同时加强董事会的独立性，改革其行使职责的方式。此外，还有必要明确规定董事会履行职能的完整责任，并确保其诚信行事。”

第二，坚持“外部董事占多数”这一制度性安排。《指引》评注指出：“对国有企业董事会进行授权最重要的先决条件是建立董事会的良好组织架构，使其能够有效地做出客观、独立的判断，有权监督高级管理层，并作出战略决策。”“为了加强国有企业董事会的客观性，应当规定在董事会任职的独立董事的最低人数。”“独立董事应当具备相关的任职能力和工作经验，以提高国有企业董事会的成效。”

第三，在国有企业公司治理中，针对经理层的选聘，董事会应该发挥应有的作用。《指引》评注强调：“国有企业董事会的重要职能之一是任免首席执行官。如果不具备这项权力，董事会将很难充分履行监督职能，对国有企业的绩效承担责任。在某些情况下，董事会可能会与所有权实体共同任免首席执行官，或就任免事宜咨询所有权实体的意见。”“根据良好实践的要求，为了确保维持董事会的公正廉洁，在任命首席执行官前，至少应当先与董事会协商。无论任免程序如何，首席执行官的任命均应基于专业条件和竞聘流程。”OECD 建议，董事会应当确保首席执行官的薪酬与绩效挂钩，并予以恰当披露。薪酬方案不应刺激管理层以不符合企业和其所有者长远利益的方式开展经营管理。

第四节 国有企业的内部治理与外部治理

国有企业公司治理需要贯彻落实“两个一以贯之”要求，按照《党章》、

《公司法》[1]、《关于进一步完善国有企业法人治理结构的指导意见》（国办发〔2017〕36号）、《中国共产党国有企业基层组织工作条例（试行）》、《关于中央企业在完善公司治理中加强党的领导的意见》（中办发〔2021〕20号）的要求，从内部治理和外部治理两个方面加以完善。

一、国有企业的内部治理

国有企业内部治理中有股东会/国有资产监督管理机构、国有企业党委（党组）、董事会、经理层、职工代表大会五个主要治理主体。

（一）股东会/国有资产监督管理机构

股东会是公司的权力机构，国有独资公司不设股东会，由国有资产监督管理机构行使股东会职权。

国有资产的所有权属于全体人民，全国人民代表大会是人民行使国家权力的机关。但是，全国人民代表大会不能直接参与国有企业治理，需要借助政府行政体系（国务院）的力量，由政府行政体系代表全国人民行使资产所有权职能。国务院国资委和地方国资委作为国务院和地方人民政府设立的国有资产监督管理机构，依照《公司法》《企业国有资产法》等法律和行政法规履行出资人职责。

《公司法》规定："有限责任公司股东会由全体股东组成。股东会是公司的权力机构，依照本法行使职权。"

《关于进一步完善国有企业法人治理结构的指导意见》（国办发〔2017〕36号）规定："股东会是公司的权力机构。股东会主要依据法律法规和公司章程，通过委派或更换董事、监事（不含职工代表），审核批准董事会、监事会年度工作报告，批准公司财务预决算、利润分配方案等方式，对董事会、监事会以及董事、监事的履职情况进行评价和监督。出资人机构根据本级人民政府授权对国家出资企业依法享有股东权利。"

《公司法》规定："国有独资公司不设股东会，由国有资产监督管理机构行使股东会职权。国有资产监督管理机构可以授权公司董事会行使股东会的部分职权，决定公司的重大事项，但公司的合并、分立、解散、增加或者减

① 2021年12月24日，经第十三届全国人大常委会第三十二次会议审议的《中华人民共和国公司法（修订草案）》正式向社会公开征求意见。在公开征求意见中将"国有独资公司的特别规定"调整为"国家出资公司的特别规定"，将国有企业党委（党组）发挥领导作用写入《公司法》，明确了国有企业公司治理中党组织的法定地位。

少注册资本和发行公司债券，必须由国有资产监督管理机构决定；其中，重要的国有独资公司合并、分立、解散、申请破产的，应当由国有资产监督管理机构审核后，报本级人民政府批准。”

《关于进一步完善国有企业法人治理结构的指导意见》（国办发〔2017〕36号）明确：“国有独资公司不设股东会，由出资人机构依法行使股东会职权。以管资本为主改革国有资本授权经营体制，对直接出资的国有独资公司，出资人机构重点管好国有资本布局、规范资本运作、强化资本约束、提高资本回报、维护资本安全。对国有全资公司、国有控股企业，出资人机构主要依据股权份额通过参加股东会议、审核需由股东决定的事项、与其他股东协商作出决议等方式履行职责，除法律法规或公司章程另有规定外，不得干预企业自主经营活动。”

（二）国有企业党委（党组）

国有企业党委（党组）发挥领导作用。党委（党组）是国有企业治理的主体，发挥领导作用，把方向、管大局、保落实，在决策、监督和执行方面均具有重要职能。

《党章》规定：“国有企业党委（党组）发挥领导作用，把方向、管大局、保落实，依照规定讨论和决定企业重大事项。”

《关于进一步完善国有企业法人治理结构的指导意见》（国办发〔2017〕36号）明确：“坚持党的领导、加强党的建设是国有企业的独特优势。要明确党组织在国有企业法人治理结构中的法定地位，将党建工作总体要求纳入国有企业章程，明确党组织在企业决策、执行、监督各环节的权责和工作方式，使党组织成为企业法人治理结构的有机组成部分。要充分发挥党组织的领导核心和政治核心作用，领导企业思想政治工作，支持董事会、监事会、经理层依法履行职责，保证党和国家方针政策的贯彻执行。”

（三）董事会

董事会是国有企业的决策机构。董事会的职责是“定战略、作决策、防风险”，以及强化监督。

《关于进一步完善国有企业法人治理结构的指导意见》（国办发〔2017〕36号）明确：“董事会是公司的决策机构，要对股东会负责，执行股东会决定，依照法定程序和公司章程授权决定公司重大事项，接受股东会、监事会监督，认真履行决策把关、内部管理、防范风险、深化改革等职责。”

2018年3月，国务院机构改革，优化了审计署职责，不再设立国有重点大型企业监事会，将相应职责划归审计署。因此在现行公司治理结构中，中央企业集团公司原来的外派监事会取消，没有增设“内设监事会”。

新《公司法》（2024 年 7 月 1 日起施行）对监事会进行了改革，规定：“有限责任公司可以按照公司章程的规定在董事会中设置由董事组成的审计委员会，行使本法规定的监事会的职权，不设监事会或者监事。公司董事会成员中的职工代表可以成为审计委员会成员。”“股份有限公司可以按照公司章程的规定在董事会中设置由董事组成的审计委员会，行使本法规定的监事会的职权，不设监事会或者监事。”“国有独资公司在董事会中设置由董事组成的审计委员会行使本法规定的监事会职权的，不设监事会或者监事。”

依据新《公司法》以及相关要求，国有企业普遍在董事会中设置了由董事组成的审计委员会，承担监事会的监督职责。

（四）经理层

经理层是国有企业的执行机构。经理层的职责是“谋经营、抓落实、强管理”。

《关于进一步完善国有企业法人治理结构的指导意见》（国办发〔2017〕36 号）明确：“经理层是公司的执行机构，依法由董事会聘任或解聘，接受董事会管理和监事会监督。总经理对董事会负责，依法行使管理生产经营、组织实施董事会决议等职权，向董事会报告工作，董事会闭会期间向董事长报告工作。”

（五）职工代表大会

职工代表大会是企业民主管理制度的基本形式，也承担一定的治理职能。

《关于进一步完善国有企业法人治理结构的指导意见》（国办发〔2017〕36 号）明确：“健全以职工代表大会为基本形式的企业民主管理制度，支持和保证职工代表大会依法行使职权，加强职工民主管理与监督，维护职工合法权益。”

《中国共产党国有企业基层组织工作条例（试行）》规定：“健全以职工代表大会为基本形式的民主管理制度，探索职工参与管理的有效方式，推进厂务公开、业务公开，保障职工知情权、参与权、表达权、监督权，维护职工合法权益。重大决策应当听取职工意见，涉及职工切身利益的重大问题必须经过职工代表大会或者职工大会审议。坚持和完善职工董事制度、职工监事制度，保证职工代表有序参与公司治理。”

二、国有企业的外部治理

（一）国有企业的外部治理结构

国有企业的外部治理结构可分为常规外部治理和特有外部治理，如图 3-5 所示。国有企业的常规外部治理与一般性公司的外部治理相同，都包括法律制度、资本市场、产品市场等。除了常规的外部治理，由于国有企业性质和治理的特殊性，还需要国有企业特有的外部治理。

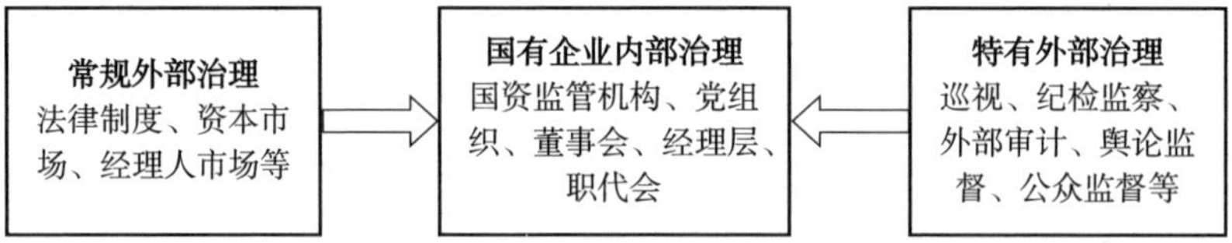

图 3-5　国有企业外部治理结构

（二）国有企业的外部治理主体

特有的外部治理主体包括全国人民代表大会/地方人民代表大会、中央巡视组和地方巡视组、纪检部门、审计部门及社会监督，因涉及多个监督主体，所以需要建立系统协调、高效协同的监督协调机制。

全国人民代表大会/地方人民代表大会的监督。2017 年 11 月，党的十九届中央深改小组第一次会议审议通过《关于建立国务院向全国人大常委会报告国有资产管理情况的制度的意见》。建立国务院向全国人大常委会报告国有资产管理情况的制度，这是贯彻落实党的十九大强调的加强国有资产监督管理的一项重要举措。

中央巡视组/省（自治区、直辖市）党委巡视组的监督。《中国共产党巡视工作条例》是为了规范中国共产党巡视工作、强化党内监督而制定的法规。条例规定：中央巡视组的巡视对象和范围包括中央管理的国有重要骨干企业、金融企业、事业单位党委（党组）领导班子及其成员；省（自治区、直辖市）党委巡视组的巡视对象和范围包括省（自治区、直辖市）管理的国有企业、事业单位党委（党组）领导班子及其成员。巡视组对巡视对象执行《党章》和其他党内法规、遵守党的纪律、落实全面从严治党主体责任和监督责任等情况进行监督，着力发现党的领导弱化、党的建设缺失、全面从严治党不力，党的观念淡漠、组织涣散、纪律松弛，管党治党宽松软等问题。

纪检部门监督。纪检监察是加强对国有企业执行党的纪律情况的监督检查的手段，重点审查国有企业执行党的政治纪律、政治规矩、组织纪律、廉洁纪律情况，严肃查处违反党中央八项规定的行为和“四风”问题。

审计部门监督。《关于深化国有企业和国有资本审计监督的若干意见》对审计监督体系进行了规定：深化国有企业和国有资本审计监督，要围绕国有企业、国有资本、境外投资以及国有企业领导人员履行经济责任情况，做到应审尽审、有审必严。审计内容包括遵守国家法律法规、贯彻执行党和国家重大政策措施情况，投资、运营和监管国有资本情况，贯彻落实“三重一大”决策制度情况，公司法人治理及内部控制情况等。

社会监督。各类媒体监督和社会舆论监督是国有企业外部监督的重要形式。畅通社会公众的监督渠道，认真处理人民群众有关来信、来访和举报，切实保障单位和个人对造成国有资产损失行为进行检举和控告的权利，让人民有监督权力，让权力在阳光下运行，把权力关进制度的笼子。

第五节　把党的领导融入公司治理

党的领导融入公司治理需要根据不同类型国有企业党组织的职责定位，考虑企业具体情况，在建强党组织自身的前提下，做到组织落实、干部到位、权责明确、监督严格，如图 3-6 所示。本节仅讨论国有独资、国有全资、国有资本绝对控股公司如何把党的领导融入公司治理。对于国有资本相对控股公司如何构建差异化治理模式，第七节中会单独阐述。①

一、组织落实

党组织融入公司治理，明确党组织在公司治理中的法定地位是必要前提。

（一）关于“组织落实”的有关规定

《党章》规定：“国有企业党委（党组）发挥领导作用，把方向、管大局、保落实，依照规定讨论和决定企业重大事项。”《公司法》对企业中党组织的法定治理主体地位进行了规定。

① 《中国共产党国有企业基层组织工作条例（试行）》对党的领导融入公司治理提出了详细要求，规定了适用范围：“本条例适用于国有独资、全资企业和国有资本绝对控股企业。国有资本相对控股并具有实际控制力的企业，结合实际参照本条例执行。”基于此，本书将国有资本相对控股公司的公司治理单列一节。

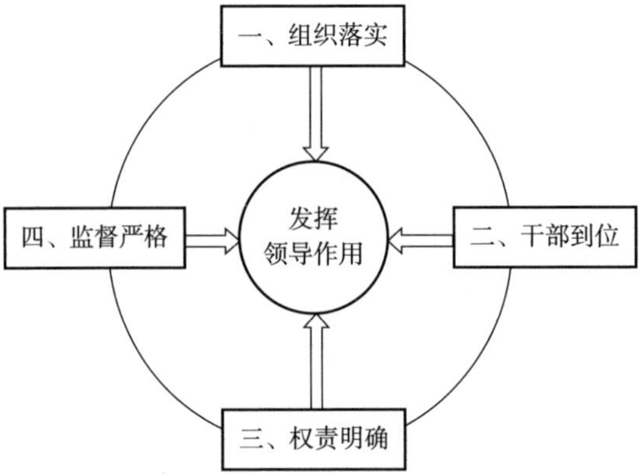

图 3-6　党的领导融入公司治理的四项任务

对国有企业来说，《公司章程》中，需要根据《党章》、《公司法》、《中国共产党国有企业基层组织工作条例（试行）》、《国务院办公厅关于进一步完善国有企业法人治理结构的指导意见》（国办发〔2017〕36 号）、《关于中央企业在完善公司治理中加强党的领导的意见》（中办发〔2021〕20 号）等的要求，明确党组织的法定治理主体地位和权责。

（二）党建写入章程的具体规定

《国有企业公司章程制定管理办法》（国资发改革规〔2020〕86 号）对党建写入章程作了详细规定。

国有企业在《公司章程》中应单列“公司党组织”内容。公司党组织条款应当按照《党章》《中国共产党国有企业基层组织工作条例（试行）》等有关规定，写明党委（党组）或党支部（党总支）的职责权限、机构设置、运行机制等重要事项。明确党组织研究讨论是董事会、经理层决策重大问题的前置程序。

设立公司党委（党组）的国有企业应当明确党委（党组）发挥领导作用，把方向、管大局、保落实，依照规定讨论和决定企业重大事项；明确坚持和完善“双向进入、交叉任职”领导体制及有关要求。

设立公司党支部（党总支）的国有企业应当明确公司党支部（党总支）围绕生产经营开展工作，发挥战斗堡垒作用；具有人财物重大事项决策权的企业党支部（党总支）一般由企业党员负责人担任书记和委员，由党支部（党总支）对企业重大事项进行集体研究把关。

国有相对控股公司的党建工作需结合企业股权结构、经营管理等实际，充分听取其他股东包括机构投资者的意见，参照有关规定和本条款的内容把党建工作基本要求写入《公司章程》。

二、干部到位

“双向进入、交叉任职”的领导体制，是党的伟大创造。如果没有“双向进入、交叉任职”，党委会与董事会、经理层人员完全独立，既不利于不同治理主体之间的信息对称，从而影响治理效率，也不利于不同治理主体之间的沟通协调，从而影响治理效果。需要注意的是，“过度重合”会对公司治理产生负面影响。

（一）“双向进入、交叉任职”的领导体制

坚持和完善“双向进入、交叉任职”领导体制，符合条件的党委（党组）班子成员可以通过法定程序进入董事会、经理层，董事会、经理层成员中符合条件的党员可以依照有关规定和程序进入党委（党组）。

《中国共产党国有企业基层组织工作条例（试行）》对“双向进入、交叉任职”领导体制进行了明确规定。

（二）“过度重合”问题及其治理

1. “过度重合”的负面影响

“双向进入、交叉任职”的领导体制有利于不同治理主体之间的信息共享和沟通协调，但是过度的“双向进入、交叉任职”则会引起两个治理主体合二为一或高度重合，从而带来“过度重合”问题。

“过度重合”引发的负面影响之一是高度重合的两个治理主体就同一事项重复决策，这种重复决策不仅没有提高决策质量，反而降低了决策效率。企业是一个资源转换系统，重复决策不是一种竞争优势，而是一种竞争劣势。

“过度重合”引发的负面影响之二是弱化了公司治理的监督制衡功能。从公司治理的产生过程可以看出，监督制衡是公司治理的基本功能，是抑制内部人控制的必要手段。但如果两个治理主体高度重合，如党委会和经理层的人员高度重合，那么党委会对经理层的监督制衡功能就会完全失效，同样地，这也是一种竞争劣势。

2. “过度重合”问题的治理

解决“过度重合”问题的关键在于适度重合，也就是合理科学配置党委会、董事会、经理层的人员结构，使构成人员差异化，一般认为，两个治理主体之间的重合度不应超过50%。

党委会、董事会、经理层的人员构成可以分为三类：第一类是只在一个治理主体中任职，如仅在经理层；第二类是在两个治理主体中任职，即“二合一”，如党委委员同时任副总经理、党委书记同时任董事长；第三类是在三个治理主体中均任职，即“三合一”，如总经理同时任党委副书记、董事。下面的例子可以比较清楚地予以说明。

■ **虚拟案例**

解决“过度重合”问题的一个虚拟案例

在经理层成员中，假设包括总经理在内共有九名成员，则总经理是“三合一”，其同时在党委会中任党委副书记，在董事会中任董事；另三名副职进入党委会；余下的五名为经理层成员，不进入党委会，也不进入董事会。也就是说，在经理层构成中，有5/9是仅在经理层任职的。

在党委会成员中，假设包括党委书记在内共有七名成员。除在经理层任职的四人外，再加入党委书记、专职党委副书记、纪委书记；在董事会中任职的有三人：党委书记、董事长，专职党委副书记、董事，总经理、党委副书记、董事。

在董事会成员中，假设包括董事长在内共有九名成员。则包括四名内部董事（除党委书记、专职党委副书记、总经理外，还有一名职工董事）、五名外部董事。在董事会构成中，有5/9是外部董事，6/9仅在董事会中任职（五名外部董事，加上一名职工董事）。

三、权责明确

仅做到党委会、经理层、董事会在人员构成上适度重合是不够的，还需要解决决策中各治理主体权责明确的问题，治理主体权责不清会导致党委会前置程序难以真正发挥重要作用（周海晨，2021；强舸、成小红，2019）。解决问题的关键在于各治理主体，特别是对党组织的分类分权。借鉴国有企业的实践经验，将国有企业党委（党组）承担的决策事项按权力性质分为决定权事项、把关权事项。需要说明的是，党委的监督权在本书中按公司治理的功能分类，作为监督功能的内容，在“监督严格”中加以分析。

（一）党委（党组）决定权事项

1. 党委（党组）决定权的定义

党委（党组）决定权指由党委（党组）最终决定并承担相应责任，经党委（党组）研究决定后，由董事会和经理层负责组织实施，党委（党组）建立跟踪落实和监督机制，确保决定得到有效落实。党委（党组）拥有决定权，确保党对国有企业的领导，确保加强党的建设，确保党对重要干部的管理权。

2. 党委（党组）决定权事项的范围

（1）企业贯彻执行党和国家的路线方针政策、法律法规和上级重要决定的重大措施。

国有企业是中国特色社会主义的重要物质基础和政治基础，是我们党执政兴国的重要支柱和依靠力量，必须确保党对国有企业的领导，确保“国企姓党”。国有企业党委（党组）在决策时要保证党和国家的方针政策在本企业的贯彻执行，要监督企业依法依规开展生产经营，要贯彻落实上级重要决定。

（2）加强党的政治建设、思想建设、组织建设、作风建设、纪律建设、制度建设、反腐败斗争方面的重要事项。

国有企业党委（党组）承担着党建责任制的主体责任，在决策时必须坚持党要管党、从严治党，全面解决党的领导、党的建设弱化、淡化、虚化、边缘化问题，坚持服务生产经营不偏离，坚持建强基层党组织不放松。

（3）坚持党管干部原则的重大事项。

需要特别说明的是，干部选拔任用需要考虑差异化原则，结合自身的实际情况，具体包括在企业分类、产权结构、行业、层级（集团公司、二级子公司）、规模等方面确定党组织与董事会之间的权责。

《中国共产党国有企业基层组织工作条例（试行）》规定：“国有企业党组织应当按照干部管理权限，规范动议提名、组织考察、讨论决定等程序，落实对党忠诚、勇于创新、治企有方、兴企有为、清正廉洁的要求，做好选配企业领导人员工作，加大优秀年轻领导人员培养选拔力度，加强企业领导人员管理监督，保证党对干部人事工作的领导权和对重要干部的管理权。”

（4）坚持党管人才原则的重大事项。

《中国共产党国有企业基层组织工作条例（试行）》规定：“实施人才强企战略，健全人才培养、引进、使用机制，重点做好企业经营管理人才、专业技术人才、高技能人才以及特殊领域紧缺人才工作，激发和保护企业家精神，营造鼓励创新创业的良好环境。”

3. 党委（党组）决定权事项的流程

党委（党组）决定权事项的流程如图 3-7 所示。

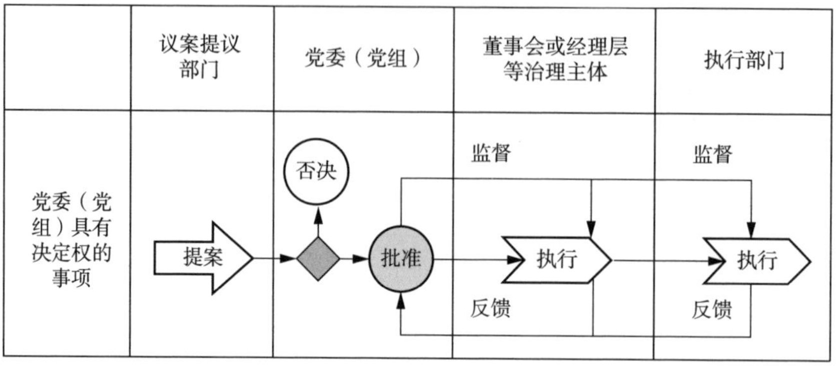

图 3-7　党委（党组）决定权事项的流程

（二）党委（党组）把关权事项

1. 党委（党组）把关权的定义

党委（党组）把关权指党委（党组）拥有否决权和同意权，并承担相应责任。党委（党组）否决则事项终止，同意则交由其他决策主体决策。党委（党组）行使把关权后，由其他主体最终决策，一方面可以保证企业改革发展方向、保证党对干部人事工作的领导权、维护职工合法权益、防止出现利益输送；另一方面可以保证董事会依照法定程序和公司章程授权决定公司重大事项、保证经理层依法行使管理生产经营和组织实施董事会决议等职权。

2. 党委（党组）把关权事项的内容

把关权事项即党委（党组）前置研究讨论事项，指重大经营管理事项。具体内容包括：①落实国家发展战略的重大举措；②企业发展战略、中长期发展规划、重要改革方案；③企业资产重组、产权转让、资本运作和大额投资中的原则性、方向性问题；④企业组织架构设置和调整，重要规章制度的制定和修改；⑤涉及企业安全生产、维护稳定、职工权益、社会责任等方面的重大事项；⑥公司章程的制订和修改方案的提出；⑦董事会授权决策方案。

3. 党委（党组）把关权事项需要遵循“各有侧重、兼顾整体”原则

当前，对发挥董事会治理功能影响较大的是重大经营管理事项，即把关

权事项。同一事项由两个主体先后决策，理论上有三种模式：一是重复决策，即党委（党组）先决策，之后董事会就同样内容再次决策；二是绝对分权，仅对自己权责范围内的决策点决策；三是考虑整体、分清主次，从事项整体上通盘考虑，对自己权责范围内的决策点重点研究，对其他决策点可提出意见建议供其他决策主体参考。

党委（党组）和董事会共同决策同一事项，其目的是统筹发挥党的全面领导和市场经济规律双优势，从而实现制度优势向治理效能的转化。① 由于每个决策事项都有多个决策点，只有每个决策点都找到“唯一责任人”，才能满足权责匹配的要求。另外，尽管一个决策事项需要从多个决策点进行评判，但它仍然具有整体性，像西方公司治理那样“绝对分权”，既不符合系统观念，又不利于统筹发挥“双优势”。

根据上述分析，应当按如下原则处理。

第一，明确党委（党组）和董事会的主责“决策点”。根据党委（党组）把方向、管大局、保落实和董事会定战略、作决策、防风险的职责定位，在具体决策事项的前置把关中，党委（党组）的主责应该包括：决策事项中涉及的贯彻党中央决策部署、落实国家战略、国有资产保值增值、维护公众利益、维护职工合法权益等方面的决策点。董事会的主责应该包括：决策事项中涉及的企业发展战略、依法合规、各类风险、经济可行性等方面的决策点。

第二，明确不同权力类型及效力。对于承担“主责”的决策点，决策主体具有决定权，由该决策主体决策并承担相应责任。对于“主责”以外的决策点，决策主体具有建议权，可以对其他治理主体提出建议。

4. 党委（党组）把关权事项的流程

当前，企业普遍的做法是在党委（党组）会之后与外部董事进行沟通，达成一致后再召开董事会。个别重大决策采取会前沟通的方式是必要的，但扩大到所有事项，不仅会降低决策效率，而且会弱化董事会权威及其治理功能，这不符合“协调运转、有效制衡”的要求。

应当按照“各有侧重、兼顾整体”原则将重大经营管理事项的决策过程流程化，如图 3-8 所示。

① 党的十九届四中全会提出，我国基本经济制度具有“把社会主义制度和市场经济有机结合起来，不断解放和发展社会生产力的显著优势”。作为基本经济制度的重要组成部分，中国特色现代企业制度同样需要发挥制度和市场经济“双优势”。

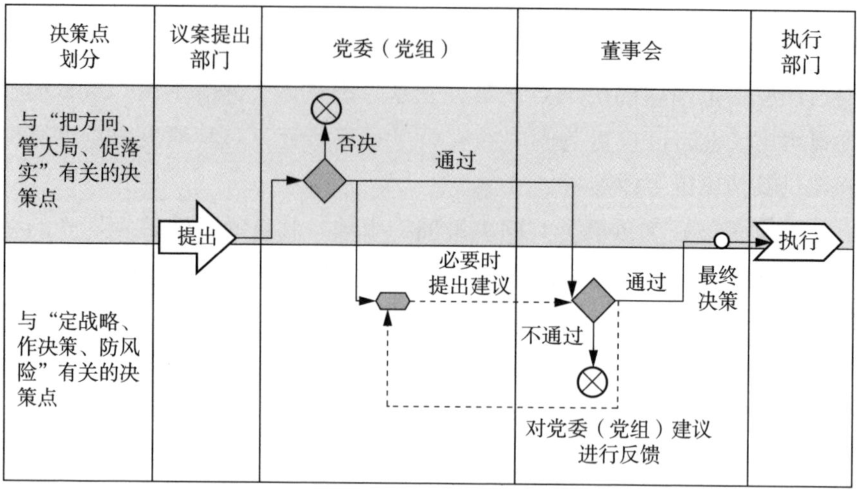

图 3-8　党委（党组）把关权事项的流程

党委（党组）决策时，首先应重点研究与“把（方向）、管（大局）、促（发展）”有关的决策点并作出决策（“否决”则议案终止）；议案未被终止的，对其他决策点（如风险等）进行分析，确有必要的可给董事会提建议。党组织前置研究讨论时重点按照“四个是否”标准把关，即决策事项是否符合党的理论和路线方针政策；是否贯彻党中央决策部署和落实国家发展战略；是否有利于促进公司高质量发展、增强公司竞争实力、实现国有资产保值增值；是否有利于维护社会公众利益和职工群众合法权益。

董事会决策时，首先应重点研究与“定（战略）、作（决策）、防（风险）”有关的决策点并作出决策（“不通过”则议案终止），如果党委（党组）有相应建议的，董事会要认真论证并向党委（党组）反馈论证结果；议案未被终止的，考虑到在董事会构成中有出资人派出的外部董事，可以对其他决策点（如贯彻国家战略等）进行分析，确有必要的可给党委（党组）提建议；最终由董事会作出决策。董事会审议时重点做好“四个分析”，即分析决策事项的合法合规性；与出资人要求的一致性；与公司发展战略的契合性；风险与收益的综合平衡性。

四、监督严格

（一）党内监督是一种显著制度优势

党内监督本身就有一种其他制度无法比拟的制度优势，通过加强对国有企业领导人员的党性教育、宗旨教育、警示教育，严明政治纪律和政治规矩，引导他们不断提高思想政治素质、增强党性修养，从思想深处拧紧螺丝。通过加强党风廉政建设，建立“不敢腐、不能腐、不想腐”机制，可以正风肃纪、防范风险。

在国有企业公司治理中，党委（党组）要充分发挥党建的监督优势，同其他治理主体的治理形成监督合力。在国有企业公司治理中，监督分为外部监督和内部监督。外部监督包括法律制度、外部巡视、外部纪检、外部审计等，具体参见本章第四节。内部监督包括股东会/出资人监督，即对董事会的监督和对经理层的监督；外部董事监督即对内部董事和经理层的监督制衡；党委（党组）监督即对董事会和经理层的监督；还有内部巡视、纪检、审计监督等。

（二）发挥国有企业党委（党组）对内部治理主体的监督作用

通过决策前置发挥党的事前监督作用，党委（党组）参与决策，保证监督董事会、经理层在决策时贯彻落实党和国家的方针政策，党中央、国务院决策部署，保证企业的发展方向。

通过落实党管干部原则管好关键少数，强化对各级领导人员的党性教育、宗旨教育、警示教育，突出对关键岗位、重要人员，特别是“一把手”的监督管理，保证党对干部人事工作的领导权和对重要干部的管理权，保证人选政治合格、作风过硬、廉洁不出问题。

强化党委（党组）对董事会、经理层用权履职的监督。

强化党委（党组）履行党风廉政建设主体责任，领导、支持纪检监察机构履行监督执纪问责职责，严格执行和维护党的纪律。

纪委书记（纪检监察组组长）可以列席董事会会议、董事会专门委员会会议和总经理办公会等会议。

第六节 国有企业董事会建设

董事会在中国特色现代企业制度中占有重要地位。本节将讨论国有独资、国有全资、国有资本绝对控股混合所有制企业的董事会建设，不包括国有上市公司、相对控股混合所有制企业。主要的法律、制度依据包括《公司法》、《关于进一步完善国有企业法人治理结构的指导意见》（国办发〔2017〕36号）、《关于中央企业在完善公司治理中加强党的领导的意见》（中办发

〔2021〕20 号）、《中央企业董事会工作规则（试行）》（国资发干一规〔2021〕45 号）。

一、董事会的职责定位

（一）国有企业董事会的三项职责

国有企业董事会是公司的决策机构，职责是“定战略、作决策、防风险”（见图 3-9）。

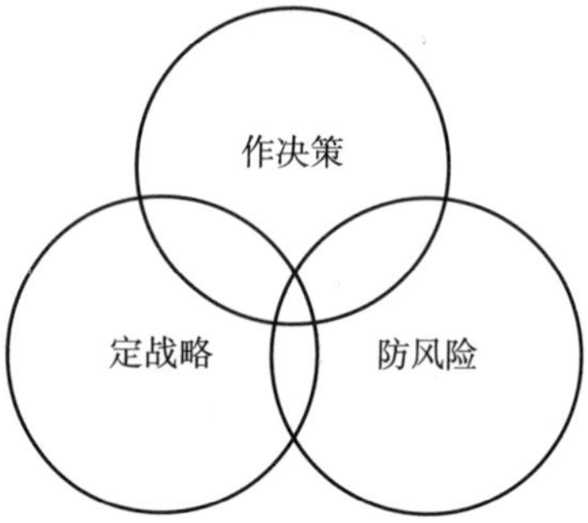

图 3-9 国有企业董事会的三项职责

2021 年印发的《中央企业董事会工作规则（试行）》（以下简称《规则》）规定了“国务院授权国务院国资委履行出资人职责的国有独资中央企业董事会”的功能定位和职责权限：董事会是企业经营决策主体，负责“定战略、作决策、防风险”。

关于《规则》的适用范围，国资委有关负责人指出：《规则》与《公司法》《关于中央企业在完善公司治理中加强党的领导的意见》等法律法规和有关规定相衔接，将适用范围界定为国资委履行出资人职责的国有独资中央企业，但对于其他中央企业所属企业、地方国有企业也有指导借鉴意义。

国务院国资委有关负责人对《中央企业董事会工作规则（试行）》进行的解读时指出：“定战略”，即董事会应当建立健全企业战略规划研究、编制、实施、评估的闭环管理体系。“作决策”，即董事会依照法定程序和公司章程决策企业重大经营管理事项，如企业经营计划、重大投融资事项、年度财务预决算、重要改革方案等，并督导经理层高效执行。“防风险”，即董事会应当推动完善企业的风险管理体系、内部控制体系、合规管理体系和违规经营投资责任追究工作体系，有效识别研判、推动防范化解重大风险。[①]

（二）国有企业董事会的六项职权

规范的国有企业董事会应该具有重大决策、选人用人、薪酬分配等权利，具体来说包括六项基本职权：中长期发展决策权、经理层成员选聘权、经理层成员业绩考核权、经理层成员薪酬管理权、职工工资分配管理权、重大财务事项管理权。

《关于进一步完善国有企业法人治理结构的指导意见》（国办发〔2017〕36号）规定："国有独资公司要依法落实和维护董事会行使重大决策、选人用人、薪酬分配等权利。"《关于中央企业落实子企业董事会职权有关事项的通知》（国资厅发改革〔2021〕32号）规定了规范董事会的六项职权：一是中长期发展决策权，制定中长期发展规划、制定年度投资计划、培育新业务领域；二是经理层成员选聘权，制定经理层选聘工作方案、稳妥开展经理层选聘工作、推行任期制和契约化管理；三是经理层成员业绩考核权，制定经营业绩考核办法、签订经营业绩责任书、科学合理确定业绩考核结果；四是经理层成员薪酬管理权，制定薪酬管理办法、制定薪酬分配方案、建立健全约束机制；五是职工工资分配管理权，制定工资总额管理办法、明确工资总额决定机制、监测职工工资执行情况、推进内部收入分配制度改革；六是重大财务事项管理权，制定担保管理制度、制定负债管理制度、制定对外捐赠管理制度。

二、董事会的结构

（一）董事会的构成

在国有企业董事会中，外部董事占多数是一种制度性安排，外部董事中一般会指定一名外部董事召集人。

国有企业董事会一般由7~13名董事组成，其中设董事长一名，可以设副董事长。以中央企业集团公司为例，进入董事会的非外部董事一般为四人，包括党委（党组）书记、专职副书记、总经理、职工董事；外部董事一般为五人，实现外部董事占多数，外部董事中还会指定一人作为外部董事召集人。

董事会成员由国务院国资委、地方国资委或上级股东委派，董事长、副

---

① 摘自国务院国资委网站：http：//www.sasac.gov.cn/n2588040/n2590387/n9854147/c20648295/content.html。

董事长由国务院国资委、地方国资委或上级股东从董事会成员中指定。外部董事由国务院国资委、地方国资委或上级股东选任。董事会中的职工代表由公司职工通过职工代表大会、职工大会或其他形式民主选举产生。

董事任期由公司章程规定，但每届任期不得超过三年。董事任期届满，连选可以连任。但外部董事在同一企业连续任职一般不超过六年。

（二）专门委员会

董事会一般会设立若干专门委员会，为董事会决策提供咨询，包括战略投资委员会、薪酬与考核委员会、审计与风险委员会、提名委员会等。需要特别说明的是，专门委员会作为董事会的专门工作机构，其实质是一个为董事会决策提供咨询的机构，不是一个决策机构。专门委员会的意见建议并不会减轻外部董事和非外部董事的责任。

战略与投资委员会：在人员构成上，外部董事应占多数。在职责上，主要负责研究与公司战略、投资有关的事项，并向董事会提出审议意见。

薪酬与考核委员会：在职责上，主要负责研究企业工资收入分配制度、工资收入分配方案等。

审计与风险委员会：在人员构成上应由外部董事组成，主任一般由熟悉财务金融或风险管控的专业人士担任。在职责上，主要负责指导企业风险管理体系、内部控制体系、合规管理体系和违规经营投资责任追究工作体系建设等。

三、董事会会议及决策程序

（一）董事会会议要求

国有独资中央企业董事会每年度至少召开四次定期会议；应当有过半数董事且过半数外部董事出席方可举行；除不可抗力因素外，定期会议必须以现场会议形式举行。

董事会会议由董事长召集和主持；董事长不能履行职务或不履行职务的，由副董事长召集和主持；未设副董事长、副董事长不能履行职务或不履行职务的，由半数以上董事共同推举一名董事召集和主持。

除极特殊的情况外，会议通知和所需文件、信息及其他资料应当在会议召开十日前送达全体董事，特别是外部董事。

董事会会议应当由董事本人出席。董事因故不能出席的，也可以委托其他董事代为出席并行使表决权，但必须以书面委托的方式，并且外部董事只能委托其他外部董事，不能委托非外部董事代为出席。董事与决议事项涉及的单位有关联关系的不得代理其他董事行使表决权。

董事会会议实行暂缓上会制度。当 1/3 以上董事、两名以上外部董事对拟提交董事会审议的事项有重大分歧时，该事项一般应暂缓上会。

（二）董事会决策规则与决策重点

国有企业董事会实行“集体审议、独立表决、个人负责”的决策制度，平等充分发表意见，一人一票表决，董事可以表示同意、反对或弃权。表示反对和弃权的需要说明具体理由并记载于会议记录。

《公司法》规定：董事会的议事方式和表决程序，除《公司法》有规定的外，由公司章程规定。董事会应当对所议事项的决定作成会议记录，出席会议的董事应当在会议记录上签名。董事会决议的表决，实行一人一票。

《关于进一步完善国有企业法人治理结构的指导意见》（国办发〔2017〕36 号）规定：董事会要严格实行集体审议、独立表决、个人负责的决策制度，平等充分发表意见，一人一票表决。董事与决议事项所涉及的单位有关联关系的，不对该项决议行使表决权。

对于普通决议，应当经董事会全体成员过半数同意方可通过；对于特别决议，如企业注册资本变动方案，企业合并、分立、改制、解散、破产等方案，公司章程的制订与修改，非主业重大投资方案等，应当经董事会全体成员 2/3 以上同意方可通过。存在关联关系的董事，不计入董事会研究决策该议题所需出席的董事人数。

董事会审议重大经营管理事项，应重点研判其合法合规性、与出资人要求的一致性、与企业发展战略的契合性、风险与收益的综合平衡性等。

四、董事会运行的支撑及保障

董事会和董事要有效发挥作用，履职支撑保障很重要，特别是对外部董事的服务和保障。履职支撑保障主要包括三个方面：一是对外部董事履职的支撑及保障，主要是解决外部董事信息不对称问题；二是强化对董事会专门委员会的工作支持；三是配齐配强董事会秘书，加强董事会办公室的工作力量。

（一）解决外部董事信息不对称问题

1. 外部董事信息不对称的三种表现

信息不对称是外部董事履职遇到的一大难题，也是影响决策质量的关键因素。外部董事信息不对称主要表现在三个方面：一是对上级政策要求和出资人意图存在信息不对称；二是对履职企业存在信息不对称；三是对议案存在信息不对称。

2. 外部董事信息不对称的解决办法

（1）解决对上级政策要求和出资人意图的信息不对称问题。

一是出资人（国务院国资委、地方国资委、上级股东）要成立专门对接部门，如国务院国资委成立了董事会工作局。

二是及时向外部董事传达中央和出资人文件。

三是安排外部董事参加出资人会议。

四是对外部董事和非外部董事开展定期培训。

五是建立出资人与外部董事随时沟通的机制，如召集人定期汇报制度。

（2）解决对履职企业的信息不对称问题。

一是明确除国家有特殊规定外，企业应当向外部董事开放电子办公、数据报告等信息系统。

二是提供企业改革发展和生产经营信息、财务数据及其他重要信息。

三是邀请外部董事参加重要会议，如工作会、战略研讨会、经营分析会等。

（3）解决对议案的信息不对称问题。

一是议案提前期制度，即规定提前为外部董事提供议案材料，一般提前10天，经验表明，会前按规定发放材料非常重要（承文，2021）。如果会前依据董事会规范运行办法，提前向外部董事提交高质量的董事会审议决策议题相关材料，董事有充足的时间来阅读和分析，并且可以个别交流意见，这种做法不仅可以提高决策效率，而且能够保证决策质量。

二是对于重大议案，安排外部董事到现场调研，使外部董事能够获得一手资料。

三是积极配合外部董事专项检查。

四是严格执行议案缓议制度，为了确保科学决策、防控风险，董事会规则中一般还规定了缓议制度，当2名以上外部董事提出缓议要求时，董事会应采纳外部董事的缓议意见。

（二）强化对专门委员会的工作支持

企业应当明确为董事会各专门委员会提供工作支持的职能部门，建立专门委员会与对接职能部门的工作机制，合理安排外部董事履职所需的调研、培训，配合外部董事开展专项检查工作。

（三）配齐配强董秘董办

企业要配齐配强董事会秘书，加强董事会办公室的工作力量。一般设一名专职董事会秘书，对企业和董事会负责。董事会秘书应当具备履行职责所需的财务、管理、法律等专业知识和相关工作经验，具有足够的时间和精力履职。加强董事会办公室建设，合理配备工作人员。

五、董事会和董事考核评价

董事会和董事评价以日常管理为基础，实行年度评价；对专职外部董事还进行年度综合评价和任期综合评价。董事会评价一是运行的规范性，包括权责运行、信息沟通；二是运行的有效性，包括“定战略、作决策、防风险”功能作用发挥情况、企业改革发展成果。董事评价（不包括职工董事）一是行为操守，包括忠实勤勉、严以律己情况；二是履职贡献，包括科学决策、监督问效、建言献策情况。评价结果作为董事会建设和董事调整任用、管理监督、薪酬激励、退出的重要依据。

六、企业案例：定战略、作决策、防风险——中国船舶规范董事会建设实践

中国船舶集团董事会认真贯彻落实党中央和国资委加快推进中国特色现代企业制度建设的最新要求，在如何更好地发挥董事会定战略、作决策、防风险作用方面进行了一些积极的探索，取得了良好的成效。①

（一）“定战略”——当好引领者

强化集团公司战略引领力。中国船舶集团董事会把“定战略”作为董事会的首要职责，成立之初便着手谋划企业发展战略问题，董事长高度重视、加强领导，多次听取专题汇报，提出指导性意见、明确要求，董事会成员积极参与，外部董事充分发挥专业优势，从不同角度提出意见建议。经过集团上下 4 个多月的共同努力，历经两下两上、数易其稿，最终制定了《集团公司高质量发展战略纲要》。

明确新集团企业使命和战略目标。集团公司从行业、国防、国家三个层

---

① 安晓非．定战略、作决策、防风险——中国船舶规范董事会建设实践［J］．董事会，2021（Z1）：46-47.

面确立了企业使命，即引领行业发展，支撑国防建设，服务国家战略；树立了2045年全面建成产业结构合理、质量效益领先、军工核心突出、国际竞争力强的世界一流船舶集团的战略目标；明确了四大产业方向，即海洋防务装备产业、船舶海工装备产业、科技应用产业、船海服务业；实施了两种管控模式，即对海洋防务装备产业、船舶海工装备产业实施“战略+运营”型管控模式，对科技应用产业、船海服务业实施“战略+财务”型管控模式。

构建集团公司“3+3”战略管理体系。为确保集团公司战略纲要落实落地，对成员单位管得好、控得住，集团公司以战略纲要这一顶层战略为依据制定了各专项领域的分战略，将顶层战略的发展方略、战略目标、战略举措分解落实，细化形成可操作、可实施、可考核的具体举措；指导成员单位制定自身发展战略，明确企业发展定位和前进方向。在“顶层战略—分战略—子战略”的基础上，通过制定“五年发展规划—三年滚动计划—年度工作计划”，形成层次清晰、内容完整、衔接紧密的“3+3”战略管理体系，为实现战略管控奠定良好基础。

（二）“作决策”——当好决策者

注重科学决策，推动高质量发展。董事会严格执行“三重一大”决策制度和授权管理办法，坚持重大事项应前置必前置、应上会必上会，切实扮演好“作决策”的角色。在重大项目决策中，董事会注重把握与党组的不同职责定位，党组侧重于把方向，董事会更加关注决策论证分析，各位董事从不同角度提出专业意见，不断促使议案论证更加科学、市场分析更加透彻、风险分析更加深入，充分发挥董事会科学、专业的决策作用。

健全完善制度体系，提升规范性。初步构建了“1+2+N”的董事会制度体系。其中，“1”指公司章程，是集团公司的根本大法。“2”指董事会议事规则、董事会授权管理办法，是董事会运行的总纲领。集团公司从重组整合的实际出发，在董事会的21项职权中，针对投资、融资、担保等8类重大事项，根据成员单位经济规模的大小，分别研究提出具体的授权标准，构建了授权管理体系。“N”指各专门委员会议事规则等支撑和保障董事会运作的配套制度，包括《董事会议案规范管理办法》《成员单位董事会规范运作暂行办法》《为外部董事提供信息管理暂行办法》等10多项制度。

（三）“防风险”——当好守夜人

加强调查研究，摸清风险隐患。2020年外部董事先后开展调研10次。在调研掌握第一手资料的基础上研究制定2020年集团公司全面风险报告，将市场变化、市场竞争风险、产品交付风险、财务风险、安全生产风险、供应链风险等确定为年度重点风险领域，针对不同产业分别制定相应管控措施。

充分发挥审计与风险管理委员会作用。审计与风险管理委员会切实履职行责，针对2020年风险挑战不确定因素较多的情况，年初组织政策法规部、审计部等召开专题工作会，研究确定风险管理、合规、审计全年工作计划和重点工作任务。2020年共召开6次专委会会议、研究8项议案，制定了集团合规管理办法，开展了大型邮轮项目的风险及防控、造船企业物资采购等专项审计，针对企业风险防控、降本增效提出了改进意见。

第七节 国有资本相对控股公司差异化治理

一、国有资本相对控股公司差异化治理的必要性和政策依据

国有资本相对控股公司已经成为一种重要的企业类型，是基本经济制度的重要实现形式。只有解决好国有资本相对控股公司的治理问题，统筹发挥国有企业制度优势和民营企业市场化机制优势，才能更好地发展混合所有制经济，为共同富裕积累更多物质财富。

国有资本相对控股公司指由国有资本相对控股且有实际控制力的企业，由国有资本、集体资本、非公有资本等交叉持股。《国务院关于国有企业发展混合所有制经济的意见》（国发〔2015〕54号）指出："国有资本、集体资本、非公有资本等交叉持股、相互融合的混合所有制经济，是基本经济制度的重要实现形式。""健全混合所有制企业法人治理结构。混合所有制企业要建立健全现代企业制度，明晰产权，同股同权，依法保护各类股东权益。规范企业股东（大）会、董事会、经理层和党组织的权责关系，按章程行权，对资本监管，靠市场选人，依规则运行，形成定位清晰、权责对等、运转协调、制衡有效的法人治理结构。"国有资本相对控股公司的股权结构与国有独资公司、国有全资公司、国有资本绝对控股公司不同，因此应该建立差异化的公司治理制度体系。

党和国家的政策文件中对国有资本相对控股公司的差异化治理有明确规定。《中华人民共和国国民经济和社会发展第十四个五年（2021—2025年）规划和2035年远景目标纲要》要求："对混合所有制企业探索实行有别于国有独资、全资公司的治理机制和监管制度。"《中国共产党国有企业基层组织工作条例（试行）》规定："本条例适用于国有独资、全资企业和国有资本

绝对控股企业。国有资本相对控股并具有实际控制力的企业，结合实际参照本条例执行。”

二、必须厘清两个认识误区

当前，人们对国有资本相对控股公司治理存在两个较为突出的认识误区。

（一）国有资本、民营资本的目标是否存在根本性冲突

一般认为，国有资本有经济、政治、社会三个目标，而民营资本以经济目标为主，两类资本的目标之间存在冲突。这种冲突是不是根本性的呢？答案是否定的。

第一，除了所有权属性，任何企业都有生产关系属性。无论是国有企业还是民营企业，体现的都是社会主义生产关系。① 因此，一方面，两类资本都需要大力解放和发展社会生产力，创造更多的物质财富；另一方面，两类资本都要服务于社会主义制度。也就是说，民营资本也要在社会主义制度下，政治要求和社会责任约束下，实现经济目标最大化。

第二，国有资本相对控股公司一般以经济目标为主。国有资本相对控股公司多处于市场竞争比较激烈的领域，相比公益类和商业二类企业更侧重于经济目标，因此，政治和社会目标与经济目标存在冲突的可能性很小。

总的来说，国有资本相对控股公司的主要目标就是确保企业在社会主义方向下实现经济目标最大化，这一目标对国有资本和民营资本来说，在本质上是一致的。

（二）党委会决议的效力

1. 从法律法规上看

第一，《宪法》明确了党的领导地位。《宪法》规定：“社会主义制度是中华人民共和国的根本制度。中国共产党领导是中国特色社会主义最本质的特征。”

第二，党委发挥领导作用符合法律法规要求。《党章》规定：“国有企业党委（党组）发挥领导作用，把方向、管大局、保落实，依照规定讨论和决

① 习近平总书记在民营企业座谈会上（2018）指出：“公有制经济和非公有制经济都是社会主义市场经济的重要组成部分。”中共中央办公厅 2020 年 9 月 15 日印发的《关于加强新时代民营经济统战工作的意见》中明确指出：“民营经济作为我国经济制度的内在要素，始终是坚持和发展中国特色社会主义的重要经济基础；民营经济人士作为我们自己人，始终是我们党长期执政必须团结和依靠的重要力量。”

定企业重大事项。”《公司法》规定：“在公司中，根据中国共产党章程的规定，设立中国共产党的组织，开展党的活动。公司应当为党组织的活动提供必要条件。”

国有资本相对控股公司是国有企业的一种类型，党委依据《党章》发挥领导作用，是坚持党的领导的具体体现形式。因此，党委通过“依照规定讨论和决定企业重大事项”发挥领导作用，符合法律规定，是确保党对国有资本相对控股公司领导的一种制度性安排。

2. 从理论逻辑上看

第一，党委发挥领导作用有利于保证企业发展的社会主义方向。贯彻执行党的路线和方针政策是对国有资本相对控股公司的基本要求，党委发挥领导作用，可以监督、保证党中央重大决策部署和上级党组织决议在本企业贯彻落实。

第二，党委发挥领导作用有利于防止国有资产流失。国有资产流失是混改面临的现实问题，个别民营股东利用国有企业信用牟利，甚至转嫁风险和责任。党委在重大经营管理事项中把关定向，特别是对侵占国有资产的行为严格审查，可以有效发挥制衡和监督作用。

第三，党委发挥领导作用有利于形成独特竞争优势。人是生产力中最革命、最活跃的因素。企业竞争优势归根结底取决于解放企业中人的生产力。党委发挥领导作用可以激发人的精神动力，可以凝聚党员群众攻坚克难，这是一种具有排他性的竞争优势。

三、国有资本相对控股公司治理的“三个差异”

（一）在治理手段上有差异，更突出市场化

混合所有制企业要建立健全现代企业制度，明晰产权，同股同权，依法保护各类股东权益。

一是“党组织研究讨论是董事会、经理层决策重大问题的前置程序”的具体事项和具体内容，应该依据《公司法》《党章》等规定，由国有资本股东与非国有资本股东平等协商后写入公司章程。

二是国有资本股东要按照市场化规则，以股东角色和身份参与企业决策和经营管理，不干预企业日常经营。通过股东（大）会表决、推荐董事和监事等方式行使股东权利，实施以股权关系为基础、以派出股权董事为依托的治理型管控，加强股权董事履职支撑服务和监督管理，确保国有股权董事行权履职体现出资人意志。

（二）在党组织委员会人员构成上有差异，更强调“交叉融合”

有的民营股东对党委发挥领导作用不积极，原因主要有三个：一是自己不在党委会中任职，党委会开会没资格参加，自己缺乏“存在感”，得不到政治认同；二是担心党委会管得太多太细，直接作了决策，自己缺乏“发言权”，影响对自己利益的保障；三是担心增加了治理主体后，会降低决策效率，自己缺乏“行动权”，影响对市场机会的快速反应。

因此，按规范程序吸收民营股东代表中的党员进入党委会，是国有控股混合所有制企业差异化治理的一大特点。

（三）权责划分上有差异，更突出市场化

国有控股混合所有制企业，特别是国有相对控股混合所有制企业，要充分、全面落实董事会职权。依法保障混合所有制企业自主经营权，落实董事会对经理层成员选聘、业绩考核和薪酬管理等职权。相对于国有独资公司和国有全资公司，国有控股混合所有制企业党组织决策事项的范围要更小一些，数量要更少一些，也就是说董事会和经理层具有更大的自主权。

四、差异化治理的“钻石”模型

对国有企业实践案例进行归纳，提炼了国有资本相对控股公司差异化治理理论模型——“钻石”模型，如图 3-10 所示。

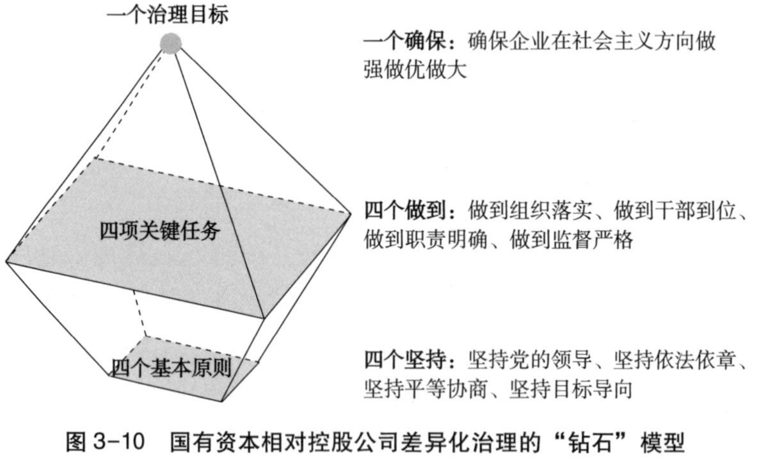

图 3-10　国有资本相对控股公司差异化治理的“钻石”模型

（一）一个治理目标

国有资本相对控股公司的治理目标是确保企业在社会主义方向做强做优做大。这个目标更侧重微观企业的经济目标和竞争优势，国有资本追求的目标和民营资本追求的目标在这一点上具有本质一致性。

实现治理目标，根本在于统筹发挥国有企业制度优势和民营企业市场化机制优势，确保党的路线和方针政策在企业贯彻落实，激发人的经济内生动力和精神内生动力，充分解放和发展企业中人的生产力。具体来说，需要坚持四个基本原则，完成四项关键任务。

（二）四个基本原则

坚持党的领导。习近平总书记指出："坚持党对国有企业的领导是重大政治原则，必须一以贯之；建立现代企业制度是国有企业改革的方向，也必须一以贯之。要把加强党的领导和完善公司治理统一起来，建设中国特色现代国有企业制度。"国有资本相对控股公司的公司治理必须坚持党的领导，把加强党的领导和完善党的领导更好地统一起来。[①]

坚持依法依章。企业必须依法治企。依据《公司法》《企业国有资产法》等法律法规及《党章》《中国共产党国有企业基层组织工作条例（试行）》等党内法规，各类出资人共同协商制订和动态修订公司章程，充分发挥公司章程在公司治理中的基础性作用。

坚持平等协商。各类出资人的产权权益均应得到切实保护。制订公司章程、划分党委和董事会经理层的权责必须由各类出资人平等协商，充分尊重民营股东的意见。国有资本和民营资本在治理目标上的一致性使平等协商成为可能。

坚持目标导向。公司治理要努力提高治理效能。以"确保企业在社会主义方向下做强做优做大"为目标，处理好党委与其他治理主体的关系，完善国有资本相对控股公司的公司治理，提高治理效能。

（三）四项关键任务

1. 通过成立党委和党建进章，做到组织落实

（1）从实践来看，在国有资本相对控股公司中成立党委，并在公司章程

① 习近平总书记在庆祝改革开放40周年大会上指出："必须坚持党对一切工作的领导，不断加强和改善党的领导。"

中明确党委的职责权限是非常关键的。

第一，如果没有成立本级党委，而是由上级党委直接对国有资本相对控股公司的党建和重大事项决策进行管理，民营投资人会担心自己的产权权益得不到保障。

第二，《党章》规定的领导作用是赋予本级党委的，不是上级党委。

第三，只有成立了本级党委及相应的基层党支部（党总支），党委的领导作用、基层党支部（党总支）的战斗堡垒作用才能有效发挥，党组织的理论优势、思想政治优势、组织优势、制度优势、密切联系群众优势才能充分彰显。

（2）要建立健全本级党组织。

第一，做到“应转尽转”。所有职工的党组织关系都应转入混合所有制企业，包括民营企业家、原民营企业中的党员、党组织关系在街道或农村的党员。

第二，做到“应建尽建”。按《党章》要求成立本级党组织，包括党委和党支部（党总支）等。

第三，做到“垂直为主”。即本级党组织的隶属关系以国有控股股东党组织垂直管理为主，属地管理为辅。

（3）要做到党建入章。

第一，根据《党章》规定，写明党委发挥领导作用的职责定位。

第二，写明党委研究讨论是董事会、经理层决策重大问题的前置程序。

第三，通过平等协商，写明党委决定和前置研究的事项清单（管什么）、前置研究事项党委把握的侧重点（怎么管）。

2. 通过吸收股东代表和“重合适度”，做到干部到位

按规范程序吸收民营股东代表中的党员进党委会。这样做可以使民营股东代表得到政治认同，提高其政治站位，增强“四个意识”、坚定“四个自信”、做到“两个维护”；可以解决民营股东代表与党委会之间的信息不对称问题，提高民营股东代表的知情权、表达权、参与权、监督权。

另外，还可以考虑由上级党委成员在本级党委中交叉任职，海康威视的治理模式就采取了这种方法。

值得注意的是，吸收民营股东代表中的党员进入党委会要坚持适度原则，做到“重合适度”，不能让党委会和董事会高度重合，否则党委会就成了董事会。

3. 坚持合理适度和各有侧重，做到职责明确

提高国有资本相对控股公司治理效能，必须统筹发挥国有企业制度优势和民营企业市场化机制优势，这样才能实现“1+1>2”。为此，在划分党委与董事会、经理层职责边界时需要做到合理适度和各有侧重。

按“合理适度”划分决策事项。党委对党的建设事项具有决定权，对经营管理重大事项具有把关权（监督权将在“监督严格”中阐述）。纳入党委决定权和把关权的事项，要基于“非必要不纳入”原则由股东共同协商确定。

按“各有侧重、兼顾整体”确定党委对经营管理具体决策事项的决策点。前置研究讨论未通过的不进入董事会决策程序；通过的由董事会或经理层最终决策。对党委把关权事项，按“四个是否”确定党委研究讨论的侧重点：①是否符合党的理论和路线方针政策；②是否贯彻党中央决策部署和落实国家发展战略；③是否有利于促进企业高质量发展、增强企业竞争实力、实现国有资产保值增值；④是否有利于维护社会公众利益和职工群众合法权益。

按“各有侧重、兼顾整体”推动党管干部与董事会差额选聘有机结合。从中国建材的探索实践来看，对于国有资本相对控股公司来说，党委决定人选是否合格，董事会从合格人选中决定选择谁，是一种有效的做法。党委应当按照干部管理权限，规范动议提名、组织考察、讨论决定等程序，落实对党忠诚、勇于创新、治企有方、兴企有为、清正廉洁的要求，保证人选政治合格、作风过硬、廉洁不出问题。

4. 强化领导作用和监督合力，做到监督严格

防止国有资产流失是底线。《国务院关于国有企业发展混合所有制经济的意见》（国发〔2015〕54 号）明确要求“杜绝国有资产流失”。因此，在国有相对控股公司中，党组织的监督作用只能加强，不能削弱。

首先需要明确的是，被监督的是那些可能损害企业利益的行为，是那些可能会造成国有资产流失的行为，是个别动机不纯的投资者。对干事创业的企业家来说，监督不是一种负担，而是一种保护。

要发挥党委对企业内部监督主体的领导作用。建立由党委领导的内部监督工作体系，以党内监督为主导，加强政治监督，充分发挥董事会、审计部门、党员群众等的监督作用，不断动态完善内控制度体系，形成各类监督有机贯通、相互协调、管理闭环、整体有力的监督体系。

第四章　国有企业战略管理

战略管理的核心在于如何获取竞争优势。国有企业的性质和使命决定了国有企业战略管理不仅要考虑企业自身（微观层面）的竞争优势，还要考虑国民经济（宏观层面）的竞争优势。微观层面竞争优势与宏观层面竞争优势之间是辩证统一的关系。

本章的结构和逻辑如图 4-1 所示。

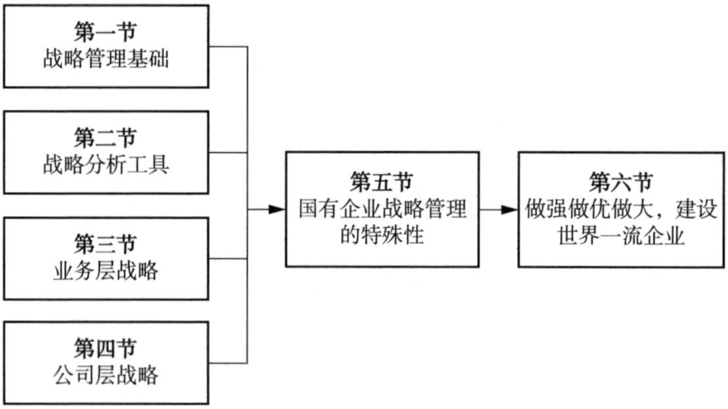

图 4-1　本章的结构与逻辑

第一节　战略管理基础

一、企业战略管理的概念与管理过程

（一）战略管理的概念

企业与企业之间的合作是在竞争基础上的合作关系，因此竞争优势是企业能否获取超额利润、长期存续和发展、履行企业使命实现企业目标的关键。

本书将战略管理定义为通过战略分析、战略选择、战略实施获取竞争优势，实现企业目标的管理过程。

（二）战略管理过程

战略管理过程如图 4-2 所示。

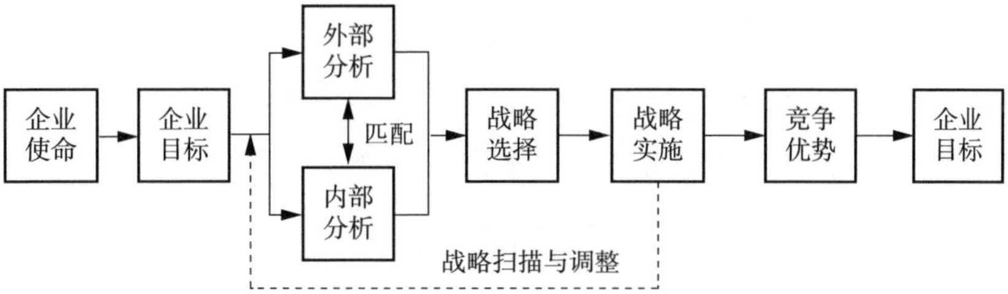

图 4-2 战略管理过程

企业使命和企业目标是企业战略的起点和方向，国有企业的使命和目标在第一章已经进行了详细介绍。

外部环境对企业发展的影响巨大，企业必须对外部环境进行密切监测。外部分析旨在有效识别外部环境中存在的威胁和机会。后文将介绍一些常用的外部分析方法。内部资源是企业竞争优势的主要来源。内部分析旨在有效分析企业自身的优势和劣势，特别是自身的资源禀赋和核心能力。外部分析与内部分析要进行匹配，即结合外部环境的现状和变化趋势分析内部资源和能力的优势和劣势；结合内部资源和能力分析外部环境的机会和威胁。

企业战略选择实质是选择企业价值创造的方式和来源，应该基于竞争优势理论、结合外部分析和内部分析选择企业战略。企业战略一般可分为业务层战略和公司层战略。[①] 业务层战略指企业在单一市场或产业采取的战略行为，主要包括成本领先战略和差异化战略。公司层战略指企业同时在多个市场或多个产业采取的战略行为，主要包括纵向一体化战略、多元化战略、战略联盟等。

无数企业实践表明，企业战略管理要获得成功，战略选择重要，战略实施同样重要（甚至更重要），而在战略实施过程中的战略调整也同等重要。战略实施指通过组织结构、管理控制、薪酬政策等管理手段对资源进行有效配置，形成关键资源和核心能力，不断培育企业竞争优势，实现企业战略目标的过程。

---

① 有学者认为还包括职能层战略。

（三）战略管理调整

在战略实施阶段，企业必须对关键的外部环境因素进行监控，如果有必要，还要对整体外部环境进行扫描，及早发现环境变化趋势，主动调整战略，保证原有战略目标的实现。有必要说明的是，调整战略并不意味着对原有公司层战略的根本改变或放弃，而是通过调整不同层次的战略，利用“改变航道原理”等原则来更好地实现企业目标（陈占夺，2006）。

外部环境变化分析和战略调整的过程是一个循环过程（图 4-3）。

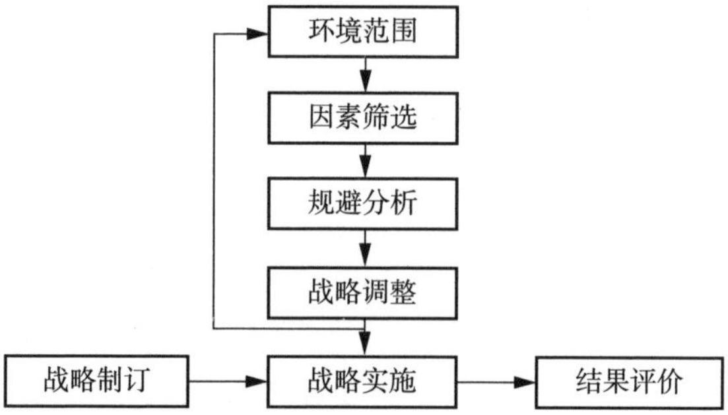

图 4-3 外部环境变化分析与战略调整

二、战略管理的核心——获取可持续竞争优势

竞争优势是相对主要竞争对手而言的。企业具有竞争优势的表现是它比处于同一产品市场的主要竞争者能创造更多的经济价值。

（一）经济价值与竞争优势

需要特别说明的是，企业创造的“经济价值”并不等同于企业自身的利润，还包括给用户/消费者带来的感知收益增值。企业创造的经济价值是在提供产品或服务过程中商品的购买者获得的感知收益与企业的经济成本之间的差额（巴尼、克拉克，2011）。这个定义所蕴含的价值创造的观点与经济学的基本原理是一致的。价值是以感知收益——消费者的支付意愿与经济成本之间的差额来表示的，这在本质上与经济学中的“总的剩余”——经济租金（生产者剩余）与消费者剩余之和——是完全一样的。该定义也与企业创造的价值有助于提高所有利益相关者的福利观点相吻合。需要说明的是，该定义与产品价格无关，尽管价格对剩余的分配颇为重要（图 4-4）。

当企业比竞争对手创造更高的经济价值时，我们称之为“竞争优势”；当企业与竞争对手创造了相同的经济价值时，我们称之为“竞争均势”；当企业创造的经济价值低于竞争对手时，我们称之为“竞争劣势”。竞争优势可以体现在短期（“当下”），也可以体现在中长期（“未来”）。企业管理者应该更加关注“未来”。如果企业“当下”具有竞争优势，但“未来”可能会出现竞争劣势，这是非常危险的。

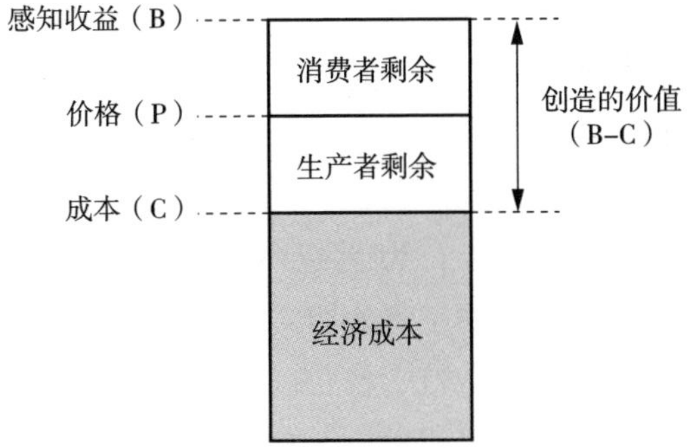

图 4–4　企业创造的经济价值

（二）竞争优势的理论基础

价值创造是每个企业都追求的目标，是企业管理的根本（Collis，1994）。在竞争优势的来源及其形成机理方面，国外学者形成了三种主要理论。

一是竞争优势外生流派，其认为企业竞争优势取决于企业所在产业及在产业中的位置。

二是资源基础观，其认为竞争优势主要取决于有别于其他企业的独特资源及企业所采用的战略（巴尼、克拉克，2011）。资源基础理论认为只有拥有符合 VRIN 属性的资源，企业才有可能形成可持续的竞争优势，VRIN 指资源的价值性、稀缺性、难以模仿性、可组织性。

三是能力学派，持该观点的学者认为即使拥有相似的资源，不同企业通常也会表现出绩效的差异，其根源在于企业之间存在能力的差异。能力观主要包括动态能力（Teece et al.，1997；Wang and Ahmed，2007；Teece，2007；Rodenbach and Brettel，2012；Winter，2003），动态能力强调外部环境的动态性及其对企业的影响，该理论认为，当前企业生存在一个高速动态变化的环境中，企业获得可持续竞争优势的关键在于其有感知外部环境变化、整合和配置资源、应对外部环境变化的能力。能力观还包括核心能力（Prahalad and Hamel，1990；Welter et al.，2016；Dutta et al.，2015），核心能力强调企业对资源匹配的能力，如根据麦肯锡咨询公司的观点，核心能力指某一组织内部一系列互补的技能和知识的结合，它具有使一项或多项业务达到竞争领域一流水平的能力。

第二节　战略分析工具

本节将重点介绍几个战略分析工具，包括 SWOT、五力模型、VRIO 分析框架、价值链、价值网络等。

一、SWOT 分析

SWOT 分析（TOWS 分析）于 20 世纪 80 年代初由美国教授韦里克提出。SWOT 分析是一个简单而有效的工具，可以用来评估企业内部的优势（S）、劣势（W），企业外部的机会（O）、威胁（T），通过 SWOT 分析可以让企业把资源和行动聚焦于自己的强项和机会更大的地方。

（一）SWOT 分析的三个步骤

图 4-5 展示了 SWOT 分析的三个步骤。

第一步是列举企业的优势、劣势、机会、威胁，要注意内外结合及与竞争对手对比；第二步是依靠企业整体环境的 SWOT 列表对外部和内部环境作出分析；第三步是按分析改善企业战略的行动，使企业的市场机会能够在企业战略中得到更好的匹配，改进影响较大的劣势，回避或抵抗较大的外部威胁。

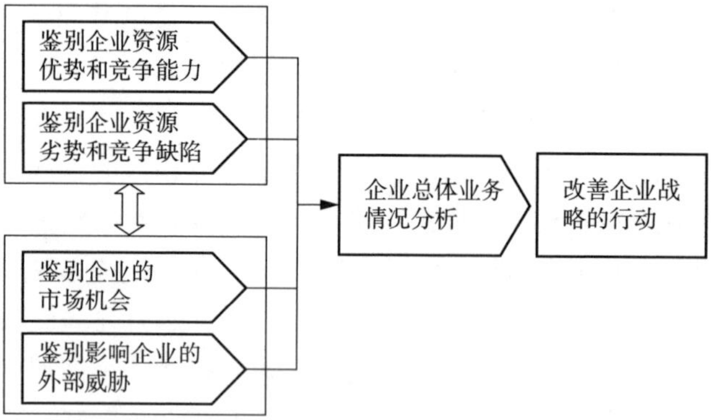

图 4-5　SWOT 分析的三个步骤：鉴别、分析和转化

（二）SWOT 分析的四种战略选择

通过 SWOT 分析可以形成四种不同的战略选择，如图 4-6 所示。

1. 处于 SO 象限（优势+机会）时，应采取增长型战略

此时会形成杠杆效应，即内部优势与外部机会相互匹配。在这种情形下，企业需要做出利用优势从机会中获益的战略选择，可以自身内部优势利用外部机会，使机会和优势充分结合。

2. 处于 WO 象限（劣势+机会）时，应采取扭转型战略

此时将产生抑制性。抑制性意味着妨碍、阻止、影响与控制。当环境提供的机会与企业内部资源优势不相适合或不能相互重叠时，企业的优势再大也得不到发挥。在这种情形下，企业就需要做出利用机会克服自身劣势的战略选择，通过提供和追加某种资源促进内部资源劣势向资源优势方面转化，从而迎合或适应外部机会。

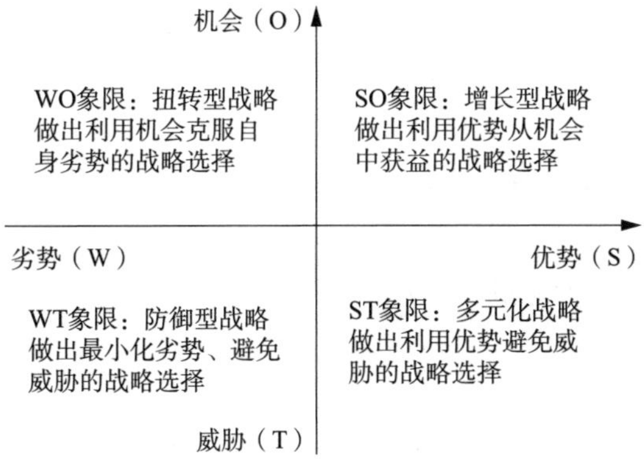

图 4-6 SWOT 分析的四种战略选择

3. 处于 ST 象限（优势+威胁）时，应采取多元化战略

此时将产生脆弱性。脆弱性意味着优势的程度或强度降低或减少。当环境状况对公司优势构成威胁时，优势得不到充分发挥，出现优势不优的脆弱局面。在这种情形下，企业必须做出利用优势避免威胁的战略选择。

4. 处于 WT 象限（劣势+威胁）时，应采取防御型战略

当企业内部劣势与企业外部威胁相遇时，企业面临着严峻挑战，如果处理不当，可能直接威胁到企业生存。企业应该做出最小化劣势、避免威胁的战略选择。

二、产业竞争理论与“五力模型”

产业竞争理论认为，一个产业内部的竞争状态取决于五种基本竞争作用力，如图4-7所示，迈克尔·波特认为，这些作用力的合力决定了该产业的利润潜力。“五力模型”通常用于企业外部行业环境分析。

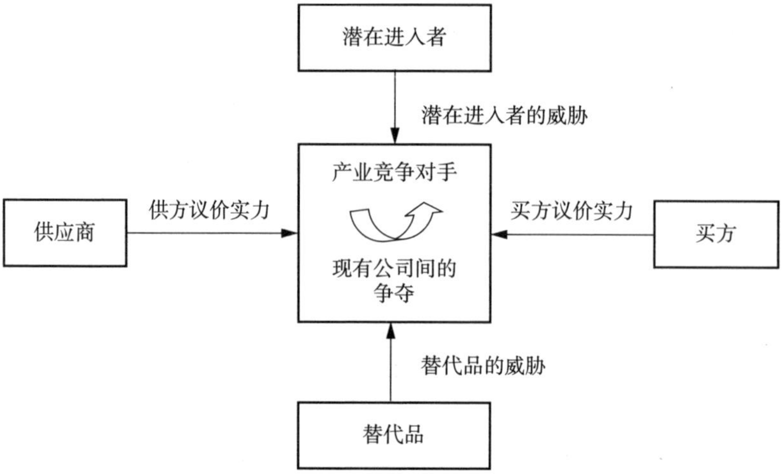

图4-7 驱动产业竞争的力量：“五力模型”

（一）潜在进入者威胁

对于一个产业来说，进入威胁的大小取决于行业利润高低、进入者特有的资源禀赋、进入壁垒及产业中现有守城者可能的反击四种关键因素。行业利润高低决定着进入者是否会“冲动性”进入。进入者特有的资源禀赋，如能够改变行业格局的突破性技术，决定了进入者独特竞争优势的大小。进入壁垒主要有几种壁垒源：技术壁垒、成本因素（包括规模经济、原材料来源、地域、管理诀窍、学习曲线等）、产品差异化、资本需求、转换成本、分销渠道、政府政策等。守城者反击的可能性越大，潜在进入者的威胁就会越小。

（二）现有竞争对手之间争夺的激烈程度

现有竞争对手会采取各种方式争夺行业中的领先位置，如通过价格竞争、广告战、产品引进、增加顾客服务、提供保修服务等。可能会增加竞争对手之间竞争激烈程度的因素包括产业增长缓慢、高固定成本或高库存成本、差异化或转借成本低、大幅度增容、竞争对手差异化、高额的战略利益、退出壁垒大等。

（三）替代品的威胁

替代品为产业中企业可谋取利润设置了定价上限，从而限制了一个产业的潜在收益。替代品所提供的“性能/价格”选择机会越有吸引力，产品价格的上限越低，即替代品压力越大。应当引起企业重视的替代品主要包括：①具有改善产品的“性能/价格”，从而排挤产业内原有产品的趋势的替代品；②这些替代品是由盈利很高的产业中的企业生产的。

（四）买方议价实力/供方议价实力

“五力模型”中，“企业—买方”的关系与“供应商—企业”的关系是类似的，因此，买方议价实力和供方议价实力的影响因素是相同的，只是作用结果不同。

买方议价实力/供方议价实力的强弱与以下几个因素有关：一是产品独有性。如果企业提供的产品是非标准化产品，难以找到其他卖方或替代品，则买方议价实力弱；二是是否为“大客户”。买方的购买数量在卖方销售量中的占比，占比越大，买方议价实力越强；三是占买方成本的比例，比例越大，买方议价意愿越强；四是买方盈利水平，盈利水平越低，买方议价的意愿越强；五是买方转换成本，转换成本越高，买方议价实力越弱；六是买方采取后向一体化的实力，如果买方具有采取后向一体化的实力和意愿，则买方议价实力会显著增强；七是买方对信息掌握情况。掌握信息越充分，买方议价能力越强；八是产业集中度。如果卖方由几个公司支配，且其集中化程度比买方产业高，则卖方议价实力强。

三、资源基础理论与VRIO分析框架

（一）能成为持续竞争优势的资源的四个属性

资源基础理论认为，能够成为持续竞争优势来源的资源应具有以下四个属性：①必须是有价值的，即能利用环境中存在的机会和/或化解环境中的威胁；②必须是稀缺的，这种稀缺性在企业所面临的竞争和潜在竞争中都是一贯的；③必须是不可能被完全模仿的；④必须能被企业的组织过程加以开发利用。

1. 资源的价值性

资源只有在有价值时才有可能成为竞争优势或持续竞争优势的来源。SWOT模型认为，只有在战略能够利用机会或化解威胁时，企业绩效才能得

以提升。一种有价值的资源，其价值性最终表现在能够提高企业所创造的经济价值——通过提高客户的支付意愿、降低成本或两者兼有来实现。

2. 资源的稀缺性

由众多存在彼此竞争或潜在竞争关系的企业控制的有价值的资源不可能成为竞争优势或持续竞争优势的来源。认识到竞争优势或持续竞争优势只会为那些拥有有价值且稀缺的资源的企业所有，并不意味着普通的（非稀缺的）资源不重要。相反，这些有价值但非稀缺的资源可有助于企业在产业竞争中获得竞争均势，使企业在竞争中得以存活。在竞争均势的情况下，虽然没有一家企业可以获得持续竞争优势，但企业能提高它们的生存概率。

3. 资源的难以模仿性

企业资源是否难以模仿（或模仿成本很高）主要取决于以下三个因素：

（1）企业获取某种资源的能力有赖于独特的历史条件，这意味着“别人的成功是特定历史条件下的成功”。

（2）企业所控资源与其竞争优势或持续竞争优势之间的因果关系不明，这意味着该资源很难通过培育获得。

（3）创造竞争优势的资源具有社会复杂性，如公司管理层之间的人际关系、公司文化、企业在供应商或客户中的声誉、企业人力资源管理，这些都是非常复杂的社会现象，以至于超出了企业系统化管理与作用的能力，社会复杂性也是管理具有艺术性的表现。

4. 资源的可组织性

有价值、稀缺、难以模仿的资源只有在企业有组织地利用它们的潜力时，才能成为竞争优势或持续竞争优势。大量的组织要素影响着企业开发资源的竞争潜力，包括企业的组织结构、企业的管理控制机制、企业的薪酬政策等。这些要素通常被称为互补性资源和能力。因为它们自身创造竞争优势的能力非常有限，但与其他资源及能力组合起来，它们就可以帮助企业完整地实现竞争优势。

（二）VRIO 分析框架

VRIO 分析框架是基于资源基础理论来分析企业拥有的各种不同的资源和能力，并探讨其对企业竞争优势的可能贡献。VRIO 分析框架参见表 4-1。

表 4-1　用资源基础观考察企业内部优势和劣势时需要回答的问题

序号	类别	问题
1	价值问题	某项资源是否有助于企业开发外部环境中蕴含的机会和/或化解外部环境中存在的威胁？
2	稀缺性问题	某项资源是否仅被少数参与者掌握？
3	可模仿性问题	缺乏某项资源的企业是否面临资源获取或开发的成本劣势？
4	可组织性问题	企业政策和其他活动是否围绕着有效利用其有价值的、稀缺的、难以模仿的资源加以组织？

资料来源：杰伊·B. 巴尼. 战略管理［M］. 北京：机械工业出版社，2012：63。

四、价值链

价值链理论认为，企业是传递和创造价值的过程。过去几十年间，众多学者纷纷致力于开发价值链的分析工具，其中麦肯锡管理咨询公司的价值链模型（图 4-8）及迈克尔·波特的价值链模型（图 4-9）是比较有代表性的。

（一）麦肯锡公司的价值链模型

麦肯锡公司价值链包括六种不同的行为：技术开发、产品设计、制造、营销、分销及服务。

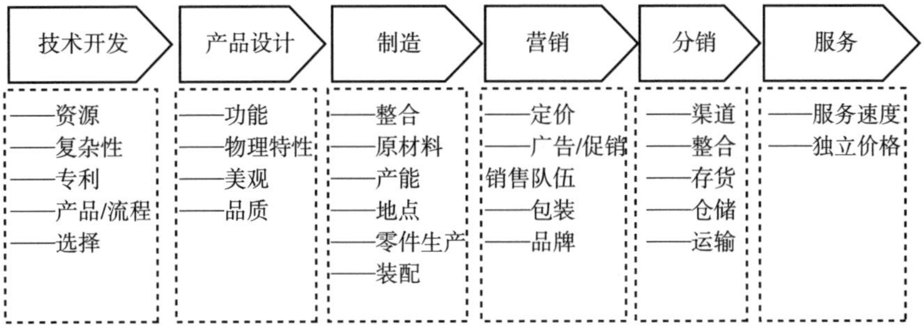

图 4-8　麦肯锡公司的价值链模型

（二）迈克尔·波特的价值链模型

在迈克尔·波特的价值链中，创造价值的活动被分为两大类：基本活动和辅助活动（图 4-9）。相同产业中的不同企业对价值链活动的具体链节的侧重不同，会导致它们在不同的资源、能力和优势上有显著差异（杰伊·巴尼等，2012）。

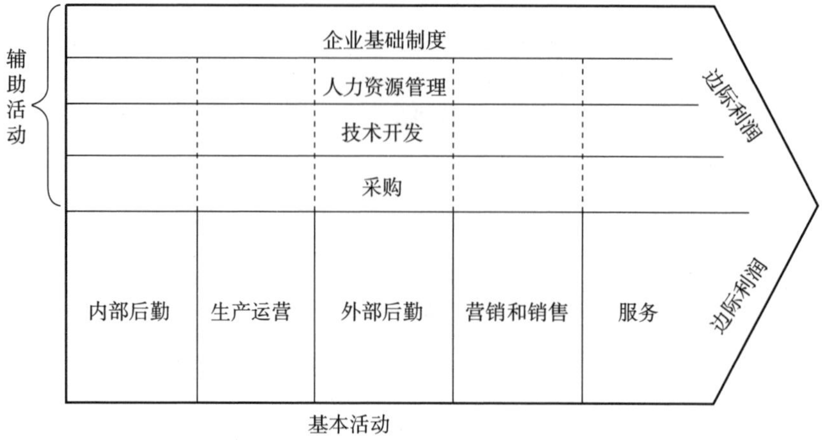

图 4-9　迈克尔·波特的价值链模型

五、价值网络

（一）价值网络的内涵

单独一家企业很少涵盖从全套设计到将最终产品或服务送达消费者的全部价值活动。随着企业间合作行为的日益普遍，许多学者提出了价值网络理论。价值网络的观点认为，合作与竞争是企业成功不可或缺的两个方面，价值网络强调竞争和合作的双重性，认为竞争仅揭示了企业间的价值分配关系，而合作更强调价值的创造。因此，任何一家企业都是更广的价值网络的一部分（陈占夺，2013）。

在全球化背景下，价值网络是由多条相互作用的价值链节整合而成的系统。Allee（2000，2008）认为，价值网络实质上是一个价值交换系统，网络价值的创造与传递过程就是一个或多个企业、顾客、供应商、战略伙伴之间复杂的动态交易过程。

价值网络观念超出了价值链的线性思维，将关注重心从企业利益转向网络整体、从价值分配转向价值创造，价值分配是赢输的较量，其最终结果是零增值。但在价值网络看来，企业不仅要与顾客、供应商、互补者之间展开竞争以获得价值（价值分配的过程），而且要与顾客、供应商及互补者合作，以实现双赢并创造出更高的价值（价值创造的过程）。

（二）拓展：复杂产品系统的价值网络

1. 复杂产品系统的概念与相关行业

复杂产品系统（Complex Product Systems，CoPS）是我国经济发展和产品创新的动力源，是国家科技水平和综合实力的重要体现，是事关国家经济安全和国防安全的战略型产业（Davies and Hobday，2015；Brady and Hobday，2012）。很多中央企业都属于复杂产品系统，包括航空航天企业、船舶制造企业、水电工程企业、武器装备企业、核工业企业等。

复杂产品系统指研发成本高、规模大、技术含量高（技术密集）、用户定制、单件或小批生产的大型产品、系统或基础设施，包括大型电子通信系统、大型计算机、航空航天系统、智能大厦、大型船舶、航天工程、海洋工程、电站等。

2. 复杂产品系统的特征

与大批量产品相比，复杂产品系统具有六个特性（陈占夺等，2013）。①生产类型：定购型，先与用户签订合同再生产，复杂产品系统由许多具有复杂界面及为用户定制的模块和模块子系统等组件组成。②生产数量：单件或小批量生产，没有规模效应。③产品：技术密集型产品，涉及多领域的知识，具有系统性、复杂的功能和界面，研发成本高。④组织：具有跨企业性，需要集成商（总包商）及多企业参与，要以项目形式进行管理。⑤产品流程：复杂产品系统的研制过程需要用户全程高度介入。⑥市场特性：复杂产品系统所处的行业结构多为寡头市场，即几家集成制造商分割市场。

由于复杂产品系统研制定制化、技术含量高、资金投入量大、学科众多，需要组织协调跨企业、跨行业、跨地区、跨国别的技术、制造和管理力量才能完成，因此一般装备的生产组织和管理模式难以适应复杂产品系统研发、生产和经营管理的要求（Dedehayir et al.，2014）。复杂产品系统研制的价值创造（研制绩效）主要取决于多主体行为的共同作用（Dedehayir et al.，2014）。复杂产品系统多主体行为治理的难点在于定制化，以及技术复杂性造成的主体之间信息不对称（特别是技术信息不对称）和利益不一致。更重要的是，复杂产品系统利益主体在进行行为决策时具有明显的公平偏好和互惠偏好，这降低了利益主体行为的可预测性，进而增加了行为治理的难度。

改革开放以来，我国复杂产品系统研制水平大幅提升，一些重要领域跻身世界先进行列，某些前沿方向开始进入并行、领跑阶段，如先进轨道交通装备、核能控制装备、载人航天装备、卫星通信装备等（苗圩，2018a）。但与世界发达国家相比，我国复杂产品系统研制仍存在较大差距，自主创新能力弱、关键领域核心技术受制于人的格局没有从根本上改变，大量关键装备、核心技术还依赖进口（苗圩，2018a，2018b）。

3. 复杂产品系统的价值网络

复杂产品系统的价值创造呈现出价值网络的特征。陈占夺（2013）研究提出了复杂产品系统的价值网络模型，如图 4-10 所示。

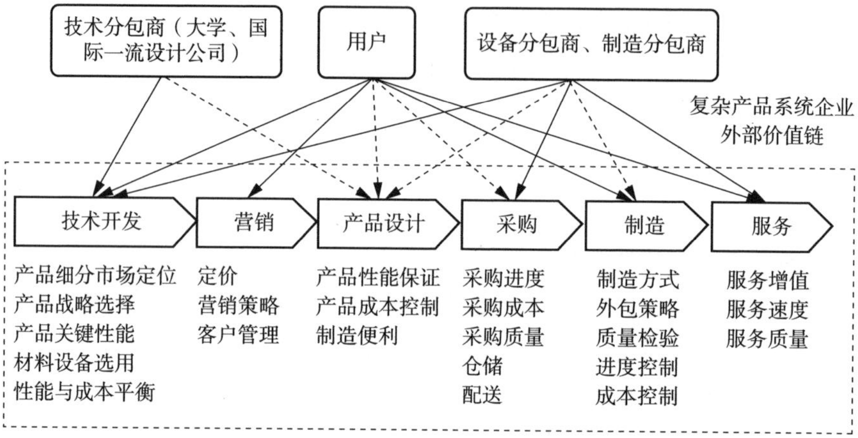

图 4-10　复杂产品系统的价值网络模型

在这个价值网络模型中，技术分包商（包括大学）重点参与产品研发和产品设计阶段；用户的影响贯穿复杂产品系统研制的全流程，特别是技术开发、营销、制造、服务四个阶段；设备分包商、制造分包商重点影响技术开发阶段、采购阶段和服务阶段。复杂产品系统企业的价值网络是一个开放的网络，用户、技术分包商、设备分包商、制造分包商等复杂产品系统企业外部的重要利益相关者都参与到价值网络中来，成为复杂产品系统价值网络中的一部分。

第三节　业务层战略

企业战略可以分为业务层战略和公司层战略。业务层战略指在单一市场或产业中，企业为获得竞争优势所采取的战略性行动。公司层战略指在多个市场或行业中，企业为赢得竞争优势所采取的行动。本节将重点介绍成本领先和差异化两个业务层战略。

一、成本领先战略与低成本优势

选择成本领先业务战略的企业致力于通过将成本降到低于其他竞争对手的水平来赢得竞争优势。需要特别说明的是，选择成本领先战略并不是要忽略产品的性能和质量，否则可能会导致公司生产一些低成本但没有人愿意购买的产品。

（一）成本的关键驱动因素之一：规模经济

最广泛地被用来解释成本优势来源之一的是企业业务的规模。这一点对国有企业来说也是适用的，因为国有企业在细分市场的规模一般都很大。当一项业务的制造、营销、分销、服务或其他职能存在显著的规模经济性时，大企业（以一定的规模为上限）与小企业相比就更有成本优势。

根据经济学的逻辑，如果企业产量的增加能够引起单位产品成本的降低，则存在规模经济；而若产量增加引起了单位产品成本的上升，则存在规模不经济。

（二）成本的关键驱动因素之二：学习曲线

成本的第二个关键驱动因素是学习曲线效应。在某些特定产业中，特别是复杂产品系统产业，学习曲线的效果非常明显，企业成本优势的来源与企业累计产出水平密切相关，如飞机制造、船舶制造、航空航天、高铁等都存在学习曲线成本优势。也就是生产成本随着生产数量的积累而下降，现在企业在大量累积性产出中积累了丰富的生产经验，能以低于竞争对手的成本生产产品。

（三）成本的关键驱动因素之三：生产要素的获得方式

成本的第三个关键驱动因素是生产要素的获得方式。生产要素指企业在实现商业活动时所使用的任何投入要素，包括劳动、资本、土地、原材料、技术、数据等。企业若能通过不同的低成本途径获取一个或多个生产要素，那么相对于竞争对手，这家企业就有着较低的经济成本。

（四）成本的关键驱动因素之四：与成本有关的技术创新

成本的第四个关键驱动因素是技术。技术对成本的影响主要体现在两个方面：第一，通过产品创新降低产品的设计成本。产品创新从结果上看可以分为两类，一类是改变了产品性能，另一类是从设计上降低了产品成本，即降低了产品设计成本，也就是理论上的产品成本，这方面参见“（七）拓展：船舶设计成本管理的内涵与方法”。第二，通过工艺创新降低产品的制造成本。

（五）成本的关键驱动因素之五：管理规则

成本的第五个关键驱动因素是包括公司治理在内的管理规则。[①] 企业处理不同治理主体的相互关系，特别是利益相关者（员工、用户、供应商、政府、金融机构等），管理者与员工之间的关系，激励和约束高管、激励和约束员工的制度设计，都对成本产生了巨大影响。

（六）成本领先战略的基本要求

成功地实施成本领先战略，需要一定的资源和技能，同时对组织也有一定要求，如表 4-2 所示。

表 4-2　实施成本领先战略需要的基本条件

需要的基本技能和资源	对组织的要求
◇ 持续的资本投资和良好的融资能力 ◇ 工艺加工技能 ◇ 对工人严格监督[②] ◇ 所设计的产品易于制造 ◇ 低成本的分销系统	◇ 结构分明的组织和责任 ◇ 以满足严格的定量目标为基础的激励 ◇ 严格的成本控制 ◇ 经常、详细的控制报告

资料来源：迈克尔·波特. 竞争战略 [M]. 北京：华夏出版社，2013：39。

（七）拓展：船舶设计成本管理的内涵与方法

1. 船舶设计成本和设计成本管理的内涵

针对设计成本的研究，许多研究者从目标成本管理的角度将设计中物耗成本与目标成本指标加以对比，以达到控制的目的（潘燕华等，2014；南亦秋、张明明，2009；陈占夺，2008），但成本真正的固化点是在船舶设计阶段。船舶产品的成本决定、实际成本支出与全生命周期产品业务流程的关系如图 4-11 所示。由图 4-11 可以看出，虽然成本支出主要发生在采购、制造与交付阶段，但在设计阶段已经决定了包括产品运营成本在内的绝大部分成本（陈占夺，2016）。

① 一些文献将治理机制、管理规则称为“政策（Policy）”。

② 笔者并不认同这一观点，相反，笔者认为应该激发职工的主人翁精神，这样才能真正发挥职工在降低成本中的重要作用。

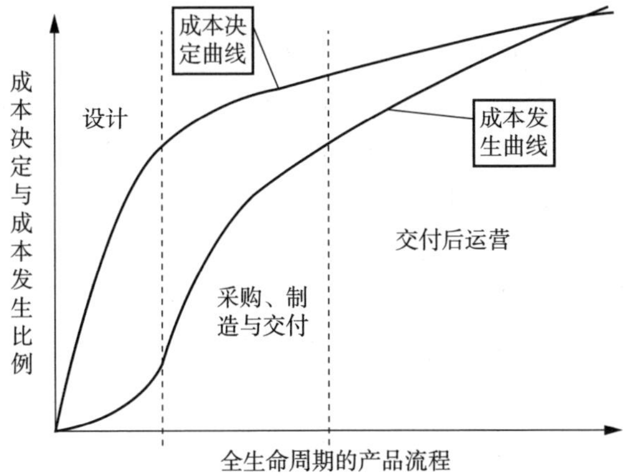

图 4-11　全生命周期的产品流程、成本决定与成本发生比例

管理会计提供了解决思路（王满，2015），从管理会计理念和全生命周期角度看，凡在设计阶段被固化了的船舶主要成本因素都属于船舶设计成本，即使该项目成本并没有支出或未完全确定。成本因素指能够决定或影响船舶整个生命周期内成本值的因素。

船舶设计成本管理指在船舶产品的设计阶段，为了达到船舶经济性最优，对能够决定或影响船舶整个生命周期内成本值的因素，包括对设计阶段的直接成本和间接成本因素加以有效的管理（陈占夺，2016）。

除设计人员的支出、设计费等在设计阶段直接支付的成本项目外（这些项目所占比例并不大），那些在设计阶段被决定了的产品的性能指标、产品施工标准、工艺要求、配套材料与设备的规格与材质等都属于船舶设计成本范畴。

2. 船舶设计成本管理的主要内容与方法

（1）设计费。

以船厂为主导的联合研发已经被多个案例证明是一种适合的研发形式。既能提高产品对用户需求的符合程度又能有效降低设计成本的一种方法，是请市场上的主流用户对企业的概念设计提意见。从企业的角度，主流用户的意见代表了大多数用户的想法，因此设计出来的产品不仅具有较高的普适性，还因满足了用户的需求提升了产品的价值，同时免费向潜在用户进行了宣传且满足了“用户定制”的要求，因设计理念与用户需求吻合，减少了后续研制过程中的修改量。从用户的角度，他们乐于将自己的想法融入产品设计，以便得到自己想要的、符合自己期望的产品。

（2）设计人员工资等支出。

对本企业设计人员的投入主要包括人员工资、合作研发期间的出国费用支出等。基于“人才储备与培养”“把钱花在刀刃上”的原则，选择优秀的员工，作为激励手段，让其参与与国外企业共同组建的研发团队，到国外与合作公司员工一同工作，使其迅速成长。以此方式迅速提高技术人员的能力，培养高水平技术团队，从整体上提高企业的技术能力和水平。

（3）配套设备的规格与数量。

一是重视“厂商表”对成本的影响。船舶企业要建立自己的供应商联盟，还应对任何一次合同谈判所涉及的主要设备和新设备进行询价，此外，要增加可增加和更换厂商的权利，以保证船厂对供应商的议价能力。

二是提高在合同设计阶段设备型号选用的精确性。在合同设计阶段就确定了大多数设备的规格和型号，但不是最终的。在详细设计阶段，还需要进行各种负荷计算并提交船级社审查认可，如果在合同设计阶段选用的型号无法满足负荷计算要求，船厂需要自己付费购买更高型号的产品。与此相反，如果在合同设计阶段选用了裕度过大的型号，对船厂来说同样增加了成本。

三是绿色环保设备的选用。社会责任对航运公司越来越重要，在设计中考虑绿色环保设备将增加用户的价值，进而给船企带来差异化的优势。

（4）材料设计净值。

一要重视成本与性能的协同。首先，对钢板和加强材料的布置进行设计时，采取精细设计、控制计算精度，要在满足船级社规范要求的前提下尽可能减少所用材料的重量。其次，对能够选择质量更轻的设计方案时，要注意成本与质量减少量之间的平衡。最后，对设备选型时，除了价格主因，还要考虑设备本身的重量和尺寸，因为尺寸过大会占用更多的空间，加大舱室面积，从而加大设计所用的材料数量和质量。

二要对船舶设计不断优化。对单个项目来说，船型优化的方法主要是通过多次的计算机软件模拟和适量的水池拖模试验对船体线型进行优化；对设计图纸的可优化性进行小组讨论和分级审核，并采取激励措施对优化成果较大的加以奖励。对可重复的项目来说，可使用“戴明环”（PDCA 循环）理念和方法不断优化设计，在一个项目完成之后采取“ACTION”（处理）方法总结经验、查找不足，并以书面的形式固化下来，在下一轮循环（设计）中加以改进，经过若干次循环，达到精益设计的目的。

（5）材料设计利用率。

材料消耗定额控制的水平最具有代表性的就是钢材设计利用率。以超大型油轮（Very Large Crude Carrier，VLCC）为例，单船需要使用钢板约 3 万吨，钢材设计利用率每提高 1%，就可以节省钢板 300 吨，以 4000 元/吨计算，单船可节省 120 万元，如果考虑批量制造，那么效益会更大。

（6）人工工时定额。

人工费用是在生产阶段发生支付的，但人工工时定额却是在生产设计阶段确定的。以船舶施工过程中工作量最大的焊接为例，在生产设计阶段不仅确定了焊缝的长度，而且确定了焊接的形式和加工的方法，而这些都会影响工人的工作时间和焊接质量。

（7）设计差错率。

一是要对设计差错率进行考核，在允许出现一定设计差错的基础上实行绩效考核。二是对出现的大的设计差错进行讨论反思，之后采取标准化设计的方法将该类设计加以固化。三是采取 PDCA 循环的方式不断地改进设计、逐步提高设计精度、减少设计差错。四是在生产设计阶段尽可能采取标准化设计和模块化设计。实践和理论均已表明，标准化设计和模块化设计是降低差错率的重要方法。

二、差异化战略与差异化优势

业务层的另一个战略是差异化战略。凭借产品或服务的差异化，企业能够提升客户对企业产品或服务价值的感知，从而使客户愿意为此支付更高的价格。

（一）差异化战略的价值性分析

实施差异化战略可以有许多方式：设计或品牌形象、技术特点、外观特点、客户服务、营销网络及其他方面的独特性。应当强调，差异化战略并不意味着公司可以忽略成本，但此时成本不是公司的首要战略目标。

如果差异化战略目标可以实现，该战略就成为在产业中赢得超常收益的可行战略，因为它能够建立起对抗五种竞争作用力的防御地位。差异化战略利用客户对品牌的忠诚及由此产生对价格的敏感性下降使公司得以避开竞争。它也可以使利润增加却不必追求低成本。客户的忠诚及某一竞争对手要战胜这种独特性需要付出的努力就构成了进入壁垒。产品差异化带来较高的收益，可以用来对付供应商压力，同时可以缓解客户压力，当客户没有选择余地时其价格敏感性也不高。最后采取差异化战略而赢得顾客忠诚的公司，在面对替代品威胁时，其所处地位比其他竞争对手更为有利。

通常，创造一个有价值的差异化优势需要在研发、品牌或服务等方面有更大的投入，因此必须确保差异化带来的额外成本不高于其带来的价格提升。

（二）差异化战略的基本要求

成功地实施差异化战略需要一定的资源和技能，同时对组织也有一定要求，如表4-3所示。

表4-3 实施差异化战略需要的基本条件

需要的基本技能和资源	对组织的要求
◇ 强大的生产营销能力 ◇ 产品加工 ◇ 对创造性的鉴别能力 ◇ 很强的基础研究能力 ◇ 在质量或技术上领先的公司声誉 ◇ 在产业中有悠久的传统或具有从其他业务中得到的独特技能组合 ◇ 与销售渠道的高度合作	◇ 在研究与开发、产品开发和市场营销部门之间的密切协作 ◇ 重视主观评价和激励，而不是定量指标 ◇ 有轻松愉快的氛围，以吸引高技能工人、科学家和创造性人才

资料来源：迈克尔·波特．竞争战略［M］．北京：华夏出版社，2013：39。

三、价值网络战略与战略分析框架

（一）价值网络战略的内涵与价值

这里提出的价值网络战略是相对于低成本战略和差异化战略而言的，指基于价值链/价值网络理论，按照“供应商+企业+买方”整体价值最大化原则，在不同的价值节点选择不同的战略行为，从而形成自己独特的价值创造模式，实现同时获得低成本优势和差异化优势的目标。

一般认为，实施低成本战略和实施差异化战略所需要的资源、技能和组织要求存在明显差别，所以同时实施低成本战略和差异化战略会使企业陷入“夹在中间”的困境。但本书认为，如果基于企业价值链（价值网络）异质性从企业价值链（价值网络）的各个价值节点出发，从价值创造的视角，从供应商、企业、用户（消费者）整体价值最大化的高度，对每个价值节点采取不同的战略行为，是可以同时获得低成本和差异化优势的，如图4-12所示。

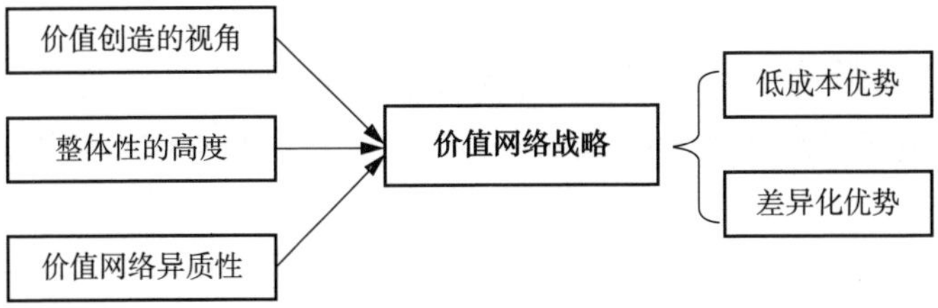

图 4-12　价值网络战略为什么能够实施

（二）价值网络战略的分析工具

借鉴蓝海战略的四步动作框架（W. 钱·金、勒妮·莫博涅，2016），本书基于价值网络提出五步分析框架，如图 4-13 所示。价值网络的每个子网络都需要从“供应商—企业—用户”整体价值创造的视角来思考以下五个问题。

（1）删：是否需要剔除某项元素的资源投入（元素指用户价值感知的构成要素，如价格、交货时间、性能、颜色、服务、易得性等）？

（2）降：是否需要降低某项元素的资源投入？

（3）改：是否需要或可以改变某项元素的资源投入？

（4）增：是否需要增加某项元素的资源投入？

（5）创：是否需要创造新的元素？

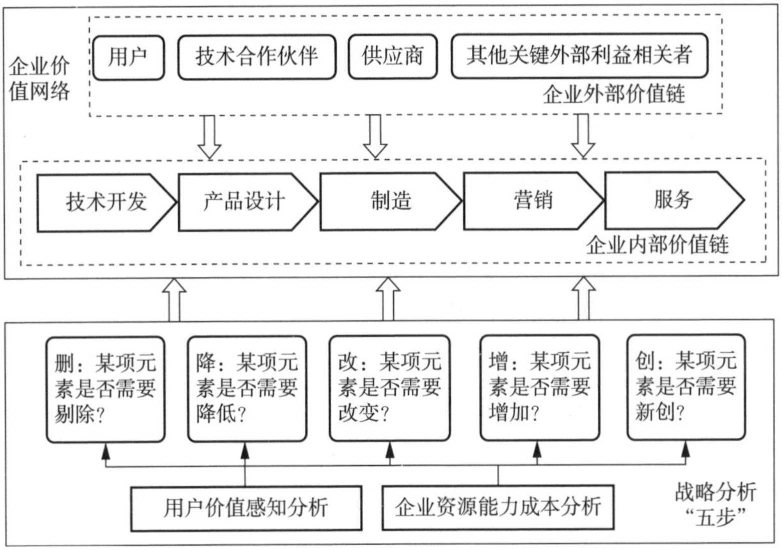

图 4-13　价值网络战略的分析框架

1. 第一步："删"

"删"指删除某个元素，不再为该元素提供资源投入。通过"删"的战略行动可以降低企业提供产品或服务的成本，从而减少成本竞争劣势或获得成本竞争优势。

一是对用户价值感知进行分析，要删除所在产业中企业长期竞争攀比但对用户没有价值的元素（W. 钱·金、勒妮·莫博涅，2016）。这些元素是被行业"默认"的，或长期以来一直存在但用户需求发生了根本性变化，或被企业和竞争者认为用户"理所当然"需要的但用户从未关心过。实际上，这些元素的存在并没有给用户增加价值感知，也就是说，用户认为这些元素没有价值。

二是对企业自身资源、能力、成本进行分析，要删除企业自身的资源禀赋和能力处于严重竞争劣势的元素。这些元素是行业中竞争对手普遍拥有的，且是竞争对手的"强项"。如果这些元素企业不再提供，也不会对用户价值感知产生明显影响，或者通过价格调节可以弥补用户价值感知，则可以考虑"删"。

三是对供应商价值感知进行分析，要删除那些供应商需要付出超常成本，但对企业的最终产品和服务没有明显价值增加的元素。

2. 第二步："降"

"降"指降低某项元素的资源投入。同"删"一样，通过"降"的战略行动可以降低企业提供产品或服务的成本。

一是对用户价值感知进行分析，要降低现有产品或服务中功能上设计过头的元素（W. 钱·金、勒妮·莫博涅，2016）。这种情况多是为了和竞争对手进行比较，为了"我能够比竞争对手提供性能更好、功能更多的产品或服务"。但从用户价值感知的角度来说，这些功能并没有太多的意义，而企业为了实现这些功能，会产生更多的成本。进一步说，这些"过量"的功能没有经济学意义。

二是对企业自身资源、能力、成本进行分析，要降低虽然用户有需求（非重要性需求），但企业资源能力存在不足的元素。面对竞争对手的"强项"和企业自身的"弱项"，企业可以考虑降低资源投入，以减少竞争劣势。

三是对供应商价值感知进行分析，要降低那些供应商提供的过于"富裕"的材料品质或配套设备性能。

3. 第三步："改"

"改"指改变某项元素的资源投入，包括改变资源投入的结构、资源获取或投入的方式等。通过"改"的战略行动，一方面可能降低企业提供产品或服务的成本，特别是工艺创新；另一方面可能提升用户的价值感知。

一是对用户价值感知进行分析，如果企业现有资源存在不足，但通过改变资源获得方式可以有效满足用户需求（重要性需求），则应该对这些元素进行改变。这种情况或是企业现有资源无法有效满足用户需求，或是虽然能够满足但成本过高。一个典型的例子就是当企业生产能力不足时，将能力不足的部分外包。

二是对企业自身资源、能力、成本进行分析，要改变资源投入的方式，在不降低用户价值感知的情况下降低企业成本。分析产品或服务的实现方式是否可以优化，甚至是颠覆性改变。分析在不改变产品或服务性能的前提下，是否可以通过改变原材料、设备、零部件、生产方式、生产工艺、商业模式等以更低的成本、更高的效率、更稳定的质量来实现。

4. 第四步："增"

"增"指增加某项元素的资源投入。通过"增"的战略行动可以提升用户的价值感知，从而使企业获得差异化竞争优势。

一是对用户价值感知进行分析，加大那些能够增加用户价值感知元素的资源投入，特别是用户认为尚未得到满足的、存在缺憾的需求。

二是对企业自身资源、能力、成本进行分析，对用户有需求、企业资源能力有优势的元素，要加大资源投入，与竞争对手拉开差距。

5. 第五步："创"

"创"指创造新的"元素"，也就是创造用户的新需求（W. 钱·金、勒妮·莫博涅，2016），或是以创新的方式解决用户现有的"痛点"。通过"创"的战略行动可以为用户提供全新的体验，从而显著提升用户的价值感知，使企业获得差异化竞争优势。

一是对用户价值感知进行分析，要深度挖掘用户未被满足的、未被开发的核心需求和潜在需求；二是对企业自身资源、能力、成本进行分析，通过创新的方式使用户需求得到满足。

第四节 公司层战略

公司层战略从增长维度可分为三种：增长型战略、稳定型战略、收缩型战略。本节将介绍密集型、一体化、多元化三种公司层发展战略，并将重点介绍企业战略性重组和专业化整合。

一、发展战略的三种类型

（一）密集型发展战略

密集型发展战略就是以快于以往的发展速度增加企业目前的产品或服务的销售额、利润和市场份额。密集型发展战略包括市场渗透战略、市场开发战略和产品开发战略三种。

安索夫的“产品—市场”增长矩阵为企业战略方向提供了一个简易方法。如图 4-14 所示，通常企业战略从图 4-14 中左下角 A 点开始。企业有四个选择：一是市场渗透。在现有领域进一步实行市场渗透，停止在区域 A。市场渗透意味着提高现有产品在现有市场中的份额。二是产品开发。为现有市场开发新产品，右移到 B 区。三是市场开发。沿着拓展市场这条路径将现有产品带入新市场，上移到 C 区，如把现有在国内销售的产品推广到国外。四是混合多元化。在新的市场中提供新的产品，移至 D 区。

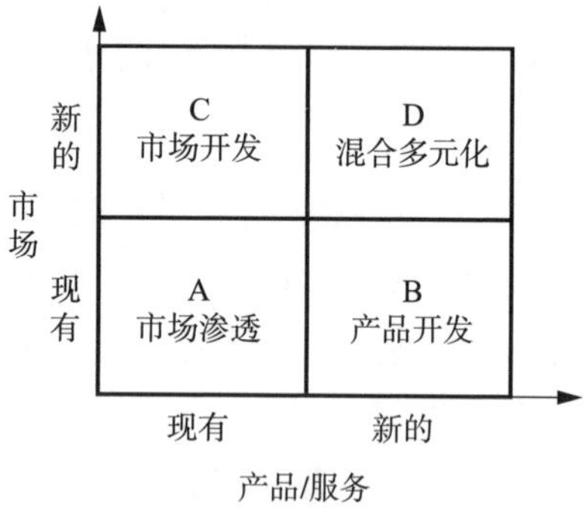

图 4-14 企业战略方向（安索夫矩阵）

（二）一体化发展战略

一体化发展战略就是企业充分利用自己在产品、技术、市场上的优势，在“供产”“产销”方面实行纵向或横向联合，以扩大经营范围和经营规模的战略。一体化发展战略分为横向一体化和纵向一体化。

横向一体化又称水平一体化，是与处于相同行业、生产同类产品或工艺相近的企业进行联合，实质上是资本在同一产业和部门内的集中，目的是扩大规模、降低产品成本、巩固市场地位。

纵向一体化又称垂直一体化，指生产或经营过程相互衔接、紧密联系的企业之间实现一体化。

（三）多元化发展战略

多元化发展战略又称多样化发展战略，指企业在继续经营现有产品的同时，扩大经营项目和市场范围，使自己的经营领域不断扩大，也就是在保持原有业务的基础上，产品或服务进入某一新的领域。

多元化可以分为相关多元化和不相关多元化。相关多元化指进入与原经营领域有一定技术相关性的新行业经营。不相关多元化指为减少原单一行业的经营风险，进入与原经营领域完全不相关的行业经营。实施不相关多元化的企业，可以通过收购、兼并其他行业的业务或在其他行业投资，把业务领域拓展到其他行业，新产品、新业务与企业的现有业务、技术、市场毫无关系。也就是说，实施不相关多元化的企业，既不以原有技术也不以现有市场为依托，向技术和市场完全不同的产品或服务项目发展。

一般认为，公司的多元化战略如果不能在各种业务之间实现范围经济，这种战略在经济上就是缺乏理性的。因此，从经济角度考虑，在大多数情况下，不相关多元化战略被认为是一种非理想的战略。

二、发展战略的实现路径

无论是密集型战略、一体化战略，还是多元化战略，都有各自的战略目标，实现战略目标需要选择相应的战略实现路径。

（一）战略联盟

战略联盟指两个或两个以上相互独立的组织一起合作开发、生产或销售产品或服务。

1. 战略联盟的形式

根据股权情况，战略联盟可以分为三种：非股权联盟、股权互持和合资。其中股权互持和合资都属于股权联盟。

非股权联盟指合作企业以合约的形式共同进行产品或服务的开发、生产或销售，双方并不持有对方的股权。常见的形式有许可协议、供应协议、分销协议等。

股权互持指合作企业相互持有对方一定比例的股份。

合资指合作企业共同设立一个新的企业，由参与的合作企业分别拥有一定的股权。

2. 战略联盟的类型及其创造价值的方式

根据战略联盟的动机可以将战略联盟分为规模联盟、互补联盟。

（1）规模联盟。

采取规模联盟是为了实现规模经济，或是提高整体的议价实力，或是应对潜在进入者威胁。规模联盟中，合作者的资源禀赋、产品或服务具有同质性，但是如果联合起来，就可以获得单靠自己难以获得的优势，如图 4-15 所示。

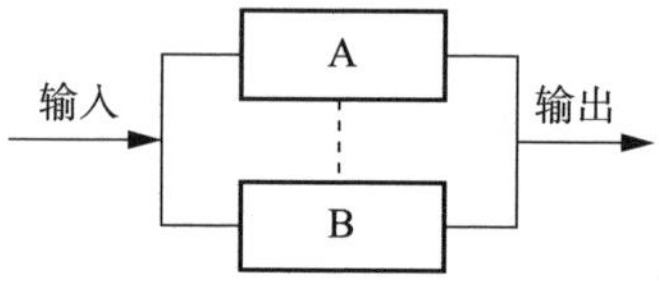

图 4-15　规模联盟

规模联盟能够创造价值的本质原因是改变了合作者之间的关系。在没有形成联盟之前，各方是提供同质化产品的竞争对手，是竞争关系，是零和博弈，甚至是双输博弈。形成联盟后，各方个体利益与整体利益具有趋同性，各方之间是竞合关系，是合作博弈。

规模联盟创造价值的表现改变了“五力模型”中的五种作用力，如图 4-16 所示。如竞争者 A 和竞争者 B 达成一致，在采购上或销售上采取一致行动则可以提高对供应商、对用户的议价实力。在应对潜在进入者威胁、替代者威胁时采取一致行动则可以提高应对威胁的实力。同样，A、B 联合，其他竞争者的竞争力也会显著增强。

（2）互补联盟。

企业采取联盟，经常是为了获得其他企业的资源和能力（包括进入新的市场的便利）。互补联盟中的成员通过将各自的资源合并在一起弥补彼此的缺口和不足。互补联盟可以分为两种情形：资源互补联盟和渠道联盟，如图 4-17 和图 4-18 所示。企业采取资源互补联盟可以实施相关多元化战略，采取渠道联盟可以实施纵向一体化战略。

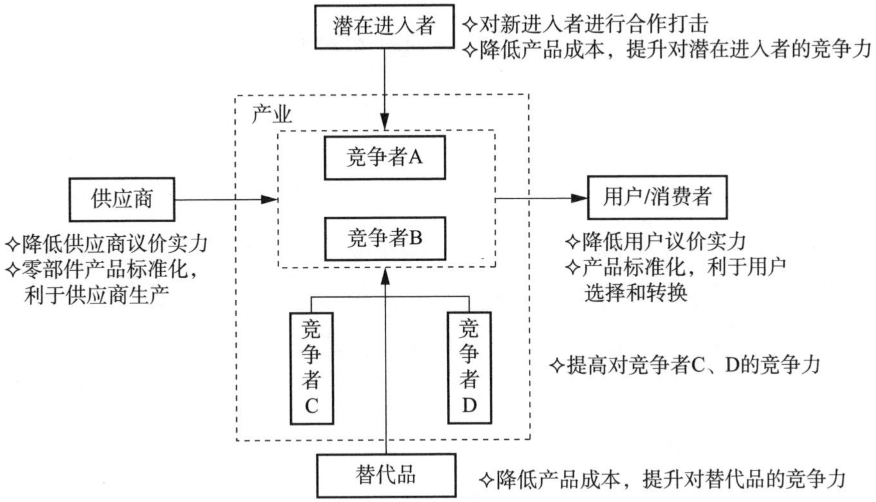

图 4-16　与竞争对手合作的价值

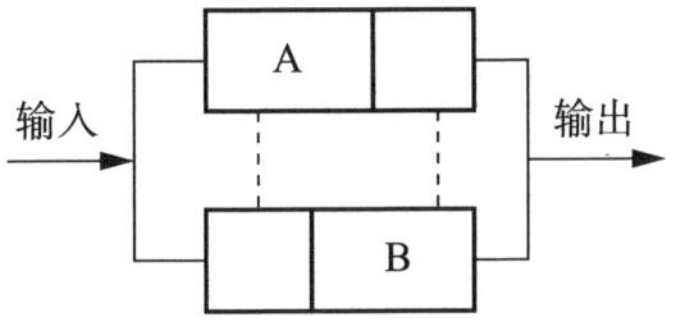

图 4-17　资源互补联盟

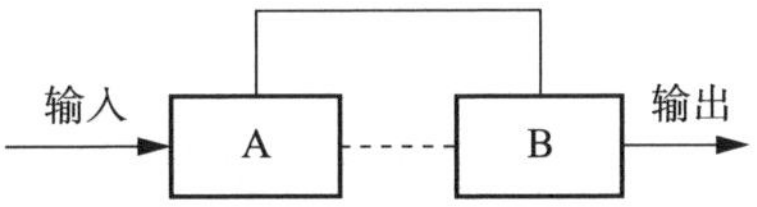

图 4-18　渠道联盟

互补联盟能够创造价值的原因在于资源和能力互补。与规模联盟要求参与者之间资源同质性不同，形成互补联盟的必要条件是参与者之间的资源和能力存在差异性和互补性。

对于任何一个企业来说，建立互补联盟后将可以在一定程度上使用和配置其他企业的资源，如图 4-18 中的企业 A 可以部分使用企业 B 的销售渠道，从而以低成本和高效率进入一个新的行业或新的市场，特别是进入一个新的国际市场。这种联盟对企业 B 同样是有益处的，企业 B 可以引入企业 A 的产品，从而迅速开拓新的市场或扩大市场占有率。另外，采取互补联盟还有一个优点，即退出成本较低。

（二）并购

并购是实现纵向一体化和多元化的重要路径。并购指一家企业购买另一家企业的股票或资产，以获得对该企业的控制权。企业可以购买目标企业的全部资产，也可以购买部分资产，根据股权不同，可以形成全资、绝对控股、相对控股三种控制方式。

诸多企业实践表明，如果并购方想通过并购来改善自己的绩效，这种理想能得以实现的一个基础条件是目标企业与本企业在业务上具有某种战略关联。

1. 纵向并购及其价值创造方式

企业可以采取纵向并购实施纵向一体化战略。纵向并购是企业并购供应商或客户，即企业沿着产业链上下游方向并购。通过纵向一体化把两家企业由市场交易关系改变为企业内部关系，减少了营销费用和交易税金，也减少了原来甲乙关系的矛盾和冲突。

2. 横向并购及其价值创造方式

横向并购指企业收购了自己的竞争对手。横向并购的价值之一是降低了与产业中竞争对手的竞争强度；价值之二是实现规模经济；价值之三是提高了企业的另外四种竞争力，即与供应商的议价实力、与用户的议价实力、对潜在进入者威胁的对抗实力、应对替代品威胁的实力。

第五节　国有企业战略管理的特殊性

战略管理的目的是实现企业目标、履行企业使命。国有企业要统筹实现经济目标、政治目标和社会目标，巩固中国特色社会主义的重要物质基础和政治基础。因此，国有企业战略管理不但要从企业自身的微观角度分析，还要站在国有经济和国民经济的高度从中国特色社会主义的重要物质基础和政治基础的角度来分析。

一、服从国有经济布局优化，聚焦主责主业

（一）聚焦主责主业的内涵

国有企业战略要聚焦主责主业指国有企业在选择战略领域时，要按照国有资产监督管理机构划定的主责主业范围，在主责主业中深耕细作，做强做优做大，增强国有经济的竞争力、创新力、控制力、影响力、抗风险能力（彭睿等，2020；向莹，2020）。

每家国有企业都是国有经济的一分子。国有企业战略要站在国有经济整

体的高度，从国有经济整体布局层面考虑企业发展领域的选择。因此，要从国有经济整体的价值最大化来考虑每家国有企业的战略领域。聚焦主责主业进行战略选择，对单个国有企业来说也许不是最优选择，但从国有经济整体或国民经济整体上看是一个整体最优的选择。

国家要求推进国有经济结构调整和布局优化，引导国有企业聚焦主责主业，推动国有资本向关系国家安全、国民经济命脉和国计民生的重要行业和关键领域、重点基础设施集中，向促进经济持续健康的前瞻性、战略性产业集中，向服务国家战略的核心优势企业集中（表4-4）。

表4-4　国有企业布局优化的主要目标

宏观规划	微观聚焦
向关系国家安全、国民经济命脉和国计民生的重要行业和关键领域、重点基础设施集中	国防、能源、交通、粮食、信息、生态、基础设施、公共产品和服务、清洁能源、智慧城市等
向促进经济持续健康的前瞻性、战略性产业集中	节能环保、信息技术、高端装备制造、新能源、新材料、航天海洋、信息网络、生物技术、核技术领域等
向服务国家战略的核心优势企业集中	装备制造、建筑工程、电力、钢铁、有色金属、航运、建材、旅游和航空服务、军民融合产业等

资料来源：董大海．中国国有企业基本理论导读［M］．北京：人民出版社，2020：90。

（二）聚焦主责主业对战略选择的影响

聚焦主责主业对国有企业战略的影响有以下几个方面。

1. 国有企业战略不能舍弃主责主业

对于一般性企业来说，如果自己所在行业竞争极为激烈，企业可以选择收缩战略，甚至是舍弃现有行业，去寻找新的发展机会。但对于国有企业来说，即使主业已经处于竞争“红海”，哪怕是行业利润已经为负，也只能选择收缩战略，但不能舍弃主责主业，如机床行业。

2. 国有企业战略不能远离主责主业

对于一般性企业来说，如果通过战略分析发现了比自己所在行业更好的行业，如通过“五力模型”分析找到了收益更高、竞争更缓和的行业，或是利用“蓝海”战略分析方法找到了一个新的“蓝海”行业，企业就可以大举进军其他行业。但对国有企业来说，除非新的行业是前瞻性产业或战略性新兴产业，否则不宜进入超出自己主责主业范围内的行业。如主责主业是实体经济的不宜将过多的资源投入金融领域。

不能远离主责主业，要求国有企业要严格执行投资项目负面清单，严格控制非主业投资比例和投向，这一点也是董事会在进行投资决策时关注的重点。

3. 国有企业战略要做强做优做大主责主业

聚焦主责主业需要把主责主业做精，在做精的基础上做强做优做大。为此，一是要剥离“两非”业务，即剥离非主业、非优势业务。通过资产置换、对外转让、无偿划转等方式加快剥离不具备竞争优势、缺乏发展潜力的非主业、非优势业务。二是要处置“两金”资产，即处置无效资产、低效资产。通过集中打包、内部重组、央企间的整合等方式加快低效、无效资产和参股股权的清理退出。三是要同时实施价值网络战略，增加在主责主业的成本竞争优势和差异化竞争优势，实现主责主业做强做优做大。

做强做优做大主责主业要求国有企业与行业标杆企业对标，优化和创新自己的价值链/价值网络，形成自己独特的价值创造模式。

（三）国有资本布局优化的政策要求

2016 年 7 月国务院办公厅印发《关于推动中央企业结构调整与重组的指导意见》，对推动中央企业结构调整与重组工作作出部署。该意见明确了推进中央企业结构调整和重组的重点工作，如图 4-19 所示。

巩固加强一批。对主业处于关系国家安全、国民经济命脉和国计民生的重要行业和关键领域，主要承担国家重大专项任务的中央企业，要保证国有资本投入，保持国有资本控股地位，支持非国有资本参股。

创新发展一批。搭建调整重组平台、科技创新平台、国际化经营平台，推动产业集聚和转型升级，促进战略性新兴产业发展，增强中央企业参与国际市场竞争的能力。

重组整合一批。推进中央企业强强联合、中央企业间专业化整合、中央企业内部资源整合和并购重组，实现国有资本优化配置。

清理退出一批。通过大力化解过剩产能、清理处置长期亏损企业和低效无效资产、退出不具有发展优势的非主业、剥离企业办社会职能等。

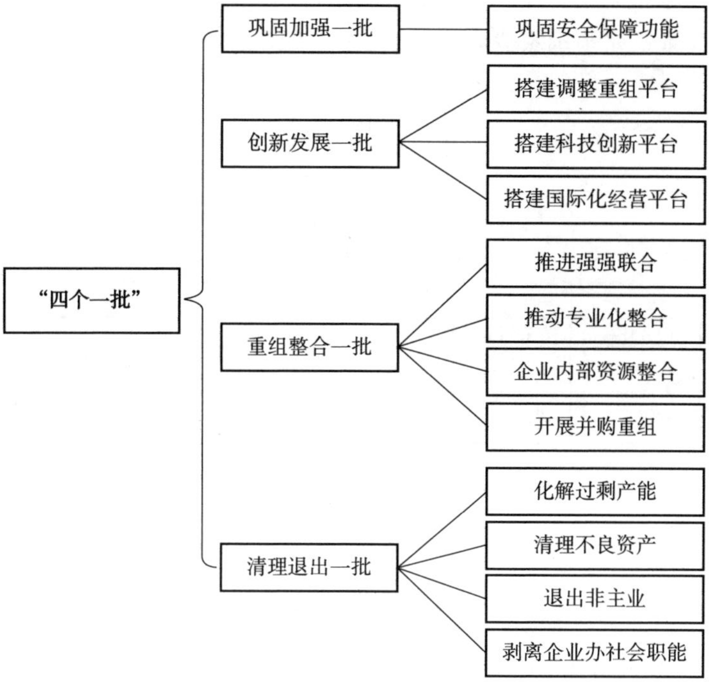

图 4-19　“四个一批”与实现路径

二、发挥国有经济战略支撑作用，融入新发展格局

（一）国有企业战略与国家战略的关系

2020 年 10 月 29 日中国共产党第十九届中央委员会第五次全体会议通过的《中共中央关于制定国民经济和社会发展第十四个五年规划和二〇三五年远景目标的建议》要求：“加快国有经济布局优化和结构调整，发挥国有经济战略支撑作用。”提出，“加快构建以国内大循环为主体、国内国际双循环相互促进的新发展格局”，“把科技自立自强作为国家发展的战略支撑”。

国有企业的性质和使命决定了国有企业要发挥国有经济的战略支撑作用。加快构建以国内大循环为主体、国内国际双循环相互促进的新发展格局是全面建设社会主义现代化国家、基本实现社会主义现代化的路径，这不是单纯的经济发展问题。任何企业都不是单纯的经济主体，而是一定社会形态的构成要素，我国国有企业是中国特色社会主义重要的物质基础和政治基础，关系公有制主体地位的巩固，关系我们党执政地位和执政能力，关系我国社会主义制度。因此，加快构建新发展格局，全面建设社会主义现代化国家，国有企业必须承担起国有经济发挥战略支撑作用的新使命。

国有企业战略与国家战略的关系如图 4-20 所示。

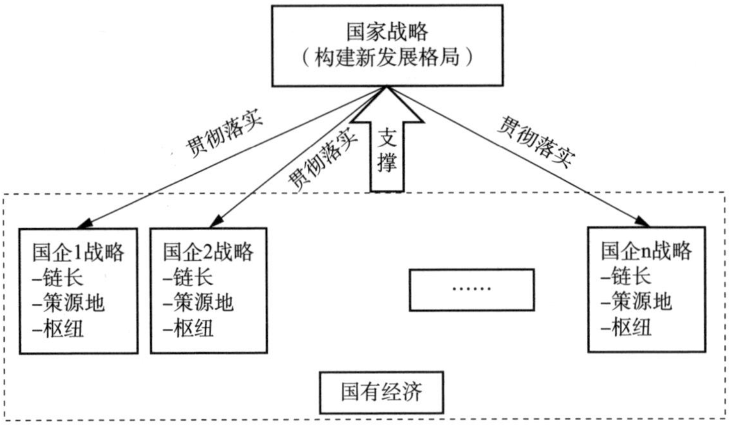

图 4-20　国有企业战略与国家战略的关系

每个国有企业都需要贯彻落实国家战略，通过贯彻落实国家战略实现国有经济对国家战略的支撑作用。具体来说，构建新发展格局，国有企业在畅通国内大循环中要成为现代产业链的“链长”；在科技自立自强中要成为核心技术“策源地”；在畅通国内国际双循环中要成为联结双循环的“枢纽”。

（二）在畅通国内大循环中要成为现代产业链的“链长”

构建新发展格局的关键在于国民经济循环的畅通无阻，国民经济循环畅通无阻的关键在于一条条产业链供应链有效畅通，产业链供应链有效畅通的关键在于解决“市场失灵”问题。

1. 畅通国内大循环对国有企业的要求

国有企业在自己主责主业的产业链供应链中具有重要影响力，有效畅通产业链供应链要求国有企业努力成为自己主责主业产业链的现代产业链“链长”，在深化供给侧结构性改革、打通经济循环堵点、提升产业链供应链的完整性、优化升级产业结构、推进重大区域战略中，主动弥补“市场失灵”，积极发挥畅通产业链供应链的“推动者”和“补位者”作用。

2. 国有企业战略要扎根实体经济、服务实体经济

主业为实体产业的国有企业要把扎根实体、做强做优做大实体产业作为战略方向和战略目标，努力成为发展实体经济的典范；主业在金融领域的国

有企业要把服务实体经济作为战略方向和战略目标，努力在实体经济发展中发挥金融作用；制造业是实体经济的根基，提升制造业核心竞争力是关键，国有企业要加大创新机制改革和创新资源投入力度，快速形成一大批“专精特新”企业，形成一大批“隐形冠军”。

3. 通过并购或战略联盟实施一体化发展战略

一是通过并购实施一体化战略。国有企业之间，特别是中央企业之间的专业化并购重组，是获取规模经济和专业化经济的有效手段。2015 年 12 月 11 日，中国远洋运输（集团）总公司与中国海运（集团）总公司实施重组。重组前，中远集团和中海集团业务资源同质化较高，产品布局、业务架构和经营模式相近，目标客户和开发手段相似，在船舶、航线、网点等方面投资重复，很多细分市场不具备全球布局的能力和成本竞争优势。重组极大地提升了中国在全球航运市场的话语权。重组后，新集团拥有船队综合运力、干散货自有船队运力、油轮运力、杂货特种船队运力、集装箱码头吞吐量、船员管理六个“世界第一”。

二是通过股权联盟实施一体化战略。国有企业与其他企业，特别是民营企业之间建立股权联盟，实现资源互补。混合所有制企业是国有企业与民营企业建立股权联盟的主要形式。中国建材集团处于充分竞争行业，是集科研、制造、流通于一体的大型综合性建材产业集团。在大规模推进混合所有制前，水泥、玻璃等行业产能严重过剩、布局分散、市场混乱、恶性竞争等情况较为突出。中国建材集团遵循市场经济规律和企业发展规律进行了一系列市场化改革，在推进混合所有制经济发展方面进行了大胆探索，走出了一条国有资本和民营资本交叉持股、相互融合、共同发展的道路。中国建材集团通过发展混合所有制快速做大做强，不断优化产业布局，实现了自身的跨越式发展，水泥产能居世界第一，使产能严重过剩的水泥行业集中度从 2008 年的 16%提高到 2013 年的 53%。

三是通过非股权联盟实施一体化战略。恶性竞争是畅通产业链供应链的大敌。打通产业链供应链堵点、打通不同区域堵点，着力贯通生产、分配、流通、消费等环节，显然不能靠一企之力，需要产业链供应链中的各个主体按市场规则良性竞争、积极协同配合。因此，在畅通产业链供应链循环中，国有企业需要更好地运用非股权联盟这一重要手段，肩负起产业链“链主”责任，不断补链、强链，加强上下游产业协同，与产业内其他主体形成竞合关系，积极带动中小微企业发展（谢富胜、王松，2021）。

（三）在科技自立自强中要成为核心技术“策源地”

1. 科技自立自强对国有企业的要求

构建新发展格局最本质的特征是实现高水平自立自强。这要求国有企业要积极采取创新发展战略，努力成为核心技术“策源地”，在健全社会主义市场经济条件下新型举国体制、打好关键核心技术攻坚战、提高创新链整体效能、提升自主创新能力中，发挥“主导者”和“先锋队”作用。

2. 积极实施创新驱动战略

目前，我国国有企业发展存在创新动力不足的问题。国有企业，特别是中央企业，要把发展的主动权牢牢掌握在自己手中，加快提升企业技术创新能力，使创新成为提高企业发展质量的强大动力。要加快推进市场化方向改革，激发企业中最关键生产力“人”的活力，解放和发展各种要素的生产力。

目前我国不少领域存在“卡脖子”问题。国有企业，特别是中央企业，要加强关键核心技术攻关，激发科研人员的积极性与创造性，通过科技创新有效解决“卡脖子”问题，实现技术自主自立。要把科技创新摆在更加突出的位置，主动融入国家基础研究、应用基础研究创新体系，针对工业母机、高端芯片、新材料、新能源汽车等加强关键核心技术攻关，努力打造原创技术“策源地”。要健全科技创新新型举国体制，探索形成各种机构、各类所有制企业共同攻克重大科技难题的组织模式和运行机制。

（四）在畅通内国际双循环中要成为联结双循环的“枢纽”

1. 畅通国内国际双循环对国有企业的要求

当今世界，几乎所有国家都被纳入了国际分工体系，各国经济相互联系、相互依赖。作为经济活动的主角，企业日益跨出国界，甚至在全球范围内开展经营活动。可以说，世界一流企业必然是国际化的企业。

构建新发展格局要实行高水平对外开放。这要求国有企业在畅通国内国际双循环、塑造我国参与国际合作和竞争新优势中，要发挥产业链“战略链接点”和“排头兵”作用，积极实施国际化发展战略。

国际化发展是国有企业的必然选择。一是国有企业要发展必须向国内、国际两个市场要增量。国有企业大多处在传统行业，面对中国经济“新常态”和供给侧结构性改革，在国内寻求大的发展增量难度很大。在此背景下，向外、向国际化寻求增量是重要之选。这是被世界一流企业证实了的必由之路和成功之路，是中国大型骨干国有企业应该选择的发展战略。二是培育世界一流的人才队伍必须坚持国际化。国有企业人才国际化要在东道国吸引优秀人才，要在国际化经营中淬炼企业优秀人才，世界一流企业的企业家、高管，甚至专业技术人才都需要通过国际市场来检验。三是培育世界一流的创新能力必须坚持国际化。无论是以“复兴号”为代表的先进轨道设备，还是以“华龙一号”为代表的第三代核电技术，其发展历程都经历了引进、消化、吸收再创新的发展之路，引进就是开放，再创新进而走向国际市场还是开放，两端都是国际化。

2. 积极实施国际化发展战略

首先，要创新国际化发展模式，提升企业核心竞争力。国有企业要从战略高度对国际化发展进行全面的规划部署，创新国际化发展模式，谋划灵活多样的海外投资方式和合作模式。要主动适应国内外产业结构调整要求，把资源向产业价值链的高端环节集中，通过控制价值链高端领域开展海外经营活动。要深入分析新产业发展、新业务模式的特点，聚焦主业进行产业链的打造和新业务领域延展。要注重提高国际化发展的质量，推动以资本输出、投资带动为主向中国创造、中国标准、中国技术和人力资本的全方位“走出去”转变。

其次，要推进国际化人才战略，打造国际化人才高地。国有企业全面参与国际竞争，必须按照国际惯例和国际化经营战略的需要，加快培养一支“精技术、通商务、懂外语、会管理”，能够适应国际化发展的人才队伍。要强化本土国际化人才的培养。注重信念教育和政治引领，坚持党管人才原则，培养了解国外政治、经济、社会环境，具有国际化视野和专业知识技能的复合型人才。要加强海外国际化人才引进。突出“高、精、尖、缺”导向，重点引进处于国际前沿，能满足国家重大战略需求的一流专家、领军人物和急需紧缺的专门人才。要创新引才方式，除了满足其物质需求，还应为国际化人才搭建创新创业平台，吸引和留住人才。

最后，要构筑全球化创新体系，培育创新型国有企业。世界一流企业的经验证明，开放式全球创新网络是企业创新发展的坚实基础。国有企业要通过与技术互补企业、产业链上下游企业、服务企业的开放式创新合作，形成涵盖基础研究、核心技术、产品开发和商业推广的全球创新生态体系，确保创新资源优化配置。实施全球化研发战略，依据研发机构的功能定位，合理选择新设、兼并、收购等海外研发机构的建立方式，利用海外创新资源开展前瞻性基础领域和前沿技术的研发。通过技术互补、人员聘用和文化融合等实现研发本地化，充分把握价值链高端环节，将非核心业务外包给具有比较优势的当地研发机构，提高整体研发效率。

三、企业案例：中国远洋海运深化重组整合

中国远洋海运以习近平新时代中国特色社会主义思想为指导，坚决贯彻落实党中央、国务院决策部署，将重组整合、深化改革与服务“一带一路”建设有机结合，实现了规模与效益同步增长，改革发展成效显著。自2016年年初重组以来，集团公司2016年和2017年利润总额分别同比增长了46.8%和18.22%，累计实现利润350亿元。

（一）紧抓重组整合契机，提升核心竞争力

1. 深入推进战略重组，将规模优势转化为规模效益

在原中国远洋运输（集团）总公司和中国海运（集团）总公司基础上重组组建的中国远洋海运，规模迅速提升，行业影响力、抗风险能力明显增强。集团公司拥有船队综合运力、干散货自有船队运力、油轮运力、杂货特种船队运力、集装箱码头吞吐量、船员管理六个“世界第一”，集装箱船队、集装箱租赁、燃油供应、船舶代理、海工制造居世界前列。中国远洋海运努力将规模优势转换为规模效益。在内部协同方面，优化航线网络设置，合理配置运力，强化采购议价能力，使运营成本较重组前每年节省约55亿元，其中仅优化航线规划节约成本就达到22.8亿元。在市场开拓方面，有效发挥运力规模，将运力追加投入重组前相对薄弱的中南美、非洲等新兴市场，相关市场占有率由重组前的4.96%提升到8.40%。强大的服务支持能力和高质量服务得到了全球客户的高度认可，福布斯发布的2017年全球最受信赖公司2000强榜单中，中国远洋海运成为全球唯一上榜的航运公司。

2. 深入推进机制创新，提升管理效率和市场反应能力

为适应重组后资产规模化、经营集约化的管理需求，结合行业特点创新管控模式，根据“小总部、大产业”的原则，努力构建起“战略管控型”总部组织体系：将集团公司总部作为“战略管控+资本运营”层，主要承担“定战略、配班子、调资源、抓考核、控风险”五大核心职能；二级公司作为“运营管控”层和利润中心，围绕客户需求优化产品、提升服务；三级及以下层级公司作为“业务操作”层和成本中心，积极发挥现场操作优势。一方面

大力精简总部机构，集团公司总部职能部门较重组前减少了55.2%、员工人数减少了55.5%；另一方面深入推进董事会授权工作，将具体生产经营事务授权下属公司董事会决策。同时，通过积极推进投资信息系统建设，打造“放得下、接得住、管得好”的管控体系，增强集团公司整体管控能力。授权制度实施以来，各直属公司董事会及董事长决策事项金额达到1537亿元，有效提升了集团公司整体市场反应能力。

3. 深入推进瘦身健体，积极推进供给侧结构性改革

将瘦身健体作为重组后优化资产结构的重要抓手。在优化船队结构方面，累计拆解老旧船舶395艘、1824万载重吨，新造船舶147艘、2046万载重吨，船队结构进一步向年轻化、大型化、绿色化转变。在去产能方面，集团公司造船设计产能从1155万载重吨压缩到788万载重吨，减少了31.8%；海工设计产能从18个压缩到9个，减少了50%。在“压减”方面，累计减少法人单位501家，“压减”率为27.8%，提前超额完成国务院国资委布置的目标任务。通过推进供给侧结构性改革，集团公司资产状况明显改善，为轻装上阵、转型升级奠定了良好基础。

（二）加快全球资源布局，服务“一带一路”建设

1. 突出支点作用，强化“一带一路”沿线港口布局

码头是中国远洋海运的核心资源，是全球网络布局的基础和战略支撑点。截至2017年年底，集团公司在“一带一路”沿线投资额达到170亿元，其中码头项目股权及配套固定资产投资逾140亿元。截至2018年8月底，集团公司全球投资经营码头共51个、338个泊位。在“一带一路”沿线国家和地区投资码头16个，包括希腊比雷埃夫斯港、阿联酋阿布扎比码头、埃及塞得港、土耳其康普特码头等。其中比雷埃夫斯港（以下简称比港）是希腊最大的港口，也是“21世纪海上丝绸之路”在地中海区域的重要枢纽。2008年，中国远洋海运获得“比港”2号和3号集装箱码头特许经营权；2016年8月10日，正式成为“比港”经营者。经过近十年的辛勤耕耘，集团将该港码头吞吐量从接管之初的68.5万标准箱提升至2018年的超过450万标准箱；利润由接管之初的亏损811万欧元提升到2018年度盈利超过5000万欧元；“比港”在全球港口的排名由第93位跃升至第36位。目前，集团公司有9条干线、31条支线挂靠“比港”，并以此为中心辐射全球。未来，集团将进一步贯彻落实好习近平总书记关于“比港”发展的重要指示，积极实施集装箱码

头、中欧陆海快线、邮轮码头、修造船板块、物流仓储和汽车船码头六大发展战略，推动“比港”实现吞吐量1000万标准箱的目标，将“比港”发展成为欧洲最大的枢纽港。

2. 突出纽带连接，优化“海上丝路”航线网络架构

为进一步推动“一带一路”互联互通，集团公司持续优化全球航线布局，相继开通欧亚等地区多条班轮航线。牵头组建全球最大班轮联盟——“海洋联盟”，总运力655万标准箱（Twenty-foot Equivalent Unit，TEU），为沿线地区提供优质、高效、稳定的班轮服务。2018年7月，集团公司完成收购东方海外，促进了中国香港经济的繁荣和稳定，进一步提升了其服务沿线地区的能力。目前，中国远洋海运在“一带一路”沿线布局班轮航线195条，投入171.3万TEU的运力，占集装箱总营运船队规模的62%。2017年在“一带一路”沿线国家完成箱量达到504万箱，同比增长31%，2018年上半年运输箱量达到309万箱，同比增长26.2%。此外，中国远洋海运还积极开拓“一带一路”沿线能源、资源运输，助力中国企业“走出去”，推动“冰上丝绸之路”建设。每年在“一带一路”沿线地区的油品、干散货海运量分别达到6500万吨和4000万吨左右。中国远洋海运还将推进落实几内亚铝土项目、亚马尔LNG等“一带一路”重大运输项目。

3. 突出全程物流，夯实“陆上丝路”物流服务基础

自“一带一路”倡议提出以来，加大了对亚欧海铁联运、亚欧国际班列业务的投入力度，先后开通了渝深班列、蓉深班列、连云港—哈萨克斯坦—欧洲班列等；支持中新互联互通南向通道建设，增加以广西钦州港为始发港或经停港的远洋航线，助推内陆沿边地区成为开放前沿，带动形成陆海内外联动、东西双向互济的开放格局。大力推进以希腊“比港”为基地的“中欧陆海快线”建设，深入中东欧腹地开辟中国与东欧之间物流新通道。2018年1—8月，中欧陆海快线累计完成货量3.59万TEU，同比增长51%。此外，积极围绕“一带一路”沿线国家和地区加强物流、仓储等基础设施的投资和建设，先后收购新加坡高昇物流公司，投资哈萨克斯坦霍尔果斯东门无水港、阿联酋阿布扎比码头集装箱拆装箱场站等。

第六节 做强做优做大，建设世界一流企业

做强做优做大符合竞争优势理论，国有企业要通过做强做优做大来建设世

界一流企业（陈占夺、程鹤，2019）。本节旨在尝试回答以下几个问题：第一，做强做优做大的内涵与评价是什么？第二，建设世界一流企业的着力点是什么？

一、做强做优做大的内涵

（一）企业竞争优势的主要来源

企业是一个旨在长期存续的资源转换系统，资源转换系统的效率和效果主要取决于企业能用于配置的资源及企业对资源进行配置的能力。不同企业资源转换效率和效果的差别即竞争优势或竞争劣势，这种优势或劣势不仅体现在短期上，而且体现在长期上。①

企业竞争优势的来源主要有三种：第一，提供和竞争对手相近的同质化竞争性产品或服务时，企业成本低于竞争对手。此时企业资源转换的效率更高，企业获得了低成本优势。第二，提供和竞争对手不同的异质化产品或服务时，尽管企业成本较高，但客户对本企业产品或服务的价值感知高于竞争对手，使得本企业产品或服务的价格更高（高于多支付的成本）。此时企业资源转换的效果（质量）更好，企业获得了差异化优势。第三，企业当期的发展战略能够比竞争对手更好地利用外部机会或规避风险，从而使企业在远期上比竞争对手更加具有成本优势或差异化优势。

（二）做强做优做大与竞争优势的关系

用资源和能力解释，做强、做大属于资源范畴，而做优属于能力范畴，企业所拥有的资源和能力决定了资源转换系统的效率和效果。资源、能力与企业竞争力的关系如图 4-21 所示。

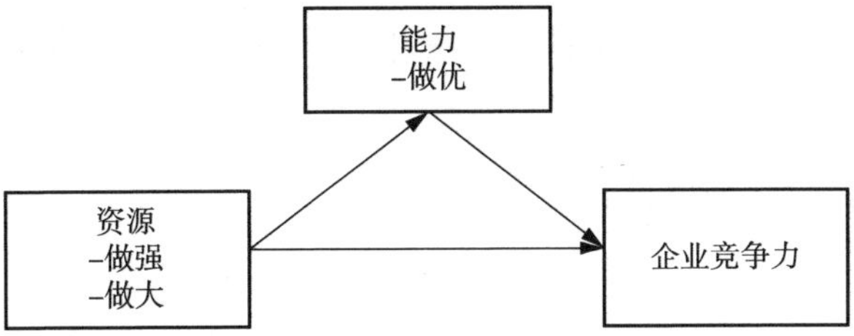

图 4-21 资源、能力与企业竞争力的关系

① 竞争优势是一个相对的概念，是相对竞争对手而言的。另外，企业当期战略在很大程度上影响甚至决定了企业未来资源转换系统的效率和效果。

1. 资源与能力的区别

资源与能力的本质区别在于资源具有客观实在性，而能力具有主观能动性。企业拥有的资源存在异质性，这解释了在外部环境相同的情况下，拥有某些独特禀赋资源的企业往往比其他企业做得更好的原因。同样，企业拥有的能力也存在异质性，这解释了在相同领域或相同行业中的不同企业，即使所拥有的资源相近，但企业竞争优势和企业绩效也存在巨大差距的原因。

物质是标志客观实在的哲学范畴，这种客观实在是人通过感觉感知的，它不依赖我们的感觉存在，为我们的感觉所复写、摄影、反映。企业所拥有的资金、固定资产、无形资产、专利、图纸、专业技术人员人数等都符合客观实在性的要求。

主观能动性也是一个哲学概念，指人的主观意识和实践活动对于客观世界的能动作用，其特点是通过思维与实践的结合，自觉地、有目的地、有计划地反作用于客观世界。企业能力蕴含于员工个体、团队、企业三个层次中。企业所拥有的资源配置能力、战略机遇把握能力、企业家领导力等都符合主观能动性的要求。

2. 资源和能力转化为竞争优势的路径

第一，企业拥有的资源具有异质性，这种异质性直接决定了企业竞争优势的差异。拥有符合 VRIN 属性的资源，企业才有可能形成可持续的竞争优势。

第二，企业资源最终能否形成竞争优势，不仅取决于资源属性本身，而且取决于企业配置资源的能力。

第三，更重要的是，竞争优势还取决于发现和把握战略发展机遇、防御风险的能力。

（三）做强做优做大的内涵

做强的内涵。“强”的字面释义是势力大，有超越所比较对象的影响力和实力。[①] 从竞争优势的角度定义，做强指企业要获取和创造能够提升竞争优势的 VRIN 资源，如关键技术等，从而对所处领域和行业拥有更大的影响力和更

① 强的中文释义是势力大。英文（strong，powerful）的释义也是（超越所比较对象的）影响力和实力。

高的话语权。做强强调实力、强调对抗性和竞争性，是企业当期竞争优势的主要来源。做强意味着企业具有高于竞争对手的行业影响力和话语权，可以使企业获得差异化优势，不惧怕竞争对手的恶意竞争。

做优的内涵。“优”的字面释义是擅长、卓越，能够（比别人）做得更好。很显然，擅长做事、能够做得更好指行为主体的能力。从竞争优势的角度来理解，做优指企业要培育独特能力，主要包括资源配置能力、把握战略发展机遇防御风险能力，从而对所在领域和行业拥有更大的控制力和引领力。做优强调可持续性、成长潜力，是企业远期竞争优势的主要来源。做优意味着和竞争对手相比，企业拥有更高的资源配置和利用效率、能够更加敏锐地发现和把握未来发展机遇、能够更加敏锐地发现和规避各种可能风险。

做大的内涵。“大”的字面释义是在规模、数量等方面超过所比较的对象。[①] 从竞争优势的角度来理解，做大指企业要通过提高在具体行业中的市场份额等来达到规模经济，从而增强成本优势。另外，提高在具体行业中的市场份额，还可以使企业增加对行业的控制力和话语权，从而获得某种形式的寡占利润。做大强调规模，是企业成本优势的主要来源之一。根据资源基础理论，市场份额也是企业拥有的重要资源（可以更易于引入战略投资者）。只有在具体行业中比较企业是否做大才是有意义的，在具体产业中做大可以使企业获得规模经济性。

二、做强做优做大的评价

（一）“做强”的评价内容

做强的内容层可分为经济实力、技术实力、质量实力、企业家人才实力和品牌影响力五个方面。国外对隐形冠军企业的一项调查研究表明，决定企业市场领导力的关键要素中，排在前三位的是技术、质量（包括产品性能）和品牌。另外，经济实力体现了企业的经济影响力和人才是第一资源，因此经济实力和人才实力也应该作为做强的内容。具体测量指标如表4-5所示。

---

① 大的中文释义是面积、体积、容量、数量、强度、力量超过一般或超过所比较的对象。英文（large，big）的释义也是在规模、数量等方面超过所比较的对象。

表 4-5 “做强”的评价内容

序号	内容层	序号	测量指标
一	经济实力	1	净资产
		2	净利润
		3	销售收入成本率
二	技术实力	4	国际行业关键技术
		5	国际行业标准制订权
三	质量实力	6	卓越的产品和服务质量
		7	卓越的产品性能
四	企业家人才实力	8	企业家培育、企业家精神与企业家作用发挥
		9	专业技术人才
		10	经营管理人才
		11	高技能人才
五	品牌影响力	12	品牌影响力（三大排行榜）

（二）“做优”的评价内容

做优的内容层可分为物质资源和无形资源配置能力、人力资源配置能力、国际化资源配置能力、战略管理能力、治理能力、企业管理能力、履行社会责任七个方面。做优的评价内容之一是资源配置能力。资源可分为物质资源、无形资源、人力资源等。另外，考虑到国际化对企业竞争优势的重要性，应该评价国际化资源配置能力。做优的评价内容之二是把握战略机遇和规避风险的能力。影响这一能力的，包括战略管理、治理（包括公司治理和对联盟的治理）和企业管理三个方面。做优的评价内容之三是履行社会责任情况。具体测量指标如表 4-6 所示。

表 4-6 “做优”的评价内容

序号	内容层	序号	测量指标
一	物质资源和无形资源配置能力	1	总资产报酬率
		2	净资产收益率
		3	全要素生产率

续表

序号	内容层	序号	测量指标
二	人力资源配置能力	4	全员劳动生产率
		5	技术人员生产率
三	国际化资源配置能力	6	跨国指数
		7	国际资源配置效率
		8	国际资源整合能力
四	战略管理能力	9	以主业为核心多产业协同
		10	产业链位置
		11	前瞻性战略能力
		12	企业家领导力
五	治理能力	13	党委（党组）领导作用发挥
		14	战略型董事会
		15	集团管控
		16	战略联盟治理
六	企业管理能力	17	信息化智能化水平
		18	激励约束机制
		19	自主创新管理体系
		20	党建与生产经营融合程度
		21	企业文化
		22	风险管控能力，特别是国际化风险管控能力
七	履行社会责任	23	绿色低碳发展
		24	践行高标准社会责任

（三）"做大"的评价内容

以市场份额为内容层指标。在某一具体行业中，比竞争对手拥有更多的市场份额可以降低产品单位成本，进而带来低成本竞争优势。另外，"在行业中排名第一"是效果极佳的广告用语。具体测量指标如表 4-7 所示。

表 4-7 “做大”的评价内容

内容层	序号	测量指标
市场份额	1	市场占有率/最强竞争对手市场占有率
	2	销售收入/最强竞争对手销售收入

三、建设世界一流企业的着力点

习近平总书记主持召开中央全面深化改革委员会第二十四次会议强调，“加快建设一批产品卓越、品牌卓著、创新领先、治理现代的世界一流企业”。国有企业是中国特色社会主义的重要物质基础和政治基础，加快建设并努力建成世界一流企业是新时代对国有企业提出的使命要求。国有企业建设世界一流企业，是具有中国特色的世界一流企业，与西方国家的卓越企业相比，既有相同点，又有明显区别。我国有独特的历史、独特的文化、独特的国情，我国国有企业的性质、使命、功能、目标，决定了国有企业建设世界一流不能跟在别人后面依样画葫芦，简单将国外企业作为标准和模式，而是要扎根中国大地，基于国有企业特殊性，走出一条建设中国特色世界一流企业的新路。

（一）必须筑牢中国特色现代企业制度这个制度根基

中国特色现代企业制度是国有企业做强做优做大、建设世界一流企业的制度根基。

一方面，中国特色现代企业制度具有确保国有企业目标实现的显著优势。通过党委（党组）发挥领导作用，可以确保党中央决策部署和习近平总书记重要指示批示在企业贯彻落实，确保企业改革发展的社会主义方向，确保企业全面履行经济责任、政治责任、社会责任。

另一方面，中国特色现代企业制度具有解放和发展职工生产力的优势，具有确保正确战略方向、凝聚力量保证战略实施的优势，是企业竞争优势的重要来源，有利于促进企业做强做优做大、建设世界一流企业。

加快完善中国特色现代企业制度的具体内容，请参见第三章第一节。

（二）必须完整、准确、全面贯彻新发展理念

习近平总书记强调：“新发展理念是一个系统的理论体系，回答了关于发展的目的、动力、方式、路径等一系列理论和实践问题，阐明了我们党关于

发展的政治立场、价值导向、发展模式、发展道路等重大政治问题。全党必须完整、准确、全面贯彻新发展理念。”国有企业加快建设世界一流企业，本质上是企业发展问题，必须完整、准确、全面贯彻新发展理念，使创新成为第一动力、协调成为内生特点、绿色成为普遍形态、开放成为必由之路、共享成为根本目的。

第一，加快建设世界一流企业必须坚持创新发展。首先，重中之重是技术创新，必须掌握产业链关键核心技术。要在主责主业上提升自主创新能力；要在战略性新兴产业和未来产业上提前研发；要把高水平科技人才队伍建设放在突出位置。其次，加大管理创新力度。要积极开展管理创新，争取形成可借鉴、可复制、可推广的企业管理模式；要持续优化企业组织架构，压缩管理链条；要加快数字化、智能化升级改造。最后，注重商业模式创新。要以价值创造为引领转变发展方式，从数量型、规模型向质量型、效益效率型转变，从注重短期绩效向注重长期价值转变。

第二，加快建设世界一流企业必须坚持协调发展。首先，企业不同产业板块之间需要协调发展，要充分运用西方成熟的战略管理理论，确保不同板块之间的战略协同，培育核心竞争优势。其次，坚持与民营企业共进的发展理念。在畅通产业链国内大循环、国内国际双循环相互促进中，要形成国有企业与民营企业差异互补的产业链结构、共创共享的合作机制、适度竞争的良性竞争格局，提高产业链整体的韧性和竞争力。

第三，加快建设世界一流企业必须坚持绿色发展。首先，主责主业在能源、化工、环保行业的企业要做绿色低碳发展的典范企业。其次，推动企业绿色低碳转型，把能源资源利用效率、清洁生产和污染治理作为企业的努力方向。最后，提高财务资源转换效率，重点关注总资产报酬率、净资产收益率、经济增加值等财务指标；提高人力资源转换效率，重点关注全员劳动生产率、人均利润率等指标。

第四，加快建设世界一流企业必须坚持开放发展。首先，国有企业要主动融入全球市场，增强全球资源配置能力。其次，国有企业要充分利用国际技术资源，增强全球技术资源整合能力。再次，国有企业要实施人才国际化战略，增强全球人才资源整合能力。最后，要积极参与、增强话语权，逐步引领行业国际标准、合格评定程序、产业规范、行业技术规则等的制定和修订，掌握行业国际标准制定权。

第五，加快建设世界一流企业必须坚持共享发展。首先，企业要成为股东、员工、客户、供应商、金融机构、政府、社会等利益相关者的价值共创、利益共享平台。其次，要将社会责任理念融入企业战略、日常运营中，融入企业产品和服务。最后，国有企业要在实现共同富裕中发挥重要作用，通过建设世界一流企业为人民共同富裕创造物质财富。

（三）必须抓住高素质干部队伍建设这个关键

把国有企业做强做优做大，最重要的是要有一种为国家、为人民真诚奉献的精神，一个坚强有力的领导班子，一支勇于攻坚克难的高素质干部队伍和充分组织起来的职工队伍。因此，国有企业要建成世界一流企业，高素质干部队伍建设是关键。关于高素质干部队伍建设的具体做法，请参见第五章第四节。

（四）必须统筹好发展与安全

习近平总书记强调："越是开放越要重视安全，统筹好发展和安全两件大事，增强自身竞争能力、开放监管能力、风险防控能力。"当今世界正经历百年未有之大变局，国际经济、科技、文化、安全、政治等格局都在进行深刻调整，这给企业发展带来了巨大挑战。

第一，将安全发展贯穿企业生产经营活动全过程。要建立覆盖发展战略、规划、投资、融资、市场运行、生产管理、财务管理等领域的全面风险管理体系；要加强财务风险管理，实行全面预算管理，畅通资金循环，严控资产负债率，严控债务风险。

第二，以海外经营风险为重点加强合规管理。要深入研究投资所在国法律法规及相关国际规则，明确海外投资经营行为的红线、底线；要定期排查梳理海外投资经营业务的风险状况，重点关注重大决策、重大合同、大额资金管控和境外子企业公司治理等方面存在的合规风险。

四、企业案例：中国中车深化改革，加快创建世界一流示范企业

中国中车全面推进改革举措落实落地，加快创建世界一流示范企业，切实扛好中国轨道交通装备领跑世界的重任。①

（一）建立健全中国特色现代企业制度

切实把党的领导融入公司治理。中国中车明确党组织法定地位，大力推行"进章程""一肩挑"，集团境内全级次企业全部完成党建进章程工作，设立董事会的一级子公司全面实现党委书记和董事长一人担任。研究细化集团

① 中国中车．深化改革加快创建世界一流示范企业［J］．国资报告，2021（6）：41-43.

及所属一级子公司党委前置研究讨论重大经营管理事项清单，明确了党委直接决策和参与决策的7方面35项议事内容。

切实落实子公司董事会职权。中国中车加强集团所属子公司董事会建设，目前已向14家一级子公司派出22名外部董事，并实现外部董事占多数。

切实推进党建与生产经营、改革发展深度融合。中国中车持之以恒打造党建“金名片”，新时代高铁先锋“九个一”工程取得积极成效。

（二）实现我国轨道交通装备自立自强

中国中车始终把自主创新作为锻造大国重器的不竭动力，把科技自立自强作为企业发展的战略支撑，争当我国轨道交通装备行业原创技术策源地和现代产业链链长，矢志在服务交通强国、碳达峰碳中和等国家战略中领先领跑。

抓好关键核心技术攻关。中国中车为解决我国轨道交通领域基础性、前瞻性、关键性技术存在的“短板”和“卡脖子”问题，联合国内优势企业、高校、研究机构组成产学研用联合项目团队，有序推进“72181”等重大专项，确保我国轨道交通装备产业链供应链自主可控。目前重大专项进展顺利，预计到2023年我国轨道交通装备行业能够完全实现自立自强。

抓好科技创新体系建设。作为“十三五”国家科技体制改革试点单位，中国中车立足产业链供应链安全稳定大局，有效理顺各研发机构管理关系和职能定位，形成总部—国家创新中心、中车研究院、信息公司—国家级研发机构—协同创新团队—子公司五级架构的科技创新体系。目前已建成2个国家创新中心、12个国家级研发机构、23个国家认定技术中心、18个海外研发中心，组建了7个中车协同创新团队，涵盖重大产品、关键系统、部件、关键材料创新产业链。

抓好重大产品研发。中国中车围绕“碳达峰”“碳中和”持续加大科研投入力度，主动适应高速化、重载化、服务化、智能化、绿色化、轻量化发展趋势，统筹谋划重大技术和产品布局。2020年，中国中车研发投入占比达到6.1%；时速600千米高速磁浮试验样车成功试跑，时速400千米跨国互联互通高速动车组成功下线，京雄智能高速动车组上线运营，时速350千米货运动车组成功下线，30吨轴重货运电力机车等完成样车研制，“复兴号”高原双动力集中动车组研制提速。

（三）激发企业发展活力和内生动力

持续推进产业布局优化和结构调整。中国中车通过战略性重组和专业化整合，机车车辆工业原有的35家工厂和4个研究所已整合为18家一级子公司的主机制造企业。同时，中国中车深入推进牵引变流与网络控制、制动、钩缓、储能等核心系统和关键部件业务重组，积极打造单项冠军和隐形冠军，特别是积极推动中车时代电气科创板上市。此外，中国中车推动风电装备、新能源、新材料等业务的重组整合和合资合作，构建“一核三极多点”业务结构。

稳妥推进混合所有制改革。中国中车按照“三因三宜三不”原则，根据五类业务分类及所属企业功能定位，坚持“一企一策”，推动相关企业混改。对战略性新兴产业支柱业务，重点是在保证股权不低于51%的前提下，积极引入非国有资本和战略投资者，着力改善发展质量，加快形成竞争引领优势。

扎实推进市场化经营机制转换。中国中车全面启动中车党委管理干部“两制一契”管理，经理层任期制和契约化管理实现全覆盖。截至2021年4月底，按照制度规定与经理层签订合同或契约的各级次企业达173家，实现任期制和契约化管理的经理层成员680人，占比达68%；推行职业经理人制度的各级次企业14家，职业经理人合计75人。

着力推进综合改革专项工程。中国中车7家“双百企业”结合各自功能定位、产业特点等，按照“五突破一加强”要求，主动寻求“破冰突围”。株洲所积极探索运用中长期激励“组合拳”，依法合规开展骨干员工持股、超额利润分红、科技人员项目跟投等多层次激励机制；大连公司实施全体中层干部一律解职、重新竞聘上岗，初步形成市场化用人机制；长客股份公司、四方股份公司积极探索科技成果应用市场化、科研项目授权放权管理，促进高铁产品不断升级，持续擦亮“国家名片”。

第五章　国有企业职工管理

本章将聚焦国有企业中“人”的管理。做强做优做大国有资本和国有企业，必须解放和发展企业中“人”的生产力。人是生产力中最革命、最活跃的因素，是生产力的创造者和生产关系的体现者，劳动者作为生产力主体在企业生产经营活动中占据主导性和决定性位置。

本章的结构和逻辑如图 5-1 所示。

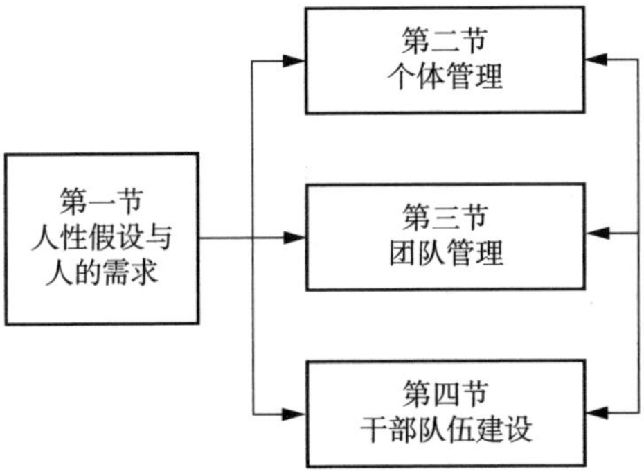

图 5-1　本章的结构与逻辑

第一节　人性假设与人的需求

人性假设理论与人的需求理论有联系也有区别。人性假设理论回答的是“你是什么样的人”的问题，重点区分个体之间的差异性，反映了人与人之间的异质性。人的需求理论回答的是“你需要什么”的问题，既区分个体之间的差异性，也区分同一个体在不同情景下的差异性。

一、人性假设与人的需求对职工管理的作用机制

国有企业职工管理可以分为个体管理、团队管理、干部队伍建设。这三个方面都必须遵循两个理论——人性假设理论和人的需求理论，党员、职工

主人翁精神在两个理论中均发挥了重要作用，如图 5-2 所示。

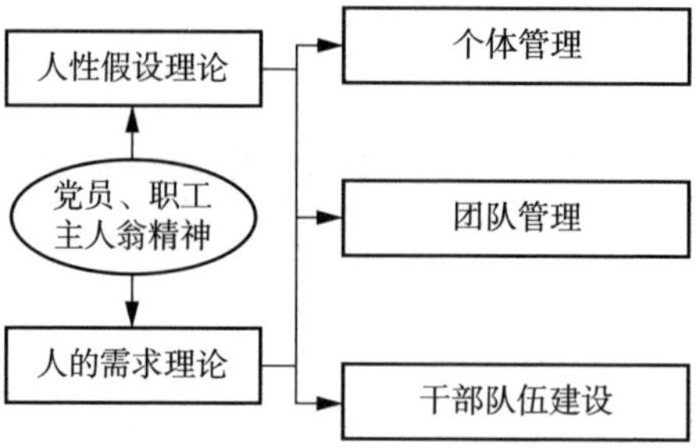

图 5-2　人性假设理论与人的需求理论对职工管理的影响

第一，职工管理要遵循人性假设理论。人具有个体差异性，在相同情景下，不同的人会做出不同的反应；同一个人在不同的群体中表现出的行为是不同的，也就是说，不同类型的人有着不同的行为决策准则、同一个人在不同的群体中有着不同的行为决策准则。这种规律性可以从人性假设中探寻。

第二，职工管理要遵循人的需求理论。人的需求具有阶段性、动态性，同一个人在相同情景下，因为自己需求的改变而表现出不同的行为。这种规律性可以从人的需求理论中探寻。

二、人性假设

人性假设涉及如何看待经济和社会活动中的人性或人的本质、怎样认识和看待经济和社会活动中人的行为特征。

（一）经济人假设

《新帕尔格雷夫经济学大词典》将经济人界定为“经济行为者是理性的，他们在各种约束的限制下，追求目标函数的最大化”。一般认为，经济人假设的含义是人是自利的、理性的，即经济活动中的人具有理性特征，其决策标准是自己的经济利益最大化，其行为表现为利己主义行为。

经济人假设起源于古典经济学，亚当·斯密在《国富论》中对经济人有过经典的表述：经济活动中的每个人都在追求个人的利益、个人的安乐，每个人在追求个人利益最大化的同时，受一只“看不见的手”的引导，也实现了社会利益的最大化。

经济人假设揭示了人的经济属性。尽管理论界、实践界特别是组织心理学领域都对经济人假设提出过质疑，但不可否认的是，经济属性是人的基本属性之一。因此，把人当作纯粹经济人，认为人工作的唯一目的是获得经济报酬，把经济激励作为最主要的管理手段，诚然是错误的；但是，弱化甚至忽略人的经济属性，漠视人对经济报酬追求的合理性，也不符合市场经济规律，会限制人的生产力的解放。

（二）社会人假设

梅奥凭借著名的霍桑实验建立了人际关系学说，并以此为理论基础提出了“社会人”假设。霍桑实验大胆突破了古典管理理论，把管理研究的重点从工作和物的因素转移到人的因素上，不仅在理论上对古典管理理论做了补充，而且为现代行为科学理论奠定了基础，对管理实践产生了深远影响。

公平理论（公正理论）是社会人假设的新的拓展。[①] 公平理论又称社会比较理论，由美国心理学家约翰·斯塔希·亚当斯于1965年提出。该理论是研究人的动机和知觉关系的一种激励理论，认为员工的激励程度来源于其对自己和参照对象的利得和投入的比例的主观比较感觉，侧重于研究工资报酬分配的合理性、公平性及其对职工生产积极性的影响。

公平理论认为，员工会拿自己现在的投入产出比与“他人”进行比较，比较对象包括以往的自己、职位相似的同事或从事同样工作的人（罗宾斯、贾奇，2021）。比较结果通常有三种，第一种是基本公平；第二种是比较后发现自己现在的投入产出比明显低于“他人”（包括过去的自己），从而感到不公平；第三种是比较后发现自己现在的投入产出比明显高于“他人”（包括过去的自己），从而感到不公平。

根据公平理论，当员工感到不公平时，他们会采取以下六种行为（Greenberg，1989）：①改变自己的投入（降低努力程度）；②改变自己的产出（计件工资的员工会通过降低质量的方式来增加产量）；③歪曲对自我的认知；④歪曲对他人的认知；⑤选择其他参照对象；⑥离开该领域。

总体而言，人们都有一种以自我为中心的偏见或自我服务偏见，人们会把有利于自己的分配或程序看作公平的（Leung et al.，2004）。

（三）自我实现人假设

自我实现人假设这一概念最早由美国心理学家马斯洛提出。马斯洛认为，

---

① 本书使用“公平理论”的说法。

人的需要由生理的需要、安全的需要、归属与爱的需要、尊重的需要、自我实现的需要五个等级构成。后来，麦格雷格总结了马斯洛，阿吉里斯及其他人的类似观点，并结合管理问题提出了Y理论。

自我实现人假设认为，人是自主的、勤奋的，自我实现的需要是人的最高层次的需要，只要能满足这一需要，个体积极性就会被充分调动起来。所谓自我实现指人的潜能得到充分发挥；只有人的潜能得以体现和发展，人才会有最大的满足。因此，管理上应创设良好的环境与工作条件，以促进职工自我价值的实现，即自身潜能的发挥，强调通过工作本身的因素，即运用内在激励因素调动职工的积极性。

（四）复杂人假设

这种理论产生于20世纪60—70年代。该理论认为，无论是经济人假设、社会人假设还是自我实现人假设，虽然各有其合理性的一面，但并不适合于所有人。因为，一个现实的人，其心理与行为是很复杂的，人是有个体差异的。人不仅有各种不同的需要和潜能，而且就个人而言，其需要和潜能也随年龄的增长、知识能力的提高、角色与人际关系的变化而发生改变。不能把人视为某种单纯的人，实际上存在的是一种具体的“复杂人”。

（五）党员与主人翁精神

经济人假设揭示了人具有利己的一面，社会人假设揭示了人具有涉他性[①]的一面，那么，人有没有利他性[②]的一面呢？答案是肯定的。不只有在家庭生活中，即使在企业中也存在大量利他主义行为。利他主义行为是一种普遍存在的现象，在党员身上，利他主义行为体现得更加突出、更加明显，此外，职工群众的主人翁精神也展现出了奉献精神和利他主义行为。

1. 党员的奉献精神和利他性

中国共产党党员是中国工人阶级的有共产主义觉悟的先锋战士。具有奉献精神是对党员的基本要求，个人利益要服从党和国家的利益。

中国共产党作为马克思主义政党，是世界上最讲奉献精神、最有奉献精神的先进政党。马克思、恩格斯在《共产党宣言》中指出，“过去的一切运动都是少数人的或为少数人谋利益的运动，无产阶级的运动是绝大多数人的、为绝大多数人谋利益的独立的运动”。我们党从诞生起就明确自己是中国工人

---

① 涉他性指个体的行为受社会群体关系的影响，考虑与自己相关的其他人的利益。

② 利他性指个体的行为以有利于其他人为出发点。

阶级的先锋队，坚持全心全意为人民服务的根本宗旨，以实现共产主义为最高理想和远大目标。这些决定了奉献是我们党的精神底色。

党员是党的细胞，一名党员就是一面旗帜。我们党对国家、对民族、对人民的赤诚奉献体现在推动历史变革的伟大成就上，通过一个个党员的先锋模范作用来展现。《党章》明确规定，共产党员必须“坚持党和人民的利益高于一切，个人利益服从党和人民的利益，吃苦在前，享受在后，克己奉公，多做贡献”。《中国共产党国有企业基层组织工作条例（试行）》也明确提出，党员要“创先争优、攻坚克难，争当生产经营的能手、创新创业的模范、提高效益的标兵、服务群众的先锋”。这些要求体现在党员的行为上就是利他主义行为。

2. 职工群众的主人翁精神与利他性

习近平总书记指出：“各级党委和政府要贯彻党的全心全意依靠工人阶级的方针，保证工人阶级的主人翁地位。”“我们要想办法调动一线工人、制造业工人、农民工的积极性，这也是社会主义的本质要求。工人阶级是主人翁，主人翁的地位要体现出来。”[①]《中国共产党国有企业基层组织工作条例（试行）》明确：“坚持全心全意依靠工人阶级，体现企业职工群众主人翁地位，巩固党执政的阶级基础。”

主人翁精神与主人翁行为。“主人翁”一词出自《史记》[②]，原是对主人的尊称，现在被引申为当家作主的人。计划经济时期的员工在企业中具有主人翁地位，表现出以企业为家的主人翁精神。

改革开放后，随着私有制经济的迅速发展，员工在丧失企业主人翁地位的同时，主人翁精神也日益衰退，取而代之的是打工者心态和正试图建立的在公民社会基础上的组织公民意识（胡国栋、王晓杰，2016）。然而，由于中西方情境差异，移植于西方的组织公民行为理论与中国企业实践脱节。

基于主人翁精神、泛家族主义和心理所有权等理论，杨百寅、梅哲群（2013）提出“组织主人翁行为”的概念，将之界定为员工将自己视为所在组织的主人，并基于这一心理状态而引发的一系列有利于提高组织有效性的行为。组织主人翁行为不只包括西方文献中的组织公民行为，还包括在中国

---

① 2016 年 3 月 5 日全国“两会”期间，习近平总书记参加上海团审议时对全国人大代表李斌发言的回复（宋海兵，2017）。

② 详见司马迁：《史记·范雎蔡泽列传》。原文为：“范雎曰：‘主人翁习知之。唯雎亦得谒，雎请为见君于张君。’须贾曰：‘吾马病，车轴折，非大车驷马，吾固不出。’范雎曰：‘愿为君借大车驷马于主人翁。’”

文化背景下被视为员工应尽义务而未必明确列入职责的行为。组织主人翁行为比组织公司行为更进步的地方在于它将员工的权利纳入组织考察，其立场也从组织转移到员工个体，体现了以人为本的思想。

（六）完整人假设

经济人假设、社会人假设、自我实现人假设、复杂人假设都是人的本质的一个侧面，都不能完整地反映出人的本质。另外，现在研究将“人性假设”与“人的需求”等同，无法回答“具有相同需求的不同个体，在完全相同的情景下其行为特征存在明显不同”的问题。

基于此，本书提出了“完整人假设”，并将完整人假设定义为：人是具有多维属性的完整人，多维属性包括经济属性、社会属性、政治属性，不同个体之间在人性上的差异表现为占主导地位的属性不同或各属性权重的差异。中国共产党党员的政治属性是具有奉献精神的利他主义者。

第一，人是同时具有利己性、涉他性、利他性的完整人，人的本质既具有经济属性，又具有社会属性，还具有政治属性。人不是纯粹的利己的经济人，也不是纯粹的涉他的社会人，更不是纯粹的利他的政治人，而是同时具有经济、社会、政治三种属性的完整人。

第二，个体在人性假设上的差异主要表现为不同个体在经济属性、社会属性、政治属性不同维度上权重的差异，即部分个体的经济属性更强、部分个体的社会属性更强、部分个体的政治属性更强。

三、人的需求

关于人的需求，在组织管理的书中被归类到动机理论之中。主流的动机理论包括马斯洛需求层次理论、双因素理论和麦克莱兰的需求理论。①

（一）马斯洛的需求层次理论

马斯洛的需求层次理论是心理学中的激励理论，包括人类需求的五级模型，通常被描绘成金字塔内的五个等级，如图 5-3 所示。

① 虽然一些教材中将目标设置理论、强化理论、公平理论、期望理论等都归为动机理论，但本书认为，这些理论是“如何管理人的需求”的理论，不是“人有什么样的需求”的理论。

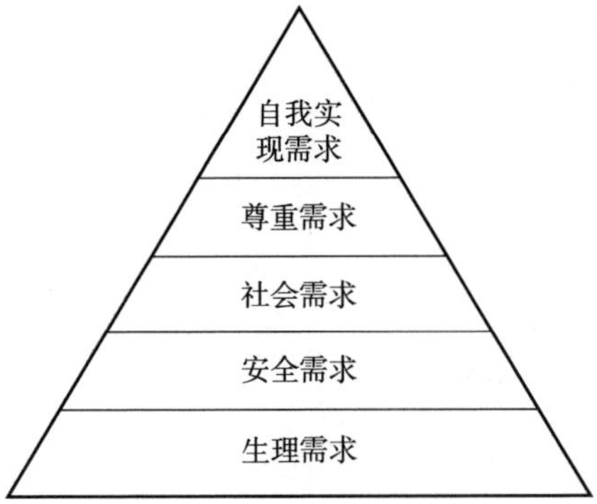

图 5-3　马斯洛的需求层次

马斯洛认为，尽管没有一种需求会得到完全、彻底的满足，但只要它大体上得到满足，就不再具有激励作用。当任何一种需求基本上得到满足后，下一层需求就会成为主导需求。马斯洛认为人的需求是逐级上升的，如果你想激励某个人，就需要了解他目前处于哪个需求层次，主导需求是什么，然后重点满足这个层次的需求或更高层次的需求。

（二）双因素理论

双因素理论又被称为激励—保健理论，是由心理学家弗雷德里克·赫茨伯格提出的。他调查了这个问题："人们想从工作中得到什么?"然后他对调查结果进行分类并制成图表，如图 5-4 所示。

赫茨伯格的调查结果显示，人们对工作满意时做出的回答（选择的因素）和他们对工作不满意时做出的回答（选择的因素）大相径庭。内部因素，如成长、认可、责任感、成就等，对工作感到满意的答复者往往把这些因素归功于他们自己。此外，对工作不满意的员工则往往抱怨外部因素，如公司政策和行政管理、监督、薪水、人际关系和工作条件等。另外，从赫茨伯格的调查结果中还可以发现，"满意"的对立面不是"不满意"，而是"没有满意"，也就是说，消除工作中的"不满意"因素并不一定能使工作令人满意。

根据赫茨伯格的观点，导致工作满意的因素和导致工作不满意的因素是相互独立的，两者并不相同。赫茨伯格把管理质量、薪酬水平、公司政策、工作环境、与他人的关系和工作稳定性概括为保健因素，当保健因素充分时，员工便没有了不满意感，但也不会得到强的激励。赫茨伯格把晋升机会、个人成长机会、认可、职责和成就称为激励因素，当激励因素充分时，员工就会得到激励进而努力工作。

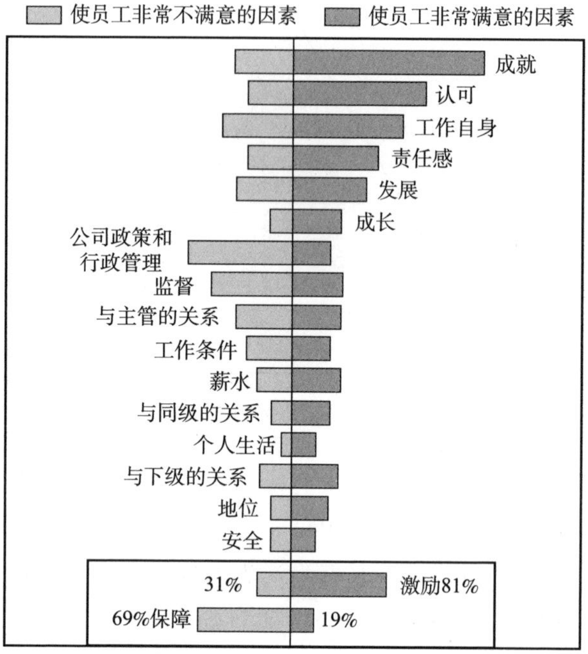

图 5-4 双因素理论满意因素和不满意因素的比较

（三）麦克莱兰的需求理论

戴维·麦克莱兰将人们社会活动的动机分为三种需求（图 5-5）。

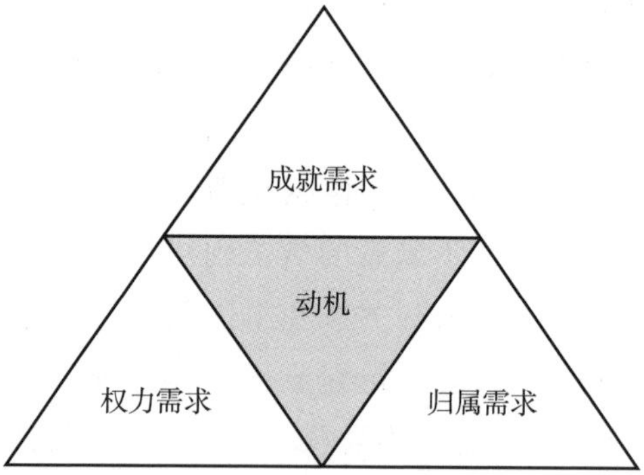

图 5-5 社会动机的三需求理论

1. 成就需求

成就需求是追求卓越、达到标准、争取成就的内驱力。具有强烈的成就需求的人渴望将事情做得更完美、提高工作效率、获得更大的成功，他们追求的是在争取成功的过程中克服困难、解决难题、努力奋斗的乐趣，以及成功之后的个人的成就感，他们并不看重成功所带来的物质奖励。

2. 权力需求

权力需求是使他人以某种方式行事而不以其他方式行事的需求。不同人对权力的渴望程度有所不同。权力需求较高的人喜欢支配、影响他人，喜欢对别人“发号施令”，注重争取地位和影响力。他们喜欢具有竞争性和能体现较高地位的场合或情境，他们也会追求出色的成绩，但他们这样做并不像具有成就需求的人那样是为了个人的成就感，而是为了获得地位和权力从而与自己已具有的权力和地位相称。

3. 归属需求

归属需求是建立友好、亲密的人际关系的愿望和需要，即寻求被他人喜爱和接纳的一种愿望。有归属需求的人更倾向于与他人进行交往，至少是为他人着想，这种交往会给他带来愉快。有归属需求者渴望友谊，喜欢合作而不是竞争的工作环境，希望彼此之间能沟通与理解，他们对环境中的人际关系更为敏感。

第二节　个体管理

企业对员工管理的目标是激发员工的内生动力，解放和发展员工的生产力。考虑到人是同时具有经济属性、社会属性、政治属性的完整人，因此激发员工内生动力既包括经济内生动力，也包括精神内生动力。本节将首先提出国有企业员工生产力模型，随后探讨如何通过三项制度改革激发员工的经济内生动力，然后探讨如何通过党的建设激发员工特别是党员的精神内生动力。

一、国有企业员工个体生产力

（一）员工个体生产力模型

国有企业员工个体生产力模型如图 5-6 所示。

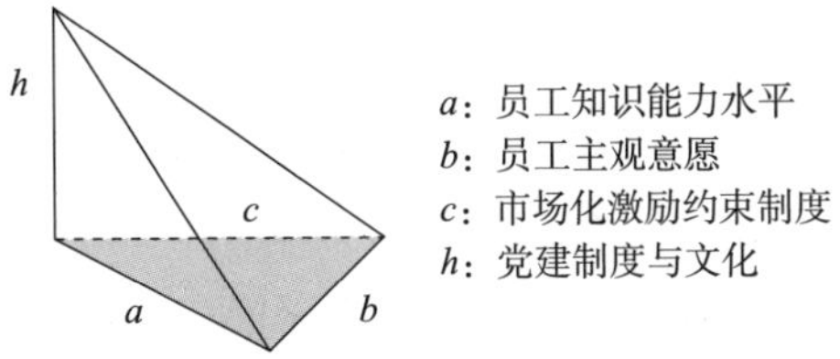

图 5-6　国有企业员工个体生产力模型

从图 5-6 可以看出，要解放和发展员工个体生产力，四个要素缺一不可，任何一个要素匮乏都会严重影响员工生产力整体水平，甚至会限制其他要素的作用发挥。

（二）决定员工个体生产力的四个要素

员工个体生产力指员工在单位时间内所产生的价值。员工生产力取决于员工自身（内）和外部环境（外），其中员工自身要素包括员工的知识能力水平、员工的主观意愿，外部环境要素包括激发经济内生动力的市场化激励约束制度、激发精神内生动力的党建制度和文化，如图 5-7 所示。

第一，员工的客观知识能力水平，是员工内部要素之一，代表员工“具不具备干好工作的知识素质，有没有干好工作的能力”。任何工作都需要与之相匹配的知识和能力，这是做好工作的基础性条件。

第二，员工的主观意愿，是员工内部要素之一，代表员工“想不想努力干好工作”。人具有主观能动性，有知识能力水平的员工不等于愿意努力去做，在一定程度上，“愿意做”的态度比“有能力做”的能力更重要。一名合格的共产党员一定是具有“想努力干好本职工作的意愿”的人，换句话说，如果一名共产党员不想努力干好本职工作，那他一定是不合格的共产党员。

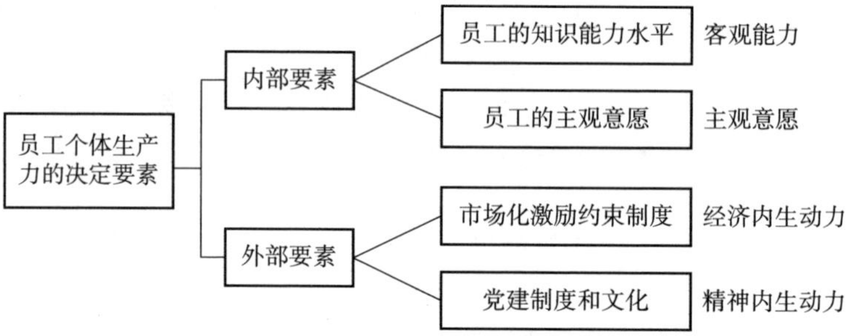

图 5-7　国有企业员工个体生产力的决定要素

第三，市场化激励约束制度是外部要素之一，代表企业的员工管理制度是否符合市场经济规律，是否能够激发员工的经济内生动力。经济属性是人的基本属性之一，市场经济规律是企业管理必须遵循的基本规律。国有企业只有通过三项制度改革建立符合市场经济规律、尊重人的经济性需求的市场化激励约束制度，真正做到“能上能下、能多能少、能进能出”，才能激发员工的经济内生动力，从而解放员工的生产力。

第四，党建制度和文化是外部要素之一，代表企业的党建制度和文化是否符合人的全面发展的规律，是否能够激发员工的精神内生动力。政治属性是人的基本属性之一，更是党员的重要属性，人的全面发展规律是社会主义市场经济下国有企业管理必须遵循的基本规律，也是社会主义企业区别于资本主义企业的本质特征之一。实现人的全面发展是马克思主义追求的根本价值目标，也是共产主义社会的根本特征。国有企业通过不断完善党建管理制度和企业文化激发党员和群众的精神内生动力，才能真正解放和发展员工的生产力。

（三）四个要素之间的关系

1. 按要素进行分类

我们采取三分法对四个要素进行更详细的划分，如图 5-8 所示。

a_1：知识能力水平高	b_1：主观意愿强	c_1：市场化激励约束程度强	h_1：党建制度和文化强
a_2：知识能力水平适中	b_2：主观意愿适中	c_2：市场化激励约束程度适中	h_2：党建制度和文化适中
a_3：知识能力水平低	b_3：主观意愿低	c_3：市场化激励约束程度弱	h_3：党建制度和文化弱

图 5-8 按三分法对四个要素的分类

按员工知识能力水平高低可以将所有员工分为三类：知识能力水平高的员工、知识能力水平适中的员工、知识能力水平低的员工。

按员工主观意愿可以将所有员工分为三类：主观意愿强的员工、主观意愿适中的员工、主观意愿低的员工。

按企业制度的市场化激励约束程度可以将企业分为三类：市场化激励约束程度强的企业、市场化激励约束程度适中的企业、市场化激励约束程度弱的企业。

按企业制度的党建制度和文化程度可以将企业分为三类：党建制度和文化强的企业、党建制度和文化适中的企业、党建制度和文化弱的企业。

根据上述四种要素的不同分类可以形成 81 种组合，如 $a_1b_1c_1h_1$、$a_1b_1c_1h_3$、$a_1b_1c_3h_1$，每种组合代表着当前该员工的生产力。管理者的目标希望就是通过各种管理方法提高员工的生产力水平。

2. 四个要素之间的影响关系

四个要素不是完全相对独立的，而是有着非常密切的联系的，如图 5-9 所示。

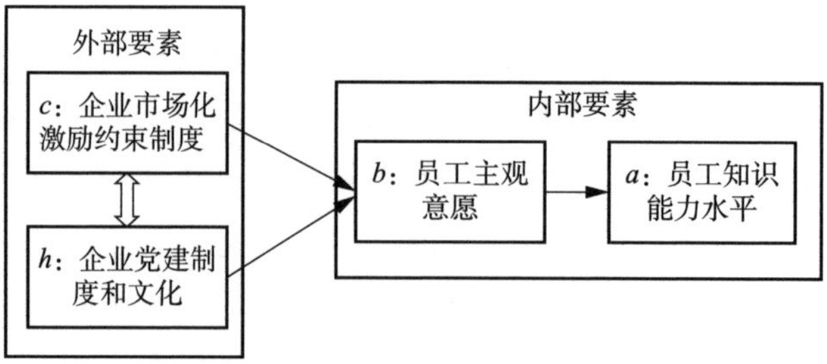

图 5-9　四个要素之间的影响关系

首先，员工主观意愿会直接影响员工知识能力水平的提升。当员工知识能力水平低但员工主观意愿强时，员工会积极地学习以提升知识能力水平。如部分新员工入职后，其对工作充满激情，会通过自学、不断摸索等方式使自己的知识和能力水平提高。

其次，市场化激励约束制度对员工主观意愿将产生重要的直接影响。当企业采取了市场化激励约束制度，鼓励多劳多得、多创多得时，如企业采取的超额利润分享、员工跟投等中长期激励措施，原本主观意愿低的员工也会因制度改变而改变自己的主观意愿。

再次，党建制度和文化对员工主观意愿也会产生重要的直接影响。当企业的党建制度和文化鼓励党员、群众的奉献精神和主人翁精神时，原本主观意愿低的员工也会因制度改变而改变自己的主观意愿，原本不愿意与别人分享自己"Know-how"（技术诀窍）的员工也会积极分享自己的诀窍，从而不仅会提高自己的知识能力水平，而且会提高团队中其他人的知识能力水平。

最后，市场化激励约束制度、党建制度和文化两个要素之间也存在复杂的影响关系。市场化激励约束符合市场经济规律，可以激发人的经济内生动力，但也存在"利己主义行为"的弊端。通过激发员工的"政治属性"，党建制度和文化可以抑制和缓解"利己主义行为"。

总的来说，要想解放和发展员工生产力，四个要素中关键的是建立市场化激励约束制度和建立良好的党建制度和文化。

二、深化"三项制度"改革，建立市场化激励约束制度

激发人的内生动力，基于市场经济规律满足人的经济需求是一项不可或缺的手段。邓小平同志于 1978 年 12 月在中央工作会议闭幕会上的讲话中明确指出："革命精神是非常宝贵的，没有革命精神就没有革命行动。但是，革

命是在物质利益的基础上产生的，如果只讲牺牲精神，不讲物质利益，那就是唯心论。”① 一直以来，相比其他类型的企业，无论是国外私营企业、我国民营企业，还是国外国有企业，市场化激励约束制度都是我国国有企业的短板，也是我国国有企业改革的努力方向。

（一）“三项制度”改革的重要意义

党的十九届五中全会将“激发各类市场活力”作为全面深化改革、构建高水平社会主义市场经济体制的首要任务。一直以来，激发活力都是国有企业改革的重要目标，也是一块难啃的“硬骨头”。国有企业活力难以激发的根源在于其经营管理机制与市场经济规律的契合度不够②，激发活力的关键，在于合理利用市场经济规律激发“人”的主观能动性，激发“人”的经济内生动力，解放“人”的生产力。在一系列的改革措施中，“干部能上能下、员工能进能出、薪酬能增能减”遵循了市场经济规律、尊重了人的经济属性，制度激励和约束“人”的行为是搞活国有企业的良方。

（二）“三项制度”改革的难点与举措

“三项制度”改革存在的突出问题是“三不能”，即干部不能下、员工不能出、薪酬不能减。从“三项制度”改革的发展脉络可以看出，从 1992 年到现在（2022 年）已经 30 年，但“三项制度”改革仍然是改革的重点。那么“三项制度”改革到底难在哪里呢？下面我们从改革者和改革对象两个与三项制度改革密切相关的利益主体进行分析，参见图 5-10。

1. 改革者的因素与解决举措

改革者是三项制度改革的推动者，是三项制度改革能够有效实施的关键要素。一方面，有可能是改革者客观上不会，也就是 a_3 型管理者，即客观知识和能力不足，不能胜任这一工作；另一方面，有可能是改革者主观上不愿意改，也就是 b_3 型管理者，主观上不愿意改革的原因或是怕承担改革带来的风险，或是怕得罪人，或是没有相应的激励措施。

（1）首要的是让不合格的管理者“下”。

如果管理者属于 a_3b_3 的类型，既没有能力也没有意愿，最直接的办法是

---

① 邓小平．解放思想，实事求是，团结一致向前看［M］//邓小平．邓小平文选（第二卷）．北京：人民出版社，1994：146.

② 回顾国有企业改革历程不难发现，国有企业经营管理机制是从计划经济体制逐步演化形成的，现在仍有计划经济的烙印。

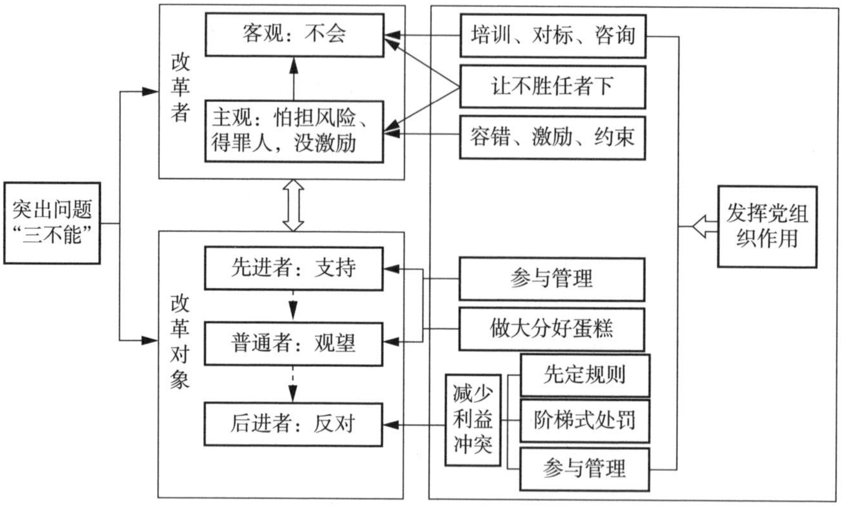

图 5-10　三项制度改革的难点与举措

让管理者“下”。

（2）关键是建立容错、激励、约束三种制度。

除 a_3b_3 型管理者外，有效的办法是在外部制度环境上想办法，即改变针对管理者的“市场化激励与约束制度”c_i（$i=1，2，3$）。包括容错制度、激励制度和约束制度。

第一种是容错制度。企业要把“三个区分开来”，真正落到实处，制定清晰可行的管理制度，为改革者解决后顾之忧。

第二种是激励制度。对勇于改革、创新改革、改革取得显著成效的管理者，要在经济收入、职务晋升、评优表彰、职称评定等方面给予激励，必要时可以考虑单项重奖或越级提拔，形成一种勇于创新、勇于改革、勇于担当的组织氛围，激发管理者的主观能动性。

第三种是约束制度。对不愿改革、不会改革、墨守成规的管理者，要在经济收入、职务晋升、评优表彰、职称评定等方面给予约束，必要时可考虑单项重罚或降级。

（3）解决能力不足的举措。

提升管理者知识水平和能力的主要方法包括培训、对标和咨询三种。在培训上，有短期培训和中长期培训。短期培训更应聚焦问题导向和专业化导向，以学习党和国家的政策要求、解决管理实践中的痛点问题、提升专业化能力为主。改变管理者的思维模式，从整体上、系统上提升管理者知识和能力水平，需要中长期培训，其中一种培训模式是经营管理培训（Executive Management Training，EMT）。

■ 知识链接

中国大连高级经理学院标准 EMT 项目

以习近平总书记对国有企业领导人员提出的“20 字”要求及近年来在中央党校中青年干部培训班开班式上的重要讲话精神为指导，从中央企业培育具有全球竞争力的世界一流企业的战略要求和加快优秀中青年干部成长的现实需要出发，精心打造中长期 EMT，立足全球视野、聚焦前沿变革，系统学习经营管理知识工具与业界最佳实践，锻造具有专业思维、专业精神、专业方法的高素质专业化经营管理人才。

模块一：提高政治能力。理论修养、精神文化、国企党建。

模块二：坚定理想信念。党史国史、革命传统、清正廉洁。

模块三：科学研判决策。形势分析、全局视野、研判工具、管理决策。

模块四：修炼领导品格。个人领导力、团队领导力、情境领导力。

模块五：永葆创新活力。创新思维、产业创新、企业创新。

模块六：淬炼履职本领。经营管理、专业素养。

2. 改革对象的因素与解决举措

利用三分法可以将改革对象分为三类，然后逐一分析改革对每类职工的利益影响，这样可以精准地找到改革的矛盾点。

（1）先进职工和普通职工。

先进职工是支持三项制度改革的。在改革到位前，先进职工为企业创造了更多的价值，但在收入等方面并没有充分体现出来。普通职工则对三项制度改革持观望态度。如果进行三项制度改革，普通职工的利益可能会增加，也可能会减少。

企业要想改革成功就要获得先进职工和普通职工的认可和支持。一是要让员工参与管理，特别是参与到三项制度改革中，改革过程中的关键环节、重要决策要征求职工意见建议，关键数据（考核）要做到公平、公正、公开。二是要做大分好蛋糕。在薪酬改革方面，中国一重将职工收入增长指标写入年度计划和中长期发展规划，纳入公司高质量发展九大关键考核指标，建立了薪酬正常增长机制，使薪酬分配与预算完成情况、绩效考核结果挂钩。“十三五”期间，企业职工收入年复合增长率为10.7%。

（2）后进职工。

三项制度改革的最大难点在于后进职工的反对。由于改革触及后进职工的切身利益，后进职工在思想认识上可能会不理解。

问题解决的关键在于减少利益冲突，解决的方法主要有三种：先定规则、阶梯式处罚、参与管理。

先定规则是避免冲突的必要条件。先定规则可以减少与某位职工的直接冲突，制定规则时，一要注意对事不对人，做到公平公正公开；二要注意征求所有职工意见，特别是后进职工的合理性建议。

阶梯式处罚是缓解利益冲突、避免后进职工过激行为的有效法则。某建材企业是江西省大型工业企业，主要从事水泥、商业混凝土、新型墙体材料的生产和销售，在三项制度改革推进过程中成立了待岗培训中心。待岗培训中心有效地起到“缓冲区”作用，不遵守厂规厂纪、工作责任心差、不服从管理、不服从工作安排、经考评不合格、不胜任工作的职工将进入待岗培训中心，实行3个月的集中管理，期满从遵守制度、服从管理、出勤、态度、培训效果、劳动效果等方面综合考评，结果良好的重新上岗，结果不合格的按规定解除劳动合同。

参与管理可以有效缓解后进职工的信息不对称情况，也可以让后进职工充分表达自己的想法。

3. 在三项制度改革中发挥党组织作用

《中国共产党国有企业基层组织工作条例（试行）》规定：“把思想政治工作作为经常性、基础性工作，把解决思想问题同解决实际问题结合起来，多做得人心、暖人心、稳人心的工作，积极构建和谐劳动关系，努力将矛盾化解在基层。”“注意在企业改革重组、化解过剩产能、处置‘僵尸企业’和企业破产等过程中，深入细致做好思想工作，解决职工群众困难，引导职工群众拥护支持改革，积极参与改革。”

在三项制度改革中，党组织可以在集体决策、统一思想、改变工作作风、运用群众工作方法提高改革方案科学性、保护职工利益和特殊职工利益、解决冲突矛盾等方面发挥作用，引领保障三项制度改革的顺利进行。

三、党建制度与文化

激发人的内生动力很重要的一个方面就是精神内生动力，党建制度与文化是激发人的精神内生动力的重要举措。

人具有社会属性，除生物属性所必需的各种物质需要外，还有更高的社会属性所必需的各种精神需要。因此，人们渴望满足各种精神需要的心理动机就成为调动人们积极性的精神激励力量。

人具有利他性，这一点在党员身上体现得尤为突出。党员的奉献精神不仅会激励自己积极工作，而且会带动其他党员和群众的主人翁精神。《中国共产党支部工作条例（试行）》明确："党支部是党的基础组织，是党组织开展工作的基本单元，是党在社会基层组织中的战斗堡垒，是党的全部工作和战斗力的基础，担负直接教育党员、管理党员、监督党员和组织群众、宣传群众、凝聚群众、服务群众的职责。"

国有企业党组织通过做好党员教育、管理、监督，服务和发展党员工作，严格党的组织生活，组织党员创先争优，从而激发党员的精神内生动力，在生产经营中创先争优、攻坚克难，使党员成为生产经营的能手、创新创业的模范、提高效益的标兵、服务群众的先锋。

国有企业党组织通过组织群众、宣传群众、凝聚群众、服务群众，通过要求党员发挥先锋模范作用，团结凝聚职工群众，激发职工群众的主人翁精神，努力完成自己在本单位所担负的任务。《中国共产党支部工作条例（试行）》规定："密切联系群众，向群众宣传党的政策，经常了解群众对党员、党的工作的批评和意见，了解群众诉求，维护群众的正当权利和利益，做好群众的思想政治工作，凝聚广大群众的智慧和力量。"《中国共产党国有企业基层组织工作条例（试行）》要求："坚持全心全意依靠工人阶级，体现企业职工群众主人翁地位，巩固党执政的阶级基础。"

在各个历史阶段，国有企业党的建设都在激励职工群众、激发员工精神内生动力方面发挥了重要作用，涌现出了一批又一批的英雄人物，形成了一个又一个的国企精神。

中国的"保尔·柯察金"吴运铎是新四军兵工事业的创建者和中华人民共和国兵器工业的开拓者，中华人民共和国第一代工人作家，被誉为中国的"保尔·柯察金"。吴运铎的自传《把一切献给党》鼓舞了一代代青年人。在条件极端艰难困苦的状况下，军工厂修复了大量枪械，为试制各种弹药，他数次严重负伤，砸坏了左腿、炸断四根手指、炸瞎了左眼，身上留下了大大小小无数伤疤。

中华人民共和国成立初期恢复企业生产。中华人民共和国成立前后，城市的工厂机器设备大部分遭到严重破坏，生产处于瘫痪状态。全国最早解放的东北地区从1949年春起，各厂矿形成恢复生产的热潮。收归国有的大型企业鞍山钢铁厂率先在所属29个厂矿发起恢复生产和立功运动，职工纷纷赶回工厂，尽管没有工资，每人只发少量口粮，干部、共产党、工人群众、技术人员同心同德，不分昼夜努力奋战。仅用两三个月，中板厂、焊接钢管厂、第一初轧厂等主干厂相继修复投产。6月初，鞍钢炼铁厂二号高炉流出中华人民共和国成立后的第一炉铁水。

中华人民共和国成立初期企业的技术革新。在中华人民共和国成立初期的工业建设中，工人阶级在国家建设中的主力军作用再次充分发挥。鞍钢机械总厂的技术革新能手王琮伦努力钻研技术，先后八次改进工具，发明了以刨床代替插床的“万能工具胎”。全国煤炭系统推广马六孩等职工创造的快速掘进法等生产经验，大大提高了劳动生产效率。国营企业纷纷有组织、有计划地开展劳动竞赛，人们把勇于创造生产新纪录的先进人物誉为“走在时间的前面”的人。

大庆油田开发。大庆油田的开发是一个典型的激发职工群众精神内生动力的例子。大庆油田不仅为中国经济发展奠定了重要的物质基础，而且为中国人民战胜困难、奋发图强建设祖国提供了宝贵的思想激励，留下了丰厚的精神财富。以王进喜为代表的大庆石油工人、科学技术人员和干部在油田开发最艰苦的时期吃苦耐劳、公而忘私、奋勇拼搏，创造了世界石油开发史上的奇迹。

四、企业案例：中国一重完善市场化机制，涅槃重生

中国一重2020年净利润同比增长86.77%，利润总额同比增长60%，营业收入同比增长45.8%。这是中国一重自2016年扭亏以来第四年各项经济指标连续增长（刘青山，2021）。

从连年亏损到连续增长，中国一重转变的关键是什么？临危受命的中国一重董事长刘明忠提出，一是要不断深入解放思想，这样才能把握提升精神思想格局和成长进步的主动权；二是要把市场化改革贯穿于企业管理全过程，这样才能不断提升核心竞争力。市场化改革千头万绪，中国一重找到的牛鼻

子是三项制度改革。

从2016年下半年开始，中国一重从集团总部开始全部“起立”，重新“抢”座。管理部门由19个调整到13个，中层干部由320人减至192人。之后，改革辐射到全集团，能上能下、能进能出、能增能减的氛围逐渐形成，企业发展活力得到有效激发。

（一）坚持市场化路径，构建“两个合同”退出机制

中国一重全面推行“两个合同”，即在全员签订劳动合同的基础上再签订岗位合同，以劳动合同解决身份问题，以岗位合同解决能力和业绩问题。按照这一思路，一般员工岗位职责不达标经两次培训上岗仍不合格的，解除岗位合同，同时解除劳动合同。这条规则同时适用于老员工和新员工，打破了人们对于“铁饭碗”的概念。如今已累计解除岗位合同的有98人。对53名不胜任营销系统工作的员工进行末等调整。自此，中国一重人逐渐实现了多劳多得，彻底告别了“大锅饭”时代。

（二）坚持高素质专业化原则，构建“五个通道”晋升机制

中国一重紧紧围绕培养造就高素质专业化人才队伍，突出创新创业创造，建立了不同类型人才的晋升机制。

在纵向上，中国一重提供了营销人员、管理人员、研发技术人员、技能人员、党务人员五个晋升通道，每个通道分6个职级，2~3年一个台阶，每年一评定，让各类人才干事都有奔头、成长都有空间。

在横向上，实施多通道之间相互转化。目前，已有33名高级技师被评聘为高级工程师，3名技能人才通过市场化选聘成为基层管理人员。

此外，为了提升基层创新能力，中国一重设立了五类人员创新工作（活动）室146个，凝聚创新人才3000多人，完成基层创新课题620项，累计创效近7亿元。此外，中国一重还开展了“百万一重杯”劳动攻关竞赛，累计投入1200万元，完成重点项目3240个。

（三）坚持按贡献分配导向构建“五个倾斜”激励机制

一是将薪酬分配向营销、高科技研发、苦险脏累差、高级管理、高技能五类人员倾斜。营销人员薪酬上不封顶，针对高科技研发人员建立了“基本薪酬+项目研发计提+成果转让计提”薪酬体系，最高达百万以上；高技能及苦险脏累差岗位人员的分配系数能够达到普通管理或辅助岗位人员的2~3倍；高级管理人员收入最高的与最低的差距超过3.5倍。

二是将职工收入增长指标写入年度计划和中长期发展规划，纳入公司高质量发展九大关键考核指标，并明确了“确保、力争创优”三个层级薪酬指标增长机制。对此，刘明忠表示，“各级班子和领导干部要深刻认识到保证职工薪酬增长是职责所在，做不到就是失职不称职”。

三是实施“百名人才工程”，中国一重开展三级“大国英才”“大国工匠”“首席技术专家”“首席技能大师”评聘，其中公司级每年享受 12 万元、6 万元、4.2 万元津贴，差旅等按公司二级单位正、副职标准执行。

四是做实职工素质提升工程，编制职工素质提升三年计划，以“职业培训、岗位练兵、技能比武、劳模引领”为主要内容完善职工教育培训机制。

第三节　团队管理

本节将简单介绍团队管理的基本知识，包括团队的四种基本类型，打造高效团队的三个方面，外界条件、团队结构、团队过程。

一、团队的类型

团队可以制造产品、提供服务、进行谈判、协调项目、提出建议甚至制定决策。在企业中最常见的团队有四种类型：问题解决型团队、自我管理型团队、跨职能团队、虚拟团队（图 5-11）。

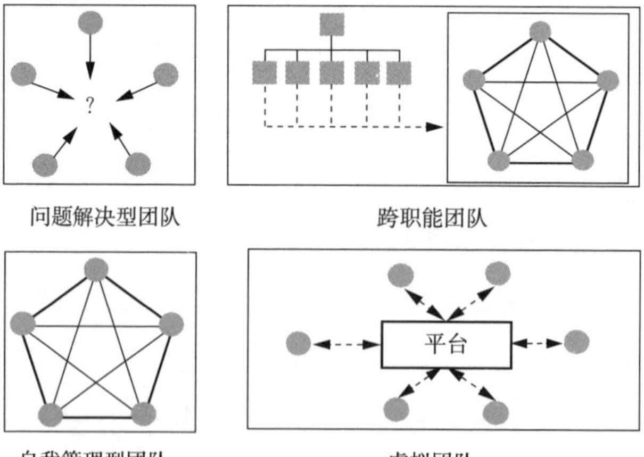

图 5-11　四种团队类型

（一）问题解决型团队

问题解决型团队指组织成员就如何改进工作程序、方法等问题交换看法，对如何提高生产效率和产品质量等问题提出建议。本类型团队的工作核心是提高生产产量、提高生产效率、改善企业工作环境等。在这样的团队中，其成员就如何改变工作程序和工作方法相互交流，提出一些建议，其成员几乎没有什么实际权力根据建议采取行动。

（二）自我管理型团队

自我管理型团队是工作团队的一种，保留了工作团队的基本性质，但在运行模式方面增加了自我管理、自我负责、自我领导的特征。目前对其的定义主要有二种。第一种，Hackman 认为团队中自我管理行为由五个方面构成：①每个团队成员对自己的工作成果负责；②每个团队成员监控自己的业绩和持续寻求反馈；③每个团队成员管理他们自己的业绩并对其进行纠正；④每个团队成员积极寻求公司的指导、帮助和资源；⑤每个团队成员积极地帮助他人改善业绩。第二种，根据 Wellinetal 的定义，一个自我管理型工作团队由一组具有一定职责的员工构成：①自我管理（计划、组织、控制、人员、监控）；②给成员分配工作（决定成员在什么时候什么地点做什么工作）；③计划和安排工作日程（开始和完成、工作速度、目标设定）；④制定与生产相关的决策（存货、质量控制、工作控制）；⑤问题的解决（质量问题、客户服务、纪律）。

研究表明，当存在冲突时，自我管理型团队是无效的。当争议出现时，成员会停止合作，权力斗争随之而来，从而导致团队绩效和学习水平降低，尽管这可能取决于团队内的角色结构。

（三）跨职能团队

跨职能团队由组织层级相近但来自不同工作领域的员工组成，他们为了完成某项任务而一起工作。

跨职能团队的成员通常来自几个部门，任务是解决需各部门协作才能解决的问题。跨职能团队可能会设计与实施质量改进方案、开放新产品和技术、提高作业效率或把各职能部门联系起来以增强产品创新和服务创新的能力。

组建跨职能团队可以成为一种有效的方式，因为它使得组织内部（甚至是不同组织）不同领域的员工能够交流信息，激发他们采用新办法解决问题，齐心协力完成复杂项目。然而，由于需要高度协调，跨职能团队的管理并不容易。

第一，当需要不同的专业知识时，权力转移是有意义的，因为成员在组织中处于基本相同的级别，这造成了领导的模糊性。因此，在权力转移发生之前，需要建立一种信任的氛围，从而保证在权力转移时不会发生冲突。

第二，跨职能团队在发展初期往往要耗费许多时间，因为团队成员需要学会应对复杂性和多样性。

第三，成员之间，尤其是那些背景、经历和观点不同的成员之间，需要一定的时间才能建立起信任并真正地共事。

（四）虚拟团队

虚拟团队指在不同地域、空间的个人通过各种各样的信息技术来进行合作。团队成员可能来自同一个组织也可能来自多个组织，甚至成员之间可能从未见过面。

虚拟团队是虚拟组织中一种新型的工作组织形式，是一些人由于具有共同理想、共同目标或共同利益组合在一起的团队。虚拟团队只需要通过电话、网络、传真或可视图文来沟通、协调，甚至共同讨论、交换文档，便可以分工完成事先拟定好的工作。

为了使虚拟团队更加高效，管理者需要确保：第一，成员之间建立信任；第二，密切监控团队的工作进展；第三，在整个组织内宣传该团队的努力和成果。

二、打造高效的团队

（一）外界条件

1. 充足的资源

充足的资源包括及时充足有效的信息、合适的设备、足够的人员、必要的鼓励及行政事务上的协助等。

2. 领导和结构

确定各成员的具体任务并使其与成员个体的技能相匹配需要该团队的领导和结构发挥作用。这些事可以由组织的管理层来做，也可以由团队成员自己来做。

3. 信任的氛围

信任是领导的基础，它使团队能够致力于实现领导者的目标和执行其决定。有效的团队中，成员之间彼此信任，而且表现出对领导者的信任。团队成员的相互信任促进了合作，减小了监督彼此行为的必要性，大家都相信其他成员不会占自己的便宜。研究表明，重要的不只是团队中的总体信任水平，团队成员之间的信任状况同样重要。如果团队成员之间的信任是不对称或不平衡的，哪怕总体信任水平很高，它对团队绩效的积极作用也会大打折扣。

4. 绩效评估与奖励体系

基于个体的绩效评估和激励在一定程度上可能会与高绩效团队的发展产生冲突。因此，除了评估和奖励员工的个人贡献，管理者还应该对传统的、以员工个人为导向的评估和奖励体系进行修正，以反映团队绩效，并采用混合型激励，既认可个别成员的突出贡献，也对整个群体的积极成果进行奖励。基于群体的绩效评估、利润分享、收益分享、小组激励及体系方面的其他调整能够强化团队努力和团队承诺。

（二）团队结构

1. 成员的能力

团队的绩效在一定程度上取决于团队成员的知识、技术和能力。第一，当任务需要大量的思考（解决一个非常复杂的问题）时，高能力团队表现得更好，尤其是当工作被平均分配时。第二，高能力团队更容易适应不断变化的情境，能够更有效地运用现有的知识来解决新问题。第三，团队领导者的能力也很重要。

2. 成员的人格

人格对员工的行为有显著的影响。责任心对团队尤为重要，责任心强的成员善于支持其他成员，而且善于察觉什么时候需要提供支持。在经验开放性这个维度上，具有高度经验开放性的团队往往表现得更好，特别是团队的任务是建设性的时候。在随和性方面，团队成员的最低水平对整个团队有重要的影响，如果一个或多个成员的随和性非常差，那么团队绩效会明显下降。

3. 角色分配

团队中有不同的角色，在一个团队中，一个人往往身兼多个角色。罗宾斯等（2021）将团队中成员角色分为九种，如图 5-12 所示。联络者负责协调和整合工作；创造者产生有创意的想法；推动者拥护和支持新思想；评估者对各种方案进行深刻的剖析；组织者建立组织机构；生产者提供指令并完成任务；控制者考察细节并实施规则；维护者在外部战场上作战；建议者鼓励寻找更多的信息。

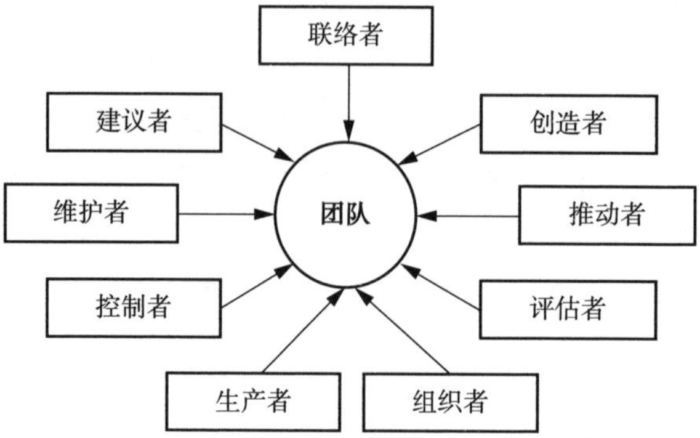

图 5-12 团队中的角色

4. 多元化

团队中成员的年龄、性别、种族、地域、专业、受教育程度、工作年限等形成了团队的多元化。

5. 团队规模

大多数专家认为，提高群体有效性的关键在于维持团队较小的规模，因为随着团队规模的扩大，人与人之间的潜在联系会成倍增长，从而使沟通变得复杂。通常来说，最有效的团队拥有 5~9 名成员。

（三）团队过程

1. 共同的计划和目标

如果团队能够清楚地认识到团队要实现的目标、自己需要做什么，就能表现得更好。在成功的团队中，其成员通常会花大量的时间和精力来讨论、塑造和完善一个在团队层面和个体层面都能得到认可的目标。这个共同目标一旦被团队接受，就像卫星导航对船长的作用一样——在任何情况下都朝着目标前行。研究表明，如果团队成员对目标的认同度较低，整体上会导致较低的团队绩效。正如在国有企业战略一章中论述的那样，好的战略依赖于在执行过程中的不断修正，好的团队目标也需要在执行过程中不断修正。这种在必要时能够反思和调整团队计划的能力被称为“反思能力”，具有这种能力的团队被称为“具有反思性的团队”。很显然，以往绩效不佳的团队及面临复杂环境的团队需要想办法提高团队的“反思性”。

2. 具体目标

成功的团队会把团队目标分解成具体的、可测量的、有挑战但通过努力可达的绩效目标。这些具体目标有助于团队保持全神贯注的状态，另外，这些具体目标的不断实现也会对团队产生巨大激励作用。

3. 团队效能

有效的团队很自信，它们相信自己能够成功。团队的这种特征被称为“团队效能”。如果一个团队曾取得过成功，那么该团队对未来取得成功的信念就会更强，这种信念反过来又激励团队成员更努力工作。管理者可以从两个方面采取措施来提高团队效能：一是帮助团队取得易取得的阶段性目标来树立团队信心；二是通过培训来提高团队成员的技术技能和人际技能。

4. 团队认同和组织认同

当人们与所处的群体建立情感联系时，他们更有可能投入这些群体的关系中。当团队认同很强时，受绩效目标高度激励的团队成员更有可能将自己的努力导向团队目标，而不是个人目标。因此，通过认识个人的特定技能和能力，营造一种尊重和包容的氛围，领导者和成员可以建立正向的团队认同并改善团队结果。组织认同同等重要，具有团队认同但不具有组织认同的个体可能会固守自己的团队，不愿意与组织中的其他团队合作。

5. 团队凝聚力

团队凝聚力描述的是成员在情感上的彼此依恋，并因依恋而更贴近团队。我国的一项大型研究表明，如果团队凝聚力强、任务复杂，且在晋升、奖励、培训等方面进行大量投入，则会产生更多能够带来盈利的团队创造力。反之，凝聚力弱、任务简单的团队则不太可能对激励措施做出更大的创造性反应。

但是，并不是高凝聚力就会带来高生产率，凝聚力与生产率的关系取决于团队中与绩效有关的规范，如图 5-13 所示。为了增强团队凝聚力，可以缩小群体规模；鼓励对团队目标的认同；增加团队成员在一起的时间，增强团队成员的信任关系；提高团队的地位，让人们觉得成为该团队的成员并不容易；鼓励与其他团队的竞争；奖励团队而不是成员个体；使该团队拥有单独的物理空间。

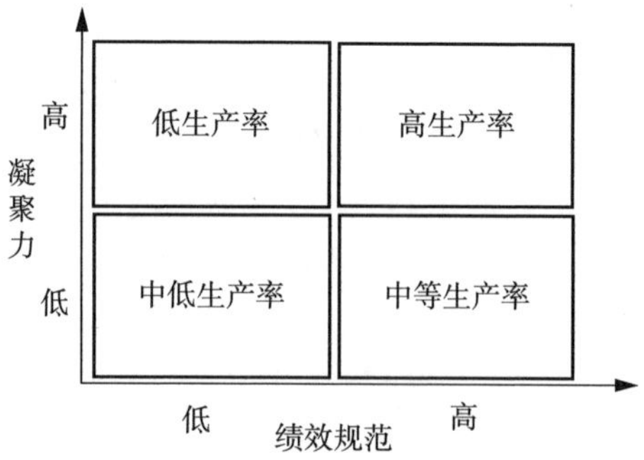

图 5-13　团队凝聚力、绩效规范与生产率的关系

6. 心智模型

有效的团队中，其成员能够共享准确的心智模型——成员对团队内部环境的关键因素有着同样的心理描述。心智模型更加关注“怎么做”，即通过哪种方法来完成任务。显然，如果团队成员对于做事的方式有不一样的看法，那么团队会争论应该采取哪种方法，而不是把注意力放在需要完成的事情上。

7. 冲突水平

冲突对于团队绩效来说并不一定是坏事，甚至对于某些特定的团队来说冲突是极为必要且非常有价值的。可以把冲突分为关系冲突和任务冲突两种。关系冲突——由于人际关系失调、关系紧张或敌视他人而产生的冲突，是有破坏性的。但是，对于从事非常规的、复杂的任务的团队而言，如董事会成员之间在任务内容方面的意见不一致（任务冲突）可以激发成员之间的讨论和深度思考，促进对问题的全面认识和对方案的批判性评估，从而形成更加科学的团队决策。

8. 社会惰化

当无法科学地衡量每个成员对团队的具体贡献时，个体成员就会出现社会惰化，也就是滥竽充数。有效的团队会让成员在团队和个体两个层面对团队的目的、目标、任务和行动方式承担责任，从而削弱社会惰化的倾向。因此，在有效团队中，成员很清楚哪些是个人责任，哪些是共同责任。

第四节　干部队伍建设

高素质国有企业领导人员队伍对国有企业坚持党的领导、加强党的建设，对做强做优做大国有企业至关重要。本节将分析国有企业领导人员的性质、国有企业领导人员“20字”标准，介绍经理层成员任期制契约化的主要关注点。

一、国有企业领导人员的性质

国有企业具有政治属性，国有企业领导人员也具有政治属性。习近平总书记2016年10月10日在全国国有企业党的建设工作会议上明确指出：“国有企业领导人员是党在经济领域的执政骨干，是治国理政复合型人才的重要来源，肩负着经营管理国有资产、实现保值增值的重要责任。”

可以看出，国有企业领导人员不是西方国家的企业家，也不是我国民营企业的企业家。国有企业领导人员是讲政治的企业家，是懂企业的政治家。

国有企业领导人员队伍的建设质量对国有企业坚持党的领导、加强党的建设，对做强做优做大国有企业至关重要。

二、国有企业领导人员“20字”标准

习近平总书记2016年10月10日在全国国有企业党的建设工作会议上提出的国有企业领导人员“20字”标准深刻阐明了新时代国有企业需要什么样的领导干部这一重大问题。

国有企业领导人员经营的是国有资产，手中的权力是党和人民赋予的，国有企业领导人员要做到对党忠诚、勇于创新、治企有方、兴企有为、清正廉洁。

（一）对党忠诚

对党忠诚就是要心中有党、坚定理想信念、坚持党对国有企业的领导、坚决贯彻党中央的决策部署（石平，2016）。

对党忠诚是党对国有企业领导人员的第一要求。对党忠诚是国有企业领导人员具有政治属性的具体体现。

对党忠诚要求国有企业领导人员要坚决落实党中央决策部署，推动企业聚焦主责主业，服务国家发展战略，全面履行经济责任、政治责任、社会责任；要勇于担当，面对日趋激烈的国内外市场竞争和复杂多变的发展环境要迎难而上、开拓进取，带领广大干部职工开创企业发展新局面。

（二）勇于创新

勇于创新就是要敢为人先，锐意进取，善于在风险和旋涡中捕捉商机，

把创新创业同市场需求结合起来，不断提高企业核心竞争力。

创新是国有企业领导人员的关键特质。创新是引领发展的第一动力，创新精神是企业家精神的关键特质，企业家创新活动是推动企业创新发展的关键。

勇于创新要求国有企业领导人员要做创新发展的探索者、组织者、引领者，勇于推动生产组织创新、技术创新、市场创新，重视技术研发和人力资本投入，有效调动员工创造力，努力把企业打造成强大的创新主体。

（三）治企有方

治企有方，就是要把握市场经济规律和企业发展规律，懂经营、会管理、善决策，有国际视野、战略思维、专业能力，能够调动各方积极性办好企业。

治企能力是国有企业领导人员的基本能力。管理好企业需要运用企业管理理论，遵循市场经济规律、企业发展规律、党的建设规律等内在规律，因此，国有企业领导人员必须掌握治企管企的理论、知识和方法，不断提升自己治企管企的能力。

治企有方，要求国有企业领导人员要不断学习借鉴先进的管理理论、不断总结提炼管理经验，努力提高政治能力、战略决策能力、战略执行能力、经营管理能力、组织凝聚能力、改革能力、创新能力等。另外，调研发现，党建工作能力特别是党建工作与生产经营深度融合能力也是治企能力的重要组成部分。

（四）兴企有为

兴企有为就是要有搞好国有企业的精气神，勇担当、善作为，勤奋敬业、真抓实干，迎难而上、百折不挠，努力创造优异业绩。

兴企有为是对国有企业领导人员的基本要求。国有企业领导人员经营管理的是属于全体人民的国有资产，确保国有资产保值增值是国有企业领导人员的责任。

兴企有为要求按市场规律对经理层进行管理，立下军令状，明确责权利，干得好的就激励，干得不好的就调整，重点是畅通“下”的通道，实现干部能上能下。

（五）清正廉洁

清正廉洁是国有企业领导人员必须守好的底线。清正廉洁就是要牢记谨慎用权、严守底线、公私分明、诚实守信，有良好的职业操守和个人品行，做国有资产的忠诚卫士。

三、建设国有企业高素质领导人员队伍

（一）坚持党管干部原则与市场化选聘相结合

一方面，坚持党管干部原则不动摇、不走样，保证党对干部人事工作的领导权和对重要干部的管理权；另一方面，积极推进市场化选聘，发挥市场机制在选聘方面的作用。

可以考虑按国有企业分类来差异化确定组织配置和市场化选聘的范围。[①] 根据《关于国有企业功能界定与分类的指导意见》，国有企业分为三类：主业处于充分竞争行业和领域的商业类国有企业（商业一类）；主业处于关系国家安全、国民经济命脉的重要行业和关键领域，主要承担重大专项任务的商业类国有企业（商业二类）；公益类。商业一类国有企业经理层人员以市场化选聘为主；商业二类的以组织配置与市场化选聘相结合；公益类的以组织配置为主。

需要注意的有两点：第一，市场化选聘为主并不意味着党组织可以放手不管，而是要在确定标准、规范程序、参与考察、推荐人选等方面把好关，保证人选政治合格、作风过硬、廉洁；第二，组织配置为主并不意味着不使用市场化手段和市场化机制，相反，依然要丰富和完善市场化选人方式。

（二）对经理层实行任期制和契约化管理

通俗地说，任期制和契约化管理就是要打破“铁交椅”、打破“大锅饭”，按市场规律对经理层进行管理，立下军令状，明确责任制，干得好就激励，干得不好就调整，实现职务能上能下、收入能增能减，强化“干好干坏不一样的导向”，充分激发经理层成员的活力和创造力，提升企业市场化、现代化经营水平。

1. 任期管理要实现规范化、常态化

规范有序任期管理是推行经理层成员任期制和契约化管理的前提，通过明确任职期限、到期重聘、签订并严格履行聘任协议打破领导干部“铁交椅”。

一要增强经理层成员的任期意识。要对国有企业经理层成员全面实行任

① 新时代国有企业党的建设教程编写组．新时代国有企业党的建设教程［M］．北京：中共中央党校出版社，2019：156-157.

期管理，明确任期期限。任职期满后，符合条件的要重新履行聘任程序并签订岗位聘任协议，未能续期的自然解聘。

二要强化经理层成员的岗位意识。明确并细化经理层成员的岗位职责和分工，一人一岗签订差异化的岗位聘任协议。

三要提升经理层成员的权责意识。要建立董事会向经理层授权的管理制度，调动经理层成员积极性。

2. 契约目标要突出科学性、挑战性

契约目标直接决定了经理层成员努力的方向和高度，目标设置的科学性和挑战性将直接影响其后期考核结果能否真正刚性兑现。

一要注重契约目标体系化。构建涵盖经济效益类、经营管理类、风控合规类、科技创新类、重点任务类等指标的考核体系。根据企业功能分类实施、分类考核，避免“一刀切”。对不同岗位的经理层成员，要按照关键岗位职责实施“一人一表”的差异化考核。

二要注重建立“摸高”机制。按照“跳一跳、摸得着”的原则，结合本企业发展战略、近三年的历史业绩、行业对标情况等，分档制定富有挑战性的考核目标。不同目标档位匹配不同的考核计分与薪酬分配机制，鼓励经理层挑战历史最好水平，推动企业高质量发展。

三要注重年度和任期经营业绩考核目标的有效衔接。任期经营业绩考核重点关注价值创造、中长期发展战略、风险控制等内容。年度经营业绩考核要有效分解和承接任期经营业绩目标，更加突出发展的质量和效益。要尊重契约精神，年度考核目标值一经确定，无特殊情况不作调整。

3. 薪酬兑现要体现强激励、硬约束

高业绩就要匹配高激励，要坚持业绩导向，真正体现“业绩升、薪酬升，业绩降、薪酬降”。

一要坚持薪酬与业绩直接联动。树立“要薪酬就得要业绩”的理念，在契约中明确业绩贡献与薪酬兑现的关联规则，改变“事后算账”做法，让每位经理层成员“看得懂、算得明”，真正体现“业绩是干出来的，薪酬也是干出来的”价值导向。

二要坚持薪酬刚性兑现。要严格按照契约约定，根据经营业绩考核结果刚性兑现薪酬，不搞变通、不打折扣。对于年度考核结果不合格的要扣减当年全部绩效年薪。对于超额完成考核目标任务或做出突出贡献的该奖就要奖，确保激励到位。要根据岗位价值、目标难度、考核结果等因素，合理拉开经理层成员间薪酬差距，打破“高水平大锅饭”。

三要坚持灵活开展多种中长期激励。鼓励国有企业结合实际，对经理层成员灵活开展股权激励、分红激励、超额利润分享、虚拟股权、跟投等中长期激励，不断丰富、完善经理层成员薪酬结构。坚持物质激励与非物质激励相结合，保护和弘扬企业家精神，最大限度调动经理层成员干事创业的积极性和主动性。不能变相涨薪、借机涨薪，“该高的高上去、该低的低下去”，逐步实现市场化薪酬水平，同时根据有关规定建立薪酬追索扣回制度，构建强激励、硬约束的薪酬分配机制。

4. 岗位退出要做到更坚决、更刚性

推行经理层成员任期制和契约化管理要更加突出强调考核的刚性退出，考核结果不仅要影响收入的“能增能减”，而且要影响职务（岗位）的“能上能下”。

一要明确退出条件。加强人员任期内的考核和管理，设置明确的退出“底线”，一旦触发底线，就要据实解聘。任期届满，不符合续聘条件的也应当退出现岗位。

二要实行“双达标”考核机制。既要完成好经营业绩的考核目标，又要达到综合考核评价的要求，任何一项考核未达标都需要进行岗位调整或退出。

三要进一步规范退出管理。针对考核退出的经理层成员，进一步完善转岗、待岗及市场化退出等机制，符合其他岗位任职条件的可以按照企业领导人员有关规定聘任，促进经理层成员正常更替、人岗相适，增强经理层队伍活力，促使管理人员“能上能下”成为常态。

（三）建立完善容错纠错机制

习近平总书记指出：“要把干部在推进改革中因缺乏经验、先行先试出现的失误和错误，同明知故犯的违纪违法行为区分开来；把上级尚无明确限制的探索性试验中的失误和错误，同上级明令禁止后依然我行我素的违纪违法行为区分开来；把为推动发展的无意过失，同为谋取私利的违纪违法行为区分开来。”

对国有企业领导人员既要从严管理，又要关心爱护，树立正向激励的鲜明导向，让他们放开手脚干事。要按照“三个区分开来”合理划定容错界限。

对于大胆探索、先行先试不是有令不行、有禁不止的；出于担当尽责，没有为个人、他人或单位谋取私利的；由于不可抗力、难以预见等因素，不是主观故意的；经过科学决策、民主决策程序的，不是个人专断、一意孤行的；处置突发事件临机决断、事后及时履行报告程序的，经研究认定可以容错的，要为担当者担当，为负责者负责，为干事者撑腰。

四、企业案例：中国一汽深入推进任期制和契约化管理

近年来，中国一汽认真贯彻落实党中央、国务院决策部署，按照国资委有关要求，扎实推进国企改革三年行动，通过持续加强任期制和契约化管理，经理层成员的市场化意识显著增强，创新创造活力大幅提升，干事创业热情充分激发。①

（一）有序推进任期制，打破干部身份“铁交椅”

全体起立，竞聘上岗，树立市场化观念。2017 年，中国一汽结合战略重塑和机构调整，按照“双向选择、责权对等、量才录用、宁缺毋滥”的原则，岗位全部重置，人员重新匹配，对 31 家单位的高级经理岗位开展公开竞聘。改革中“上”和“下”的比例分别达到 29.4%和 16.7%。上岗高级经理全部签订市场化管理承诺书，约定三年任期，用成效看担当，以实绩定去留。

明确目标，清晰权责，规范任期制管理。2018—2019 年，为进一步激发改革活力，在整车、零部件、金融资产等领域选择试点单位，按照“先定目标再选人、先接目标再上岗”的思路，对主要负责人和经理层采取“竞标揭榜”方式，实施市场化选聘。在此基础上，对 14 家分、子公司经理层成员全面实施规范化任期管理，签订《聘任协议》和《任期绩效合同》，进一步清晰界定其权利和义务。

定期审视，常态推进，实施新三年聘任。2020 年，以撬动更高经营业绩为出发点，更加体系化、系统化开展新任期聘任。充分考虑历史贡献，围绕“经营业绩、担当作为、党建质量、班子合力”四个方面，从九个维度建立评价模型，采集上一任期超过 1.5 万条数据逐人审视、量化排序，优秀的作为续聘人选或调整到更重要岗位，其他人员起立竞聘。通过两轮改革，任期管理已经深入人心，成为企业常态化循环机制。

（二）严格契约化管理，用好考核评价“指挥棒”

一是一企一策，科学设定目标。各子公司根据战略定位及发展阶段分为成熟、成长、培育、改革四类，分类提炼核心关键指标，结合集团战略要求，

---

① 资料来源：国务院国资委网站 2021 年编发的“国企改革样本”系列报道，适当删减。http：//www.sasac.gov.cn/n2588025/n2588124/c20033443/content.html。

对标行业标杆确定挑战目标。考核指标层层分解，全面穿透，实现“人人扛指标、挑战高目标”。

二是精准考核，有效区分优劣。建立绩效指标常态化跟踪考评机制，实施月度面谈辅导、季度点检提醒、半年评价、年度考核，考准考实任期过程表现。每半年按经营业绩产出对分、子公司进行打分，实施绝对值评价；对经理层成员在本单位内打分排序并按比例分档，分档比例与单位绩效结果强挂钩，单位绩效越好，个人绩优比例越高，实现个人与集体同进退。

三是严肃应用，实现优进绌退。考核结果与是否续聘和晋升发展紧密关联，绩效结果为 A 的优先续聘、提拔，绩效结果为 D 的起立竞聘，连续两年为 D 的终止任期、予以免职。

（三）实施市场化激励，激发担当作为“新动能”

对标市场，鼓励价值创造。综合考虑岗位价值和市场价位确定薪酬基准，突出经营目标牵引，挑战高目标的薪酬增长；承接低目标的薪酬下降。

奖罚分明，拉开分配差距。分、子公司经理层成员薪酬与经营业绩强挂钩，超额完成的给予利润分成，未达目标或同比下降的扣减薪酬。绩效分档结果决定绩效奖金分配，不同绩效结果对应不同奖金系数，拉开薪酬差距。

利益绑定，实现共创共享。着眼长远发展，实施任期激励，以年度目标薪酬的 10%为基准，根据任期考核结果延期兑现。分类施策，实施多元激励，探索上市公司股权激励、高新技术企业岗位分红、项目带头人成果转化跟投等方式，有力促进骨干人才与企业同成长、共发展。

第六章　新时代国有企业党的建设

党的建设是中国特色现代企业制度的重要组成部分。党的建设是国有企业管理的中国特色，是国有企业独特可持续竞争优势的重要来源。本章将介绍国有企业党的建设的主要任务，总结提炼国有企业基层党建创新做法。

本章共分四节，结构与逻辑如图 6-1 所示。

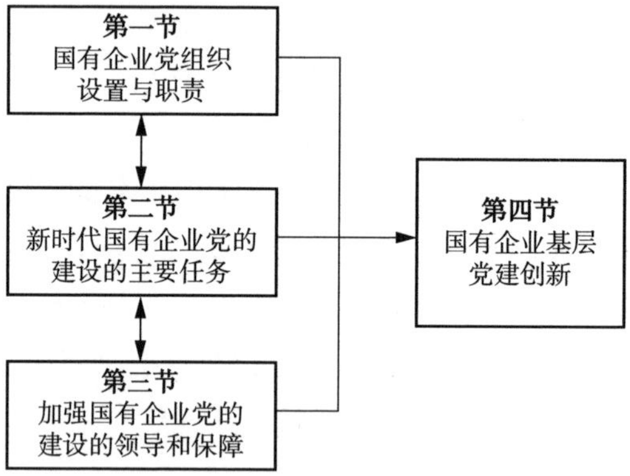

图 6-1　本章的结构与逻辑

第一节　国有企业党组织设置与职责

一、国有企业党组织设置

根据《党章》《中国共产党国有企业基层组织工作条例（试行）》《中国共产党支部工作条例（试行）》的有关规定，国有企业党组织属于党的基层组织。

（一）国有企业党组织设置的有关规定

国有企业党员人数在 100 人以上的设立党的基层委员会（以下简称党

委)。党员人数不足100人、确因工作需要的，经上级党组织批准也可以设立党委。

党员人数在50人以上、100人以下的设立党的总支部委员会（以下简称党总支)。党员人数不足50人、确因工作需要的，经上级党组织批准也可以设立党总支。

正式党员在3人以上的成立党支部。正式党员在7人以上的党支部设立支部委员会。党支部设置一般以单位、区域为主，以单独组建为主要方式。

经党中央批准，中管企业一般设立党组，中管金融企业设立党组性质党委。

（二）创新组织设置实现“应建尽建”

国有企业的产权关系、经营地域（主要是跨国经营)、组织结构、经营模式、用工方式等都在不断发生变化。如用工中多采用外包模式；混合所有制企业中股权结构的变化；海外公司雇员中以属地人员为主，党员人数较少。这些都对党组织设置提出了新的挑战。因此，国有企业要结合实际创新国有企业基层党组织设置形式，做到“应建尽建”，使党的组织和党的工作全覆盖。

国有企业要同步建立党的组织、动态调整组织设置，把党的组织建到车间班组、经营网点、工程项目、服务窗口、远洋船队，做到哪里有职工群众哪里就有党员，哪里有党员哪里就有党的组织，哪里有党的组织哪里就有健全的组织生活，就能实现党的组织作用的充分发挥。

对于正式党员不足3人的单位，应按照地域相邻、行业相近、规模适当、便于管理的原则成立联合党支部。联合党支部覆盖单位一般不超过5个。

对于为期6个月以上的工程、工作项目等，符合条件的应成立党支部。

为执行某项任务临时组建的机构，党员组织关系不转接的，经上级党组织批准可以成立临时党支部。临时党支部主要组织党员开展政治学习，教育、管理、监督党员，对入党积极分子进行教育培养等，一般不发展党员、处分处置党员，不收缴党费，不选举党代表、大会代表，不进行换届。临时党支部书记、副书记和委员由批准其成立的党组织指定。临时组建的机构撤销后，临时党支部自然撤销。

二、国有企业党委（党组）的职责

《党章》规定：“国有企业党委（党组）发挥领导作用，把方向、管大局、保落实，依照规定讨论和决定企业重大事项。”需要特别说明的是，2021年5月中办印发的《关于中央企业在完善公司治理中加强党的领导的指导意见》将“把方向、管大局、保落实”调整为“把方向、管大局、促落实”。但后来《党章》再次修正为“把方向、管大局、保落实”。

知识链接

《中国共产党国有企业基层组织工作条例（试行）》（节选）

［国有企业党委（党组）的主要职责］

第十一条　国有企业党委（党组）发挥领导作用，把方向、管大局、保落实，依照规定讨论和决定企业重大事项。主要职责是：

（一）加强企业党的政治建设，坚持和落实中国特色社会主义根本制度、基本制度、重要制度，教育引导全体党员始终在政治立场、政治方向、政治原则、政治道路上同以习近平同志为核心的党中央保持高度一致；

（二）深入学习和贯彻习近平新时代中国特色社会主义思想，学习宣传党的理论，贯彻执行党的路线方针政策，监督、保证党中央重大决策部署和上级党组织决议在本企业贯彻落实；

（三）研究讨论企业重大经营管理事项，支持股东（大）会、董事会、监事会和经理层依法行使职权；

（四）加强对企业选人用人的领导和把关，抓好企业领导班子建设和干部队伍、人才队伍建设；

（五）履行企业党风廉政建设主体责任，领导、支持内设纪检组织履行监督执纪问责职责，严明政治纪律和政治规矩，推动全面从严治党向基层延伸；

（六）加强基层党组织建设和党员队伍建设，团结带领职工群众积极投身企业改革发展；

（七）领导企业思想政治工作、精神文明建设、统一战线工作，领导企业工会、共青团、妇女组织等群团组织。

资料来源：中国政府网，http：//www.gov.cn/xinwen/2020-01/05/content_5466687.htm。

“把方向”就是要自觉地在思想上、政治上、行动上同党中央保持高度一致，坚持贯彻党的理论和路线方针政策，确保国有企业坚持改革发展的正确方向。[①]

“管大局”就是要坚持在大局下行动，议大事、抓重点，加强集体领导、推进科学决策，推动国有企业全面履行经济责任、政治责任和社会责任。

“保落实”就是要管干部聚人才、建班子带队伍、抓基层打基础，领导群团组织并发挥其作用，凝心聚力完成本企业中心任务，使党中央精神和上级部署不折不扣落到实处。

值得强调的是，国有企业党委（党组）发挥领导作用并不是要党组织成为生产经营的决策和指挥中心。借口建立现代企业制度否定或取消党的领导无疑是错误的，将党组织直接作为企业生产经营的决策和指挥中心也不符合企业党组织功能定位。

三、国有企业党支部（党总支）及内设机构中设立的党委的职责

《党章》规定：“党的基层组织是党在社会基层组织中的战斗堡垒，是党的全部工作和战斗力的基础。”

《中国共产党国有企业基层组织工作条例（试行）》规定：“国有企业党支部（党总支）以及内设机构中设立的党委围绕生产经营开展工作，发挥战斗堡垒作用。”

■ 知识链接

《中国共产党国有企业基层组织工作条例（试行）》（节选）

（国有企业党支部的主要职责）

第十二条　国有企业党支部（党总支）以及内设机构中设立的党委围绕生产经营开展工作，发挥战斗堡垒作用。主要职责是：

（一）学习宣传和贯彻落实党的理论和路线方针政策，宣传和执行党中央、上级党组织和本组织的决议，团结带领职工群众完成本单位各项任务。

① 十九大党章修正案学习问答［M］. 北京：党建读物出版社，2017：161.

（二）按照规定参与本单位重大问题的决策，支持本单位负责人开展工作。

（三）做好党员教育、管理、监督、服务和发展党员工作，严格党的组织生活，组织党员创先争优，充分发挥党员先锋模范作用。

（四）密切联系职工群众，推动解决职工群众合理诉求，认真做好思想政治工作。领导本单位工会、共青团、妇女组织等群团组织，支持它们依照各自章程独立负责地开展工作。

（五）监督党员、干部和企业其他工作人员严格遵守国家法律法规、企业财经人事制度，维护国家、集体和群众的利益。

（六）实事求是对党的建设、党的工作提出意见建议，及时向上级党组织报告重要情况。按照规定向党员、群众通报党的工作情况。

资料来源：中国政府网，http：//www.gov.cn/xinwen/2020-01/05/content_5466687.htm。

四、独立法人企业党支部（党总支）的职责

《中国共产党国有企业基层组织工作条例（试行）》规定："具有人财物重大事项决策权且不设党委的独立法人企业的党支部（党总支），一般由党员负责人担任书记和委员，由党支部（党总支）对企业重大事项进行集体研究把关。"

第二节　新时代国有企业党的建设的主要任务

《中国共产党国有企业基层组织工作条例（试行）》将党中央对加强国有企业党的建设的一系列政策进行系统集成，将企业加强党的建设的好经验、好做法加以总结提炼，对国有企业党组织工作作出整体设计和全面规范。《中国共产党国有企业基层组织工作条例（试行）》规定了新时代国有企业党的建设的四项主要任务，分别是在完善公司治理中加强党的领导、党员队伍建设、党的政治建设、党内民主和监督。

■ 知识链接

《中国共产党国有企业基层组织工作条例(试行)》(节选)

(国有企业党组织工作的五个原则)

第三条　国有企业党组织工作应当遵循以下原则:

(一) 坚持加强党的领导和完善公司治理相统一，把党的领导融入公司治理各环节;

(二) 坚持党建工作与生产经营深度融合，以企业改革发展成果检验党组织工作成效;

(三) 坚持党管干部、党管人才，培养高素质专业化企业领导人员队伍和人才队伍;

(四) 坚持抓基层打基础，突出党支部建设，增强基层党组织生机活力;

(五) 坚持全心全意依靠工人阶级，体现企业职工群众主人翁地位，巩固党执政的阶级基础。

资料来源：中国政府网，http://www.gov.cn/xinwen/2020-01/05/content_5466687.htm。

一、在完善公司治理中加强党的领导

(一) 把党的领导融入公司治理的具体要求

《中国共产党国有企业基层组织工作条例（试行）》第四章规定，“国有企业应当将党建工作要求写入公司章程”“坚持和完善‘双向进入、交叉任职’领导体制”“国有企业重大经营管理事项必须经党委（党组）研究讨论后，再由董事会或者经理层作出决定”“国有企业党组织应当按照干部管理权限，规范动议提名、组织考察、讨论决定等程序”“实施人才强企战略，健全人才培养、引进、使用机制，重点做好企业经营管理人才、专业技术人才、高技能人才以及特殊领域紧缺人才工作，激发和保护企业家精神，营造鼓励创新创业的良好环境”“健全以职工代表大会为基本形式的民主管理制度，探索职工参与管理的有效方式”。

党的领导融入公司治理，要根据不同类型国有企业党组织的职责定位考虑企业具体情况，在建强自身党组织的前提下，做到组织落实、干部到位、权责明确、监督严格。其中组织落实、干部到位、权责明确、监督严格的具体方法措施已在第三章详细阐述，本章仅重点分析加强党的自身建设。

（二）加强党的自身建设

在完善公司治理中加强党的领导，需要不断加强党的自身建设，做到加强党的领导和完善党的领导相统一，通过完善党的领导不断加强党的领导，把制度优势更好地转化为治理效能。

1. 以党的政治建设为统领全面推进党的建设

《党章》规定：中国共产党要领导全国各族人民实现“两个一百年”奋斗目标、实现中华民族伟大复兴的中国梦，必须紧密围绕党的基本路线，坚持党要管党、全面从严治党，加强党的长期执政能力建设、先进性和纯洁性建设，以改革创新精神全面推进党的建设新的伟大工程，以党的政治建设为统领，全面推进党的政治建设、思想建设、组织建设、作风建设、纪律建设，将制度建设贯穿其中，深入推进反腐败斗争，全面提高党的建设科学化水平。

国有企业党委（党组）要以党的政治建设为统领全面推进党的建设，推动全面从严治党向纵深发展，履行管党治党主体责任，落实不忘初心、牢记使命的制度，通过加强思想淬炼、政治历练、实践锻炼、专业训练推动领导人员坚定理想信念、发扬斗争精神、敢于担当作为，提高领导人员的政治判断力、政治领悟力、政治执行力，提高其贯彻新发展理念、服务构建新发展格局能力，提高其治企兴企能力，使其善于依靠改革应对变局、开拓新局。

2. 坚持民主集中制这一根本领导制度

《党章》规定：坚持民主集中制。民主集中制是民主基础上的集中和集中指导下的民主相结合，它既是党的根本组织原则，也是群众路线在党的生活中的运用。必须充分发扬党内民主，尊重党员主体地位，保障党员民主权利，发挥各级党组织和广大党员的积极性、创造性。必须实行正确的集中，牢固树立政治意识、大局意识、核心意识、看齐意识，坚定维护以习近平同志为核心的党中央权威和集中统一领导，保证全党的团结统一和行动一致，保证党的决定得到迅速有效的贯彻执行。加强和规范党内政治生活，增强党内政治生活的政治性、时代性、原则性、战斗性，发展积极健康的党内政治文化，营造风清气正的政治生态。在自己的政治生活中正确地开展批评和自我批评，在原则问题上进行思想斗争，坚持真理，修正错误。努力形成又有集中又有民主、又有纪律又有自由、又有统一意志又有个人心情舒畅生动活泼的政治局面。

《中共中央关于加强党的政治建设的意见》明确要求：要坚持民主集中制这一根本领导制度，善于运用民主的办法汇集意见、科学决策，善于通过协商的方式增进共识、凝聚力量，善于集中、敢于担责，防止议而不决、决而不行。

国有企业党委（党组）在议事决策时要坚持民主集中制原则、完善议事决策制度。第一，要合理安排每次党委（党组）会议的议题数量，不宜过多，保证有足够的时间充分讨论。第二，党委（党组）书记、董事长要发扬民主、善于集中、敢于担责，在研究讨论问题时要把自己当成班子中平等的一员，充分发扬民主，严格按程序决策、按规矩办事，注意听取不同意见，正确对待少数人意见，不搞一言堂甚至家长制。第三，领导班子成员必须增强全局观念和责任意识，在研究工作时充分发表意见，决策形成后一抓到底，不得违背集体决定自作主张、自行其是。坚持讲原则、讲规矩，共同维护坚持党性原则基础上的团结。第四，进入董事会、经理层的党组织领导班子成员和本企业其他党员要自觉接受党委（党组）领导，落实党委（党组）决定。第五，中央企业党委（党组）、董事会、经理层要支持企业纪检监察机构开展工作，自觉接受监督。

2016 年 10 月 27 日，党的十八届六中全会审议通过的《关于新形势下党内政治生活的若干准则》对民主集中制进行了详细阐述。

■ 知识链接

《关于新形势下党内政治生活的若干准则》（节选）

（2016 年 10 月 27 日）

六、坚持民主集中制原则

民主集中制是党的根本组织原则，是党内政治生活正常开展的重要制度保障。坚持集体领导制度，实行集体领导和个人分工负责相结合，是民主集中制的重要组成部分，必须始终坚持，任何组织和个人在任何情况下都不允许以任何理由违反这项制度。

各级党委（党组）必须坚持集体领导制度。凡属重大问题，要按照集体领导、民主集中、个别酝酿、会议决定的原则，由集体讨论、按少数服从多数作出决定，不允许用其他形式取代党委及其常委会（或党组）的领导。落实党委常委会（或党组）议事规则和决策程序，健全常委会向全委会定期报告工作并接受监督制度，坚决反对和防止独断专行或各自为政，坚决反对和防止议而不决、决而不行、行而不实，坚决反对和防止以党委集体决策名义集体违规。各级党委（党组）要善于观大势、抓大事、管全局，及时发现和解决矛盾和难题，不上推下卸，不留后遗症。建立上级组织在作出同下级组织有关重要决策前征求下级组织意见的制度。

领导班子成员必须增强全局观念和责任意识，在研究工作时充分发表意见，决策形成后一抓到底，不得违背集体决定自作主张、自行其是。坚决反对和纠正当面不说、背后乱说，会上不说、会后乱说，当面一套、背后一套等错误言行。坚持讲原则、讲规矩，共同维护坚持党性原则基础上的团结。

党委（党组）主要负责同志必须发扬民主、善于集中、敢于担责。在研究讨论问题时要把自己当成班子中平等的一员，充分发扬民主，严格按程序决策、按规矩办事，注意听取不同意见，正确对待少数人意见，不能搞一言堂甚至家长制。支持班子成员在职责范围内独立负责开展工作，坚决防止和克服名为集体领导、实际上个人或少数人说了算，坚决防止和克服名为集体负责、实际上无人负责。

领导班子成员必须坚决执行党组织决定，如有不同意见，可以保留或向上一级党组织提出，但在上级或本级党组织改变决定以前，除执行决定会立即引起严重后果等紧急情况外，必须无条件执行已作出的决定。

资料来源：中国纪律监察委网，https://www.ccdi.gov.cn/toutu/201611/t20161102_127892.html。

3. 坚持群众路线这一基本领导方法

《党章》要求：坚持全心全意为人民服务。党除了工人阶级和最广大人民群众的利益，没有自己特殊的利益。党在任何时候都把群众利益放在第一位，与群众同甘共苦，保持最密切的联系，坚持权为民所用、情为民所系、利为民所谋，不允许任何党员脱离群众，凌驾于群众之上。我们党的最大政治优势是密切联系群众，党执政后的最大危险是脱离群众。党风问题、党同人民群众联系问题是关系党生死存亡的问题。党在自己的工作中坚持群众路线，一切为了群众，一切依靠群众，从群众中来，到群众中去，把党的正确主张变为群众的自觉行动。

《中共中央关于加强党的政治建设的意见》明确要求：要坚持群众路线这一基本领导方法，不断增强群众工作本领，大兴调查研究之风，改进和创新联系群众的途径方法，坚持走好网上群众路线，汇集民智民力，善于通过群众喜闻乐见的方式宣传党的理论和路线方针政策，把党的主张变为群众自觉行动。坚决反对“四风”，特别是形式主义、官僚主义。

4. 坚持依法执政这一基本领导方式

《中共中央关于加强党的政治建设的意见》明确要求：要坚持依法执政这一基本领导方式，注重运用法治思维和法治方式治国理政，善于使党的主张通过法定程序成为国家意志、转化为法律法规，自觉把党的领导活动纳入制度轨道。

二、党员队伍建设

（一）加强党员教育管理

国有企业党组织应当坚持集中教育和经常性教育相结合，采取集中轮训、党委（党组）理论学习中心组学习、理论宣讲、在线学习培训等方式强化政治理论教育、党的宗旨教育、党章党规党纪教育和革命传统教育，组织引导党员认真学习党史、新中国史、改革开放史，推进“两学一做”学习教育常态化制度化，把不忘初心、牢记使命作为加强党的建设的永恒课题和全体党员、干部的终身课题，形成长效机制。

（二）严肃党的组织生活

国有企业各级党组织应当严肃组织生活，严格执行党的组织生活制度，经常、认真、严肃地开展批评和自我批评，增强党内政治生活的政治性、时代性、原则性、战斗性。党员领导干部应带头参加所在党支部或党小组的组织生活。

提高“三会一课”质量。“三会一课”应当突出政治学习和教育，突出党性锻炼，以“两学一做”为主要内容，结合党员思想和工作实际，确定主题和具体方式，做到形式多样、氛围庄重。党课应当针对党员思想和工作实际回应大家普遍关心的问题，注重身边人讲身边事，增强吸引力和感染力。党员领导干部应当定期为基层党员讲党课，党委（党组）书记每年至少讲一次党课。

认真召开民主生活会和组织生活会。参加民主生活会的党员领导干部应当严肃认真地开展批评和自我批评，坚持实事求是，讲党性不讲私情、讲真理不讲面子，按照“照镜子、正衣冠、洗洗澡、治治病”的要求严肃认真提意见，满腔热情帮同志，达到统一思想、增进团结、互相监督、共同提高的目的。民主生活会应当直面问题，领导干部应当在会上把自身存在的突出问题说清楚、谈透彻，开展批评和自我批评，明确整改方向。自我批评应当联系实际、针对问题、触及思想。相互批评应当开诚布公指出问题，防止以工作建议代替批评意见。对待批评应当有则改之、无则加勉，不搞无原则纷争，也不搞一团和气。组织生活会应当确定主题，会前认真学习，谈心谈话，听取意见；会上查摆问题，开展批评和自我批评，明确整改方向；会后制定整改措施，逐一整改落实。

落实谈心谈话、民主评议党员和主题党日等制度。每月相对固定一天开展主题党日活动，组织党员集中学习、过组织生活、进行民主议事和志愿服务等。党支部一般每年开展一次民主评议党员，组织党员对照合格党员标准、对照入党誓词、联系个人实际进行党性分析。党支部应当经常开展谈心谈话。谈心谈话应当坦诚相见、交流思想、交换意见、帮助提高。

（三）强化党员日常管理

强化党员日常管理，及时转接党员组织关系，督促党员按期足额交纳党费，增强党员意识。加强和改进青年党员、农民工党员、出国（境）党员、流动党员、劳务派遣制员工党员的管理服务。有针对性地做好离退休职工党员、兼并重组和破产企业职工党员管理服务工作。

从政治、思想、工作、生活上关心关爱党员，建立健全党内关怀帮扶机制，在重要节日、纪念日等走访慰问功勋荣誉表彰奖励获得者，经常联系关心因公伤残党员、老党员、生活困难党员和因公殉职（牺牲）党员的家庭，帮助他们解决实际问题。

严格执行党的纪律，对违犯党的纪律的党员按照党内有关规定及时进行教育或处理。

（四）提高党员发展质量

按照控制总量、优化结构、提高质量、发挥作用的总要求和有关规定发展党员。坚持把政治标准放在首位，重视在生产经营一线、青年职工和高知识群体中发展党员，力争每个班组都有党员。

注重把生产经营骨干培养成党员，把党员培养成生产经营骨干。对于技术能手、青年专家等优秀人才，党组织应当加强联系、重点培养。

（五）发挥党员先锋模范作用

紧密结合企业生产经营开展党组织活动，通过设立党员责任区、党员示范岗、党员突击队、党员服务队等引导党员创先争优、攻坚克难，争当生产经营的能手、创新创业的模范、提高效益的标兵、服务群众的先锋。

引导党员积极参与志愿服务，注重发挥党员在区域化党建和基层治理中的重要作用。

三、党的政治建设

党的政治建设是党的根本性建设。《中共中央关于加强党的政治建设的意见》指出，加强党的政治建设，目的是坚定政治信仰，强化政治领导，提高政治能力，净化政治生态，实现全党团结统一、行动一致。《中共中央关于加强党的政治建设的意见》明确了四个方面十六项具体要求，四个方面包括坚定政治信仰、坚持党的政治领导、提高政治能力、净化政治生态；十六项具体要求包括坚持用党的科学理论武装头脑、坚决做到“两个维护”、完善党的领导体制、改进党的领导方式、增强党组织政治功能、严肃党内政治生活等。《中国共产党国有企业基层组织工作条例（试行）》结合国有企业实际对国有企业加强党的政治建设提出了更具体的要求。

（一）把党的政治建设摆在首位

《中国共产党国有企业基层组织工作条例（试行）》要求：国有企业党组织必须把党的政治建设摆在首位，担负起党的政治建设责任，提高政治站位，强化政治引领，增强政治能力，涵养政治生态，防范政治风险，坚决落实党中央决策部署，推动企业聚焦主责主业，服务国家发展战略，全面履行经济责任、政治责任、社会责任。

（二）强化理论武装

《中国共产党国有企业基层组织工作条例（试行）》要求：坚持用党的创新理论武装党员干部职工，突出政治教育和政治训练，推动习近平新时代中国特色社会主义思想进企业、进车间、进班组、进头脑，引领职工群众听党话、跟党走。开展中国特色社会主义和实现中华民族伟大复兴中国梦宣传教育，加强爱国主义、集体主义、社会主义教育，抓好形势政策教育。

（三）强化文化建设

《中国共产党国有企业基层组织工作条例（试行）》要求：坚持以社会主义核心价值观引领企业文化建设，传承弘扬国有企业优良传统和作风，培育家国情怀，增强应对挑战的斗志，提升产业兴国、实业报国的精气神。深化文明单位创建，组织开展岗位技能竞赛，开展群众性文化体育活动，弘扬劳模精神、工匠精神，大力宣传、表彰先进典型，发挥示范引领作用，造就有理想守信念、懂技术会创新、敢担当讲奉献的新时代国有企业职工队伍。

（四）加强思想政治工作

国有企业要按照2021年7月印发的《关于新时代加强和改进思想政治工作的意见》和《中国共产党国有企业基层组织工作条例（试行）》的相关要求做好思想政治工作。

国有企业要把思想政治工作作为经常性、基础性工作，把思想政治工作同生产经营管理、人力资源开发、企业精神培育、企业文化建设等结合起来，在思想上解惑、精神上解忧、文化上解渴、心理上解压。把解决思想问题同解决实际问题结合起来，多做得人心、暖人心、稳人心的工作，积极构建和谐劳动关系，努力将矛盾化解在基层。健全落实企业领导人员基层联系点、党员与职工结对帮带等制度，定期开展职工思想动态分析，有针对性地做好人文关怀和心理疏导。注意在企业改革重组、化解过剩产能、处置“僵尸企业”和企业破产等过程中深入细致地做好思想工作，解决职工群众困难，引导职工群众拥护支持改革，积极参与改革。

（五）坚持党建带群建

《中国共产党国有企业基层组织工作条例（试行）》要求：坚持党建带群建，充分发挥群团组织桥梁纽带作用，推动群团组织团结动员职工群众围绕企业改革发展和生产经营建功立业，多为职工群众办好事、解难事，维护和发展职工群众利益。

四、党内民主和监督

《中国共产党国有企业基层组织工作条例（试行）》从四个方面对党内民主和监督进行了规定。

国有企业党组织应当落实党员的知情权、参与权、选举权、监督权，畅通党员参与党内事务的途径，推进党务公开，建立健全党员定期评议党组织领导班子等制度。落实党员代表大会代表任期制，健全代表联系党员群众等制度，积极反映基层党组织和党员意见建议。

落实全面从严治党责任，强化政治监督，加强对党的理论、路线方针政策及重大决策部署贯彻落实的监督检查。严格落实中央八项规定及其实施细则精神，坚决反对形式主义、官僚主义、享乐主义和奢靡之风。加强对制度执行的监督，加强对企业关键岗位、重要人员特别是主要负责人的监督，强化对权力集中、资金密集、资源富集、资产聚集的重点部门和单位的监督，突出“三重一大”决策、工程招投标、改制重组、产权变更和交易等重点环节的监督，严肃查处侵吞挥霍国有资产、利益输送等违规违纪问题。问题严重的应当及时向上级党组织报告。

落实党内监督责任，建立健全党内监督制度机制，强化日常管理和监督，充分发挥内设纪检组织、党委工作机构、基层党组织和党员的监督作用。加强对企业领导人员的党性教育、宗旨教育、警示教育，落实谈心谈话制度，加大提醒、函询、诫勉等力度，通过巡视巡察、考察考核、调研督导、处理信访举报、抽查核实个人有关事项报告等方式督促企业领导人员依规依法用权、廉洁履职。善用企业审计、法律、财务等监督力量，发挥职工群众监督、社会监督和舆论监督作用，推动各类监督有机贯通、相互协调，形成监督合力，提高监督效能。

国有企业内设纪检组织履行监督执纪问责职责，协助党委推进全面从严治党、加强党风建设和组织协调反腐败工作，精准运用监督执纪“四种形态”，坚决惩治和预防腐败。各级纪委监委派驻企业的纪检监察机构根据授权履行纪检、监察职责，代表上级纪委监委对企业党委（党组）实行监督，督促推动国有企业党委（党组）落实全面从严治党主体责任。

第三节　加强国有企业党的建设的领导和保障

一、国有企业党的建设的领导体系

《中国共产党国有企业基层组织工作条例（试行）》规定：各级党委应当把国有企业党的建设纳入整体工作部署和党的建设总体规划，按照管人管党建相统一的原则，健全上下贯通、执行有力的严密体系，形成党委统一领导、党委组织部门牵头抓总、国有资产监管部门党组（党委）具体指导和日常管理、有关部门密切配合、企业党组织履职尽责的工作格局。中央组织部负责全国国有企业党的建设工作的宏观指导。

中央企业直属企业（单位）党建工作以中央企业党委（党组）领导、指导为主，企业所在地的市地以上党委协助。

中管金融企业党委垂直领导本系统的党组织，负责抓好本系统党建工作。

二、国有企业党的建设的责任体系

《中国共产党国有企业基层组织工作条例（试行）》规定了各主体在党的建设中的责任：① 国有企业党组织履行党的建设主体责任；②书记履行第一责任人职责；③专职副书记履行直接责任；④内设纪检组织负责人履行监督责任；⑤党组织领导班子其他成员履行“一岗双责”；⑥董事会和经理层党员成员应当积极支持、主动参与企业党建工作。

各级党组织应当强化党建工作责任制落实情况的督促检查，层层传导压力，推动工作落实。

全面推行党组织书记抓基层党建述职评议考核。强化考核结果运用，考核结果在一定范围内通报，并作为企业领导人员政治素质考察和综合考核评价的重要依据。

企业党组织每年年初向上级党组织全面报告上年度党建工作情况，党组织领导班子成员定期向本企业党组织报告党建工作情况。

三、国有企业党的建设的保障体系

（一）机构保障

国有企业党委按照有利于加强党的工作和精干高效协调原则，根据实际需要设立办公室、组织部、宣传部等工作机构，有关机构可以与企业职能相近的管理部门合署办公。领导人员管理和基层党组织建设一般由一个部门统一负责，分属两个部门的应当由同一领导班子成员分管。

（二）人员保障

根据企业职工数量和实际需要配备一定比例专兼职党务工作人员。选优配强党组织书记，将党支部书记岗位作为培养选拔企业领导人员的重要台阶。注重选拔政治素质好、熟悉经营管理、作风正派、在职工群众中有威信的党员骨干做企业党建工作，将党务工作岗位作为培养企业复合型人才的重要平台。严格落实同职级、同待遇政策，推动党务工作人员与其他经营管理人员双向交流。

加强对党支部书记和党务工作人员的培训，确保党支部书记和党务工作人员每年至少参加一次集中培训。新任党支部书记一般应在半年内完成任职培训。

（三）经费保障

通过纳入管理费用、党费留存等渠道保障企业党组织工作经费，并向生产经营一线倾斜。纳入管理费用的部分一般按照企业上年度职工工资总额1%的比例安排，由企业纳入年度预算。整合利用各类资源，建好用好党组织活动阵地。

（四）督查指导

建立党支部工作经常性督查指导机制，推进党支部标准化、规范化建设，抓好软弱涣散基层党组织整顿提升工作。注重运用网络信息化手段和新媒体平台增强党组织活动和党员教育管理工作的吸引力、实效性。

（五）严格责任

坚持有责必问、失责必究。对国有企业党的建设思想不重视、工作不得力的应当及时提醒、约谈或通报批评，限期整改。

四、用好考核评价这个“指挥棒”

习近平总书记明确指出：加强国有企业党的建设，是各级党委的重要政治责任。要求用好考核评价的指挥棒，把党要管党、从严治党落到实处。

自全国国有企业党的建设工作会议以来，国有企业积极开展党建考评，把党的领导和党的建设从“原则要求”转化为“刚性考核”，落实了习近平总书记“既报经济账，又报党建账”的要求。

当前，基层国有企业党建考评还存在以下三个问题：

（1）一些企业考评内容过度追求全面性。指标过多使得指挥棒失去了方向、加大了考评成本、加重了接待检查负担。

（2）部分企业考评方法过度依赖过程检查。“过度留痕”和“只查记录，不问效果”在某些企业党建考核中依然存在。这些做法助推了形式主义，导致“结果好不如过程好”，影响了考评的科学性。

（3）个别企业使用考评结果时偏爱与“全员挂钩”。群众是党组织的组织、宣传、凝聚、服务的对象，与群众收入挂钩的做法不符合权责一致原则，也降低了党员群众的监督动力和监督效果。

为了发挥好考核评价这个指挥棒，需要着重做好以下三个方面的工作。

首先，根据差异化原则进行分类考核，用关键绩效考核（KPI）理念精简考评指标数量。一要根据党建基础情况和年度党建重点工作确定考核重点内容。新成立的混合所有制企业/海外企业及党建基础相对薄弱的企业的考核重点应放在抓基层、打基础上。二要狠抓规定性动作、强化落实新时代党的建设总要求和党的组织路线，加强党的自身建设，确保党建重点任务的贯彻落实。对于党建基础扎实的国有企业，考核重点应放在党组织的作用发挥上。三要注重区分不同类型党组织的考核重点。党委主要看年度党建重点工作完成情况，主要看领导作用发挥情况，党总支、党支部主要看战斗堡垒作用和党员先锋模范作用发挥情况。

其次，多措并举提高评价结果的科学性。一要以效果为导向设置考核内容。对年度党建重点工作落实、党组织作用发挥等设置效果类指标，如党建创新活动，关键要评价党组织和党员作用发挥情况、对企业中心工作的促进效果。二要充分使用利益相关者评价。把每个指标的评价权交给最有发言权的利益相关者，如党管干部的效果如何，党员群众的评价是必不可少的。三要从多个维度评价重要指标。年度重点工作等重要指标仅靠一种方法并不能确保评价结果的科学性，因此需要通过检查材料、座谈会等了解研究部署、资源配置和工作成效。

最后，严格按权责匹配原则应用考评结果。一要严格控制党建考评结果应用的对象范围。党委考评结果不应与其下属党组织绩效挂钩，党总支、党支部考评结果不应与党员群众挂钩，党员个人考评结果只与本人挂钩。二要与被考评对象所承担的党建责任挂钩。考评结果应用要体现党委书记第一责任人责任、专职副书记直接责任、其他党员领导人员按分工履行“一岗双责”，党支部考核结果应用也要比照处理。三要与业绩考核有机衔接起来。使党建考核同企业领导班子综合考评、经营业绩考核相衔接，同企业领导人员任免、薪酬、奖惩挂钩。

第四节　国有企业基层党建创新

一、重大工程党建管理模式

重大工程的技术难度大、利益主体多、不确定因素多、管理复杂性高，因此工程质量和工程进度不易控制。中国三峡建工党委在乌东德、白鹤滩水电站两个国家重大工程中创新党建管理，将党建真正融入工程建设，使参与工程建设的多个主体将目标和行动统一到项目建设的质量和进度上来，成功地在项目建设过程中将政治优势转化为国家重大工程的治理效能。案例企业的经验做法形成了“重大工程党建管理模式”，如图 6-2 所示。其特点是以重大工程治理效能为目标，体现出“1 个基础 4 种机制”：“1 个基础”是创新基层组织设置；“4 种机制”包括思想统一机制、凝聚资源机制、难关攻克机制、反腐倡廉机制。

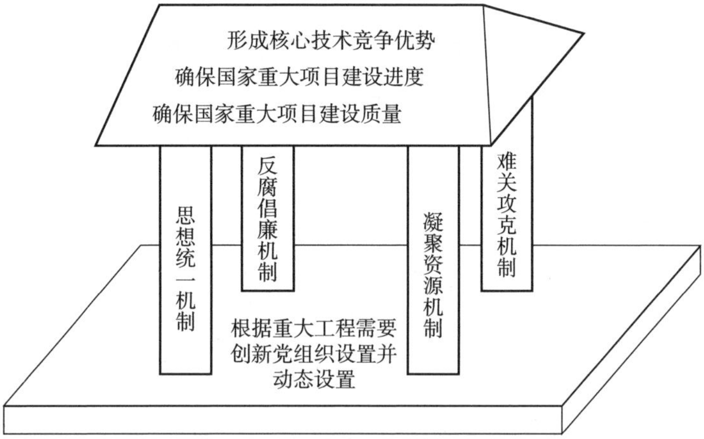

图 6-2　重大工程党建创新管理模式

（一）案例背景

金沙江白鹤滩水电站、乌东德水电站是世界在建第一、第二大水电项目，是实施国家“西电东送”战略骨干电源。2020 年，习近平总书记对乌东德水电站首批机组投产发电作出重要指示，2021 年又对白鹤滩水电站首批机组投产发电致信祝贺。习近平总书记的重要指示批示是对工程人员的关心和厚爱，更是大家必须把两项重大工程建设好、使用好的巨大动力，这是给予三峡集团的最高褒奖、最高荣誉和最大鞭策。

白鹤滩水电站是“西电东送”的国家重大工程，于 2017 年 7 月通过国家核准，主体工程全面开工，计划 2022 年 7 月实现工程全部机组投产发电。白鹤滩水电站是当今世界上在建规模最大、技术难度最高的水电工程，建成后世界排名第二，仅次于三峡水电站，对于改善能源结构具有重要作用。其中全球单机容量最大功率百万千瓦水轮发电机组全部实现国产化，实现了我国高端装备制造的重大突破，成功引领水电机组进入百万千瓦“无人区”，将中国水电技术推向了新的高度。2021 年 6 月 28 日，习近平总书记致信祝贺白鹤滩水电站首批机组投产发电，李克强总理作出批示。

金沙江乌东德水电站于 2015 年 12 月由国务院常务会议核准工程并正式开工，2021 年 6 月 16 日全部机组投产发电。乌东德水电站是党的十八大以来我国正式开工建设并投产的千万千瓦级巨型水电工程，也是实施“西电东送”的国家重大工程，是构建清洁低碳、安全高效能源体系的重要支撑性工程。2020 年 6 月 28 日，习近平总书记对金沙江乌东德水电站首批机组投产发电作出重要指示。

两项重大工程的建设难度极高，且需要协调多个单位联合设计和施工，如何确保工程的质量和进度是一大难题。以白鹤滩水电站为例，其施工过程中遇到了世界规模最大的水工地下洞室群，综合建设难度极高。在参与单位方面，乌东德水电站、白鹤滩水电站工程施工区有包括业主、设计、施工、监理和专业化服务等主要参建单位 55 家，工程建设高峰时期参建人员近 5 万人，其中党员 1400 多人。两个施工区共有党（工）委 8 个、党（总）支部 92 个，各单位间不存在行政隶属关系，管理文化不尽相同，管理水平参差不齐。

（二）企业的创新实践

为保障和促进国家重大水电工程有序高效建设，三峡集团联合地方政府和设计、施工、监理单位党组织积极开展国家重大水电工程施工区大党建模式探索与创新。①

在施工区大党建工作方针指引下，各级党组织紧紧围绕重大工程建设质量和进度这一共同目标开展党建工作，充分发挥基层党支部的战斗堡垒作用和党员先锋模范作用，统一思想认识、凝聚广大力量、一起攻坚克难，通过创新党组织设置、扭住政治建设的“牛鼻子”，把有意义的事做得有意思、突破基层党建“三大难题”、筑牢基层党建“四个品牌”，在基层党建工作中形成了三峡特色、三峡品牌，有力地引领保障重大项目的顺利建设。

---

① 案例企业做法的资料来源：中国三峡集团．乌东德工程建设部第一党支部被评为中央企业基层示范党支部［EB/OL］．（2021－01－15）［2022－04－15］．https：//www.ctg.com.cn/sxjt/xwzx55/zhxw23/1098697/index.html. 中国三峡集团．三年行动三峡答卷丨汇聚磅礴力量！大党建强力推进重大工程建设［EB/OL］．（2022－03－15）［2022－04－15］．https：//www.ctg.com.cn/sxjt/xwzx55/zhxw23/1294928/index.html. 中国三峡集团．基层党组织在国家重大工程建设中 发挥战斗堡垒作用的探索与实践［EB/OL］．（2022－03－21）［2022－04－15］．https：//www.ctg.com.cn/xjt/xwzx55/zhxw23/1296633/index.html.

1. 创新党组织设置，形成有效合力

（1）内部成立区域党支部。

按照“区域党建”“项目党建”理念整合公司所属多个职能部门，成立区域党支部。

乌东德工程建设部第一党支部由乌东德工程建设部综合管理部、党群工作部（纪检工作部）、地下厂房项目部、物资设备部、公共项目部五个部门组成，主要承担乌东德建设部综合文秘、行政后勤、党群纪检、地下厂房引水发电系统建造、物资设备供应、水电站公共设施建设等重要工作任务。

白鹤滩工程建设部第二党支部由建设部地下厂房项目部、合同管理部、综合安全监测中心三个核心部门组成，支部工作涉及面广，质量安全要求高、责任重。水电站两岸巨型地下厂房承载的16台单机容量世界第一的百万千瓦水轮发电机组是大国重器的“心房”。

（2）以“党建共建”为抓手动态联合外部党组织。

按照“区域党建”“项目党建”理念动态联合具有不同隶属关系的多个党组织形成组织合力。三峡集团在重大项目建设中以党组织共建为牵引，改变参建单位条块分割、互不隶属、各自为政的原有格局，由分散走向联合，由垂直管理走向区域整合（孟祥夫，2020）。

白鹤滩工程建设部第二党支部通过凝聚各相关单位建设者充分调动了广大参建单位、参建党员、参建群众的积极性和创造性，形成了独特的战斗力，攻克了一个又一个技术难题和建设难题，相关经验在白鹤滩施工区和金沙江流域进行推广。第二党支部探索性开展了地下厂房岩锚梁混凝土质量管理“党员先锋号”活动，实现了岩锚梁体型偏差控制在±8毫米以内，比规定提高近20%。在活动中各单位党员深入现场，带动工人共同“作战”，将单纯的合同经济关系转变为更加融洽、更具战斗力的同志关系和党群关系。白鹤滩地下厂房洞室群围岩问题的复杂程度超出了业内人士的认识，对此，第二党支部在支部大会上做出了“深入前线，摸清问题，提出对策，增强信心”的决定，组建参建各方党员骨干组成的“应急加固党员先锋号”。各方党员共参加现场协调125次，快速协调施工问题820多个，提前15天完成应急支护任务，厂房围岩稳定问题得到了有效解决。

乌东德工程建设部第一党支部以“紧贴工程抓党建，抓好党建促工程”为主线，联合长江设计院、西北咨询监理中心、三峡发展监理部、葛洲坝施工局、水电六局、水电七局六家主要参建单位广泛开展支部联创联建活动，把来自不同单位的157名党员组织在一起，成立了党员先锋号，施工现场分设右岸电站进水口突击队、左岸地下工程灌浆突击队，共同开展“三会一课”、主题党日、创先争优等活动，开设树立典型、学习先进、营造氛围的联合宣传窗口，搭建思想连接、人员对接、工作衔接的联合组织平台，实现组织上共建联合体、思想上画好同心圆、力量上拧成一股绳，共同为“打造精品工程、铸就大国重器”的目标奋斗。2017年12月，乌东德右岸电站进水口受高位自然边坡治理影响，导致混凝土工期滞后10个月，严重影响了首批机组按期蓄水发电。党支部将这一问题列为支部重点工作，第一时间与水电六局施工队党支部开展联创共建活动，组织参建各方“坐在一起”，统一思想认识，商量如何凝聚力量、探索有效解决办法。此后，党支部多次牵头组织参建各方进行专题讨论研究，群策群力保障工程进度目标，最终实现右岸电站进水口一条龙作业，参建各方心往一处想、劲往一处使，彻底改变了被动局面，如期实现了右岸电站进水口混凝土浇筑封顶。

2. 扭住党的政治建设这一“牛鼻子”

党的政治建设是党的根本性建设，营造良好政治生态是一项长期任务，需要持续用力、久久为功。乌东德水电站、白鹤滩水电站基层党支部紧紧扭住政治建设这个“牛鼻子”，打造思想政治工作的坚强堡垒。

（1）坚持精神引领。

坚持以习近平新时代中国特色社会主义思想为指引，以习近平总书记对金沙江乌东德水电站首批机组投产发电的重要指示精神、对白鹤滩水电站首批机组投产发电的贺信精神为根本遵循，通过“三会一课”、知识竞赛、学术研讨、微党课、微电影等营造浓厚的学习氛围。把习近平总书记的殷切嘱托转化为干事创业的不竭动力，实现乌东德水电站全部机组按期投产发电，白鹤滩水电站后续各项工作蹄疾步稳。

（2）坚持典型示范。

在急难险重、重大攻关、爱岗敬业等关键任务和日常考验中选树典型，涌现出全国劳动模范王克祥、全国五一劳动奖章获得者杨宗立、汪志林等一大批在金沙江上挥洒热血、筑坝为民的先进典型。扎实开展“最美三峡人”宣讲、创建“岗号组”、表彰优秀工程建设者等活动。

（3）坚持文化熏陶。

大力弘扬以“为我中华，志建三峡”为核心的“三峡精神”，引导党员干部学习老一辈三峡人精益求精、勇攀高峰、无私奉献的精神，传承三峡经验、三峡文化、三峡精神，动员青年主动担当作为，更深地扎根于奋斗的泥土中。

（三）重大工程党建创新管理的模式提炼

中国三峡建工（集团）有限公司党委通过在乌东德、白鹤滩两项重大工程中探索，成功将党建的政治优势转化为重大工程项目的效能，初步形成了“重大工程党建管理模式”。

1. 以重大工程治理效能为主要目标

习近平总书记要求：“坚持服务生产经营不偏离，把提高企业效益、增强企业竞争实力、实现国有资产保值增值作为国有企业党组织工作的出发点和落脚点，以企业改革发展成果检验党组织的工作和战斗力。”《党章》也明确规定，“国有企业和集体企业中党的基层组织，围绕企业生产经营开展工作”。对重大工程项目来说，“服务生产经营”就是服务重大工程的整个研制过程，“企业改革发展成果”就是重大工程的建设质量、建设进度和核心技术突破。

因此，“重大工程党建管理”要紧紧围绕重大工程的研制过程和具体任务，以重大工程的建设质量、建设进度、核心技术突破为“重大工程党建管理”的主要目标。

案例企业中，乌东德工程建设部第一党支部提出的“以‘紧贴工程抓党建，抓好党建促工程’为主线”就完全符合这样的基层党组织的定位。白鹤滩工程建设部第二党支部紧贴工程建设需求，以安全监测数据管理党员红旗岗、压力管道质量管理党员先锋号、地下厂房开挖支护党员攻关组等为载体，打破常规项目建设中参建各方以合同为唯一约束关系的壁垒，把各方会聚成一个特别有凝聚力和战斗力的整体。

2. 创新基层组织设置并动态调整

习近平总书记强调，“要同步建立党的组织、动态调整组织设置”。重大工程以项目的形式进行管理，在项目建设的不同阶段，不仅参建单位的数量是动态变化的，而且同一单位在不同阶段的任务也是不同的。

因此，要想紧紧围绕重大工程的研制过程和研制具体任务开展党建工作，通过党建引领保障重大工程的建设质量、建设进度、核心技术突破，就需要创新重大工程党组织设置形式，并根据项目建设的需要在不同建设阶段动态调整党组织设置。适合重大工程的党组织设置具有三个特征：第一，具有隶属关系的企业或部门合并在一起成立一个基层党组织（基层党委、党总支、党支部），实现对企业内党建工作的统一管理；第二，根据职能分工，将该基层党组织划分为不同的党小组（如果有基层党委或党总支，就划分为若干党支部），形成小的功能型战斗单元；第三，根据工程建设进展的不同阶段与具有不同隶属关系的企业党组织开展党建共建。这种党建共建既可以是临时性的，用于解决工程建设中出现的偶发性急难险重问题，也可以是常态化的，用于协调不同企业之间的利益冲突。

案例企业中，乌东德工程和白鹤滩工程都成立了项目党支部，在工程建设过程中，两个党支部都与其他单位的党组织开展了不同形式的党建共建活动。

3. 形成思想统一机制

习近平总书记强调，“要让支部成为教育党员的学校”“要把党员日常教育管理的基础性工作抓紧抓好”“企业党组织‘三会一课’要突出党性锻炼”。《党章》规定，“做好党员教育、管理、监督、服务和发展党员工作，严格党的组织生活，组织党员创先争优，充分发挥党员先锋模范作用”。重大工程参研参建单位多且不隶属同一党委，这种特点一方面造成党员日常教育管理的难度大；另一方面如果做好了党员日常教育管理，就会发挥党组织思想统一、凝聚共识的作用，把不同企业的党员凝聚在一起，使不同企业的目标达到趋同。

因此，重大工程党建管理要建立好思想统一机制。对于重大工程党建管理来说，抓好党员日常教育管理，不只是自己的基层党组织所管理的党员的日常教育管理，还包括以创新的党建活动的形式和方法适时对参与党建共建的其他基层党组织中党员的教育管理。另外，通过与党建共建的基层党组织共同开展“党日活动”、共同上“党课”等，使所有参建单位都能认识到我们的大目标是一致的，都是要实现重大工程的建设。

案例企业中，坚持把政治建设放在首位，以习近平新时代中国特色社会主义思想为指引，以习近平总书记对金沙江乌东德水电站首批机组投产发电的重要指示精神、对白鹤滩水电站首批机组投产发电的贺信精神为根本遵循，创新教育形势，除“三会一课”、知识竞赛外，还开展了学术研讨、微党课、微电影等形式多样的活动。白鹤滩工程建设部第二党支部凝聚支部所属地厂项目部、监理部、施工单位水电七局等七家单位33名党员成立党员先锋号，共同开展创先争优主题党日活动，搭建思想连接、人员对接、工作衔接的组织平台。

4. 形成资源凝聚机制

习近平总书记强调，“要让支部成为团结群众的核心”。《党章》规定，“团结、组织党内外的干部和群众，努力完成本单位所担负的任务”。《中国共产党国有企业基层党组织工作条例（试行）》也规定，“加强基层党组织建设和党员队伍建设，团结带领职工群众积极投身企业改革发展”。重大工程的治理效能取决于全体建设单位、全体参建人员的共同努力，不只是牵头单位。所以不同企业之间的资源（特别是人力资源）能否统筹协调，不同企业之间的目标能否达到基本趋同，对重大工程的治理效能的影响是非常大的。

因此，重大工程党建管理需要形成有效的资源凝聚机制。对重大工程党建管理来说，团结和组织的不应该只是自己的基层党组织所直接管理的党员和群众，而是全体参建单位的基层党组织、党员和群众，特别是在工程建设中负责或参与核心技术攻关、负责或参与重点研制任务的基层党组织、党员和群众。所以，资源凝聚机制要通过党建共建等形式开展联合攻关、联合劳动竞赛，将更广泛的党员、群众凝聚到工程建设上来。

案例企业中，白鹤滩水电站第二党支部紧贴工程建设需求，以安全监测数据管理党员红旗岗、压力管道质量管理党员先锋号、地下厂房开挖支护党员攻关组等为载体，打破常规项目建设中参建各方以合同为唯一约束关系的壁垒，把各方会聚成一个特别有凝聚力和战斗力的整体。乌东德工程建设部第一党支部为打造精品工程，围绕“全面推行标准化工艺、全面创建精品工程、全面防范质量风险”目标树立“精细管理”的管理理念，坚持“源头控制、过程管理、问题反查、创新提升”的管理思路，倡导“精益求精”的工匠精神，开展创先争优和评选“优质样板工程”。

5. *形成难关攻克机制*

习近平总书记强调，“要让支部成为攻坚克难的堡垒”。《党章》规定，“党的基层组织是党在社会基层组织中的战斗堡垒，是党的全部工作和战斗力的基础”。对于重大工程来说，很多“坚”和“难”需要多个基层党组织共同努力才能攻克。

因此，重大工程党建管理需要形成有效的难关攻克机制。一是要找到难关是什么，也就是“坚”和“难”的识别机制，要防止把行政管理能够解决的生产任务列为难关，这会造成更大的资源浪费。二是攻克机制，要通过党建共建等开展联合攻关，在短时间内集中优势兵力攻克重大工程研制过程中的一个个“堡垒”，在此过程中，特别要注意处理好与行政管理（不同企业之间的合同管理）的关系。

案例企业中，白鹤滩工程建设部第二党支部先后开展右岸地下厂房应急加固党员先锋号、压力管道质量管理党员先锋号、800 兆帕压力钢管焊接攻关小组、地下厂房下部贯通区域开挖支护党员攻关小组、合同变更管理红旗岗、安全监测数据管理红旗岗等系列“岗号组”活动，形成党员带头、形式多样、措施有力、效果明显的工作机制，以“岗号组”活动为载体，使党建与工程建设深度融合，充分发挥党员的先锋模范作用。乌东德工程建设部第一党支部联合参建单位和科研院所成立地质快速反应小组，及时应对 8 类工程地质问题，开展施工期围岩稳定动态反馈分析与风险评估、精细爆破设计、震动监测和爆破控制，解决了大跨度、高边墙围岩变形控制的世界级难题，创造了两项世界第一和三项世界首次。

6. 形成反腐倡廉机制

习近平强调，“全面从严治党要在国有企业落实落地，必须从基本组织、基本队伍、基本制度严起”。廉洁是对每个党员的最低要求，更是打造大国重器的底线。《党章》规定，“对党员进行教育、管理、监督和服务……维护和执行党的纪律，监督党员切实履行义务”。对于重大工程来说，项目的不确定因素多、工程施工内容变更多、工程施工主体多，难以进行规范化监管，是监督的“关键环节”“灰色地带”。

因此，重大工程党建管理要建立切实有效的反腐倡廉机制。一是明确“关键岗位”“重要人员”“关键环节”。二是创新监督工作的方式方法，在设置举报箱、举报电话等常规方法的基础上，可以与党建共建单位签署廉洁承诺书、聘请共建单位党员为廉洁监督员、共建单位党员列席组织生活会。

三峡集团坚持工程大坝和廉洁大坝“两坝同筑”，在施工区广泛设置举报箱，在各参建单位聘请监督员列席相关会议，构建横向到边、纵向到底的大监督工作体系。迄今为止，乌东德、白鹤滩工程施工区未出现一例行贿受贿、贪污腐败事件。

二、党组织活动创新

（一）“七步法”

针对生产经营中的痛点、难点问题，通过党组织活动创新凝聚党员群众，充分发挥党组织战斗堡垒作用和党员先锋模范作用，辅助生产经营管理线，推动重点、难点问题的有效解决，从而彰显党建优势，形成企业竞争优势。对多个国有企业党组织活动创新进行总结后，提炼出一个工具，人们称之为党组织活动创新“七步法”，如图 6-3 所示。

1. 找到本部门/本单位中心任务及重点难点

找到本部门/本单位生产经营的痛点难点，需要从本部门/本单位的职能、

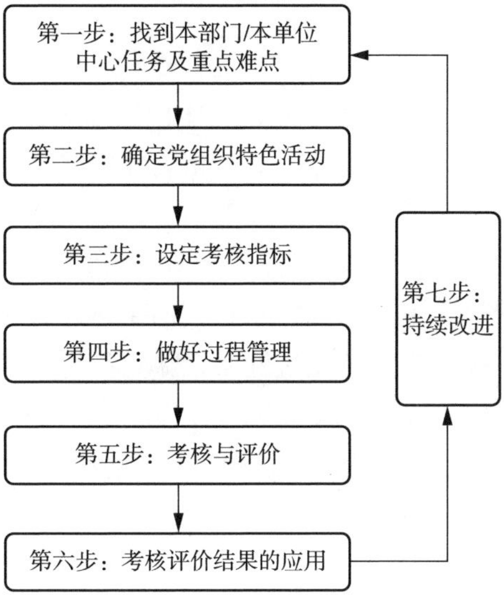

图 6-3　党组织活动创新“七步法”

功能及集团公司的战略两方面来考虑。

2. 确定党组织特色活动

确定党组织特色活动的项目要做到“纵向上下贯通、横向左右联合”。首先，要注重从上到下、从下到上的纵向贯通，即党建创新活动项目要满足上级党组织的要求、要符合本级党组织的实际、要经过上级党组织的批准，纵向上下贯通需要满足三个条件：“上级党组织想要的、本级党组织能干的、上级党组织批准的”。其次，要注重与其他同级党组织的横向联合。党建创新活动，旨在解决生产经营中的痛点难点，但要解决一些“老大难”问题、“新焦点”问题，往往需要本企业、本部门和其他企业或其他部门共同努力，也就是说，这个难点问题、焦点问题能不能得到有效解决，不只取决于自己，还取决于别人，别人指自己企业或自己部门以外的人。这个时候就需要同其他的党组织进行横向联合。

3. 设定考核指标

建议采取 KPI 关键指标法，把生产经营中的痛点、难点转化成 KPI 指标。

4. 做好过程管理

这一步的关键在于活动组织部门的角色转换。活动组织部门的角色原来多是管理者、控制者、监督者，现在要由管理者、控制者、监督者转变为纠偏者、服务者、支持者，也就是说，活动组织者和活动实施者的目标是一致的，是“一伙的”，两者仅是分工不同。

5. 考核与评价

可以考虑多种评价方法的综合使用，如中铝集团的“两带两创”活动就采取了党员群众评议、党组织推荐、上级相关部门综合评议三种方法对创效项目和创新课题实施情况进行评价。在考核评价中，定量指标的评价相对容易，对于定性指标，建议采取“利益相关者评价”方法。“利益相关者评价”就是把对指标的评价权交由与指标密切相关的主体来评价，如哈电集团所属的某个分厂，在评价每名党员的先进性时，除党员的生产经营业绩这一定量指标外，还由全体党员群众对该名党员的先锋模范作用发挥情况进行打分，定量和定性的评价合在一起即构成了该党员的最终评价结果。

6. 考核评价结果的应用

第一，为了避免因考核评价科学性不足等造成的矛盾，建议采取 ABC 分类法对考评结果进行分类。也就是优秀的为 A，比例不超过 20%；良好的为 B，比例没有强制要求；合格的为 C，比例没有强制要求；不合格的为 D，很多时候这一档是可以没有的。

第二，在激励和约束上，一是建议以奖励为主，处罚为辅；二是在激励措施上应该把党建激励和经济激励结合起来，优秀的不仅要有荣誉等精神奖励，而且要有正常的经济绩效奖励。

7. 持续改进

活动结束后一定要马上总结经验、马上反思问题，深度总结提炼，将具体做法抽象化，然后进行宣传和推广。

（二）企业案例：中铝集团的“两带两创”活动

1. 案例背景

中国铝业集团有限公司（以下简称公司或中铝集团）是国有大型中央企业和有色金属行业龙头企业，公司资产总值 5200 多亿元，营业收入近 3000 亿元，全级次实体企业 450 多家，在岗员工超过 11 万人，各级党组织 2800 多个、在岗党员 4 万多名。

自 2017 年以来，公司党组认真贯彻落实中央全面加强党的建设和国资委党委要求，将“两学一做”学习教育常态化、制度化与推动中心工作紧密结合，在各级党组织和全体党员中广泛开展“党组织带党员创效、党员带群众创新”活动（简称“两带两创”活动），搭建党建工作与中心工作紧密融合的“路”与“桥”，打通党建任务落实的“最后一公里”，推动党建工作和生产经营工作有机融合，创建中铝集团党建工作特色品牌，促进企业扭亏脱困转型升级。

2. 主要做法

中铝集团开展“两带两创”活动的主要做法可概括为“12345”，即围绕一个中心、突出两个重点、抓住三个主体、实施四个步骤、落实五项机制（石大为，2021）。

（1）围绕一个中心。

各级党组织紧紧围绕“降本增效扭亏脱困”这一中心巩固和深化“两学一做”学习教育成果，按照“紧盯扭亏脱困定项目、融入中心工作抓创效，结合转型升级选课题、推进中心工作抓创新”的思路，着力发挥基层党组织战斗堡垒作用和党员先锋模范作用，带领带动职工群众在扭亏脱困转型升级任务中勇挑重担，在改革改制加减乘除工作中攻坚克难，在生产技术、管理服务等重点项目中创新创效，形成人人能创新、人人善创新、人人有创新的生动局面，把党的政治优势转化为提升经济效益的竞争优势。

（2）突出两个重点。

“两带两创”活动的主要内容突出“创效、创新”两个重点。企业肩负的一条重要责任就是确保国有资产保值增值，创新创效就是贯彻落实这一目标的根本途径。

各级党组织坚持以完成本单位年度生产经营任务和党建工作任务为目标，紧盯扭亏脱困转型升级工作中的攻关性任务、急难险重任务、技术难题、经营难点、安全危险源等难点问题、瓶颈问题，因地制宜地开展生产降本、精准管理、节能减排、资本运作、营销物流、技术革新、节流开源等，每一级和每个党组织确保有一个创效项目。

全体党员以完成所在岗位工作任务为目标，聚焦所在党组织创效目标和创效项目，充分发挥党员先锋模范作用、骨干作用和表率作用，结合岗位特点、专业特长和技能水平，以“一带 N”或“N 带一”的模式（即一个党员带 N 个群众或 N 个党员带一个群众）成立创新活动小组，通过带思想、带学习、带安全、带技能、带作风，用创新的思路和手段解决问题，把党员和群众的创造力激发出来，创造出更大的效益。

（3）抓住三个主体。

“两带两创”活动要取得实效，关键是要抓住各级党组织、全体党员和职工群众三个要素。

第一，把各级党组织打造成为坚强战斗堡垒。中铝集团党组历时半年多，经过七次全级次穿透指导，全级次企业查找在党的领导、党组织建设方面“四个化”问题，逐级制定党组织整改决议，明确责任单位、部门和整改目标，立行立改党组织“应建未建”、党建工作要求入章程、党组织前置研究重大问题和党建考核机制不健全等问题，各级党组织战斗堡垒作用明显增强。

第二，着力发挥党员干部先锋模范作用。公司党组抓住“关键少数”，坚持以上率下、示范带动，扎实推进“两学一做”学习教育常态化、制度化，固根铸魂、把舵扬帆，严密组织了专题研讨、知识竞赛、专家专题辅导、举办专题培训班等公司党组部署的规定动作；各级党委委员深入分管部门和基层单位，指导党的六中全会、国企党建会议和党的十九大精神学习贯彻，参加联系支部学习研讨和组织生活，严格党内生活和党性锻炼，大力反“四风”、转作风，不断强化了全体党员的“四个意识”，激发了党员带头动脑筋创新创效、带头攻克难关建功立业的巨大内力。

第三，充分发挥职工群众的主体作用。坚持全心全意依靠职工群众办企业，严格落实以职代会为主要内容的厂务公开民主管理制度，通过合理化建议、职工代表提案、思想动态调研畅通职工建言献策渠道。以技能大赛为龙头加强产业工人队伍建设，大力培养“中铝工匠”。建设近200个职工创新工作室，广泛开展创新创意大赛，以职工个人命名“金点子”和先进操作法，群策群力求创新。

（4）实施四个步骤。

一是调研摸底。各级党组织按照公司“两带两创”活动的统一部署组织各单位梳理本年度生产经营、管理改革、党建工作等重点任务，深入各部门进行调研，摸清各领域生产经营面临的重难点问题，党组织、党员队伍、职工队伍结构状况等，为确定高质量的创效项目、创新课题提供准确、翔实的第一手资料。

二是科学立项。各级党组织根据调研摸底情况研究确定活动展开的切入点、发力点，层层进行任务分解，层层明确创效目标和创效项目，并向上级党组织备案。全体党员立足本岗位，以党员责任区、党员突击队、攻关党小组等为团体单位，积极主动联系群众、帮助群众，设立创新项目和课题，形成全员参与创效创新的生动局面。推行“揭榜挂帅”机制，以“两带两创”活动为抓手，生产经营“挂牌出题”、党组织“揭榜领题”、党员“亮牌解题”，形成了党建深度融入生产经营的常态化工作机制（赵建平，2021）。

三是精心实施。各级党组织对本级和下辖党组织的创效项目进行整理，填写《党组织带党员创效月度工作记录表》和《党员带群众创新月度工作记录表》，建立活动记录台账。利用厂办公示栏、车间公开栏等将创效创新项目、进展程度、取得成果进行公示，接受本单位党员群众监督，按照 PDCA 循环管理模式扎实推进，确保创效创新项目和课题见成效。

四是总结推广。年底公司和各板块党委采取党员群众评议、党组织推荐、上级相关部门综合评议三种方法对党组织创效项目和党员带群众创新课题实施情况进行系统总结，逐级进行评审，对成果显著、有影响力的项目课题给予表彰奖励，并进行整合分类，总结经验做法，向同类企业或部门进行推广，进一步增强创效创新的效益。

（5）落实五项机制。

一是层层建立领导小组机制。层层建立“两学一做”学习教育常态化、制度化领导小组，将“两带两创”活动作为学习教育的一项重要内容、做合格党员的重要载体，全面加强组织领导，定期总结讲评，研究解决存在的问题。与公司工会组织的“安全、干净”班组竞赛、专项劳动竞赛，公司团委组织的创新创意大赛，各单位自行开展的创效创新活动搞好统筹安排和精准对接，做到相互促进、整体提高。

二是分类指导机制。“两带两创”活动是一项系统性工程，参加党组织、党员、群众多，设立的创效项目创新课题类型复杂、覆盖面广，组织推进难度大、问题多。为确保活动实效，坚持分类指导，区分“创新创效型”一线党组织、“支持保障型”辅助系统党组织和“管理服务型”机关党组织情况，协同总部有关部门、工会、团委等齐心协力、各负其责、持续改进、扎实推进，不断提高“带创”水平。

三是督导检查机制。各级党组织对活动高度重视，严格落实月点评、季考核制度，在各项目课题进展的重要节点、重点部位及时跟进检查督导，确保各项目课题按计划推进。对创效创新项目进度滞后、效果不明显的负责人、团队和挂钩领导进行批评教育，限期整改，确保活动扎实推进。

四是建立联系点机制。公司党组成员和各级党委委员采取“1+1”或“1+N”方式与公司所有党支部建立联系点，坚持带头到联系点调研指导、参加组织生活、讲党课，在“两带两创”项目课题进展到重要阶段时，靠前组织、靠前指挥，在“急、难、险、重”任务面前攻坚克难、身先示范，确保创效创新项目课题扎实推进。

五是典型示范机制。按照“树起一个感染一片，宣传一个鼓舞一片，推广一个带动一片”的思路，通过《中国铝业报》、中铝集团公司党群工作动态、各企业自有报刊、“两微一端”、电视台等发掘典型、培养典型、表彰典型、推广典型，形成了“上级带下级、干部带员工、党内带党外、党员带群众”的良好氛围。

3. 项目成效

从 2017 年起，中铝集团全面推行“党组织带党员创效，党员带群众创新”工作（简称“两带两创”）。截至 2019 年年底，党组织带领党员创效 8451 个项目，党员带群众创新 10968 个课题，实现效益 40 多亿元（江琳，2019；罗旭，2019；周雷，2019）。

三、党建共建

（一）“NSCS”原则

总结发现，党建共建取得较好成效的企业有以下四个共性。

第一个共性是“各有所需”（Need），取字母 N，指共建的两个党组织都要有各自的共建需求，有了需求才有意愿，有了意愿才有主动性。

第二个共性是通过党建共建“互相满足”（Satisfaction Each Other），取字母 S，指共建的两个党组织的各自需求能够由对方的优势资源加以满足，或者说，一个党组织面临的痛点、难点问题可以利用另一个党组织的优势资源来解决。

第三个共性是通过党建共建“共创价值”（Creating Value），取字母 C，指通过党建共建活动能够做大蛋糕，即能够创造更大的价值。

第四个共性是通过党建共建“共享价值”（Sharing Value），取字母 S，指通过党建共建活动取得各方均满意的收获。

通过一个案例来看一下如何做到“NSCS”。这是南方电网所属的三级公司的一个党建共建案例，由技术部党支部和其下游的配电部党支部共建，党建共建活动由技术部党支部主导发起，属于第三种党建共建模式。在党建共建前，技术部党支部面临的中心工作中的难点是新技术新工艺缺少试验平台和试验环境；配电部党支部面临的中心工作中的难点是用户投诉率居高不下，这对职工收入直接造成了影响。很显然，两个党支部“各有所需”，技术部党支部希望解决新技术新工艺试验平台问题；配电部党支部希望能够解决顾客投诉率居高不下的问题。那么能不能“相互满足”呢？技术部党支部需要的试验平台配电部党支部可以轻松提供，而配电部党支部的顾客投诉的主要原因是设备不稳定，这需要专业的技术团队持续跟踪。通过党建共建，两个党支部共创了价值，也共享了价值，近一年的跟踪结果显示，配电部党支部因技术故障导致的用户投诉率降为零。

（二）企业案例：西北油田某采油厂的党建共建常态化探索

西北油田采油四厂对党建共建常态化进行了创新探索，并取得了很好的成效。

1. 案例背景

2019 年采油四厂成立后，形成了采油厂、承包商、专业团队“三位一体”扁平化、虚拟化、项目化、专业化“四化融合”的运行模式，这是一种新型的商业模式。

新的商业模式具有很多优点，但也存在亟须解决的问题。在“油公司”体制下，把非核心业务，甚至部分核心业务外包，这种商业模式存在着运营成本低、管理流程链短的优势。现有模式下，利益主体较多，相互之间主要靠合同约束，各自以自己企业利益最大化进行决策，导致在实际运行过程中很难达到资源的最优配置。采油厂与区域承包商的管理界面如图 6-4 所示。

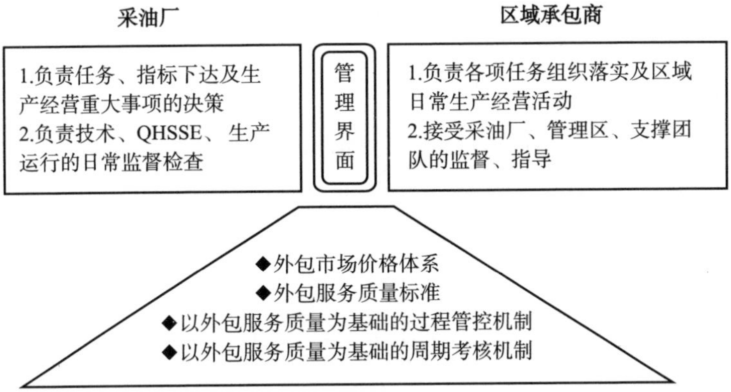

图 6-4　采油厂与区域承包商的管理界面

新商业模式决定了采油厂与承包商构成一个利益共同体，双方的利益在本质上具有一致性。但是，在新商业模式推进过程中，顺北油田和区块承包商河南油田分公司采油二厂顺北油气服务项目部还存在明显的甲乙方身份思维，甲方注重综合效益和管理水平提升，乙方侧重直接经济效益，效益好的项目积极投入，效益差的项目不愿意做，工作主动性不够，这给采油厂高质量发展造成困难。

西北石油局党委基于“实事求是、因地制宜，优势互补、共同发展”原则积极探索、勇于创新，在实践中逐渐形成了极具油公司特色的以“融合”为中心的党建“三建模式”（刘宝增等，2020）：组团式共建突出甲乙方的工作、技术和情感交流；区域化联建注重资源共享，以党建联系为纽带，加强业务联系；网络化促建重点建立党建云平台，促进党建工作在线上线下协同推动。“三建模式”有效推动了党建与企业生产经营融合发展，为西北石油局走上高效勘探开发之路、建设千万吨级大油气田提供了坚强的政治保障和组织保障（余满和、罗敏，2019）。

开展融合党支部建设是对党建共建的创新，是对西北油田“三建模式”的深化。融合党支部建设在组织设置上将两个党支部合并为一个党支部，持续共同开展“三会一课”、主题党日活动、组织生活会、民主评议党员、党员争先创优活动。使两个党支部及全体党员真正长期融合到一起，实现“区域共建”的常态化。

2. 主要做法

融合党支部建设是在深入贯彻新时代党的建设总体要求大背景下，甲乙方党组织以加强党的建设为联结点和着眼点，以夯实基层党的建设为前提，以推动生产经营发展为目标，以解决实际问题为抓手，在甲乙方基层党支部间开展的新时代企业党建创新实践活动。

（1）建立融合党支部组织机构，实现组织融合、人员融合。

西北油田采油四厂党委、河南油田采油二厂党委在共同分析承包区域员工工作情况和基层支部建设目标基础上，双方协商达成合作意向，召开协议签署仪式，签订了《顺北融合党支部建设协议书》，选定同一区域的甲乙方两个党支部联合成立融合党支部。双方党委将党建共建的总体思路、基本原则、主要内容、基本目标等以协议的方式作出约定，保证共建顺利推进。

经过双方党委批准，由西北油田采油四厂顺北党支部和区域承包商河南油田采油二厂顺北油气服务项目部综合党支部联合组建融合党支部，所有党员纳入融合党支部的管理范围，同时甲乙双方原党支部继续保留。这种设置既保持双方党支部自身独立性，又相互融合开展工作，工作开展不交叉重复又互为补充，充实了党支部职能，加强了党建工作。

（2）建立融合党支部运行规范，实现制度融合、运行融合。

第一，建立相关制度。融合党支部成立后，制定了《融合党支部工作手册（试行）》，按照“宜融则融、宜分则分”的思路厘清融合党支部与原党支部职能，在融合党支部平台上贯彻落实上级各项决策部署，坚持“三会一课”、主题党日等党组织生活制度，开展党员学习教育，开展党组织活动、党员责任区活动、党员突击队活动，双方党员、群众共同参与，丰富了党建内涵。融合党支部不能取代原有党支部。在开展工作过程中，双方党支部按照“宜融则融、宜分则分”的原则，既保持独立性，又充分融合，创新开展支部工作。融合党支部要结合实际开展好党建工作，提高党建质量，发挥新作用，展现新作为。原党支部仍然按党建要求抓好自身支部建设，履行好工作责任。原党支部和融合党支部在工作开展和完成党建任务上不重复进行。

第二，落实组织生活制度。融合党支部认真开展“三会一课”、主题党日活动、组织生活会等，紧密结合油田形势任务要求，定期重温入党誓词、讨论解决生产难题、现场排查安全隐患、开展党员志愿服务和党员突击队活动等。在组织生活会上，党员之间以党员平等身份互相提意见，被批评的党员诚恳接受，超过了以往分开召开会议只在本支部内互相批评的效果。

第三，开展党员学习教育。融合党支部按照要求，以学习习近平新时代中国特色社会主义思想为首要政治任务，开展政治理论教育，理想信念、党性修养和宗旨意识教育，形势任务教育，革命传统教育，石油精神石化传统教育，业务知识技能教育等经常性学习教育，甲乙方员工同时参加，融合支部班子成员传达文件、讲体会、提要求。学习教育跳出惯性的材料学习、记笔记等形式，采取了小组研讨、值班现场宣讲、一月一主题等新形式，让学习内容入脑入心，让党员立场更坚定、思想更先进、行动更统一。

（3）围绕区域中心工作开展活动，实现活动融合、资源融合。

第一，做实“双创一争”活动。融合党支部按照甲乙双方党委工作部署，结合生产经营中心任务，找准贯彻落实的结合点，开展“双创一争”活动，即“创先进党支部、创党员示范区，争党员先锋岗”，激发党员队伍活力。对先进评选，征求双方党员意见，再由原支部研究决定后上报，使先进更贴近实际、更具影响力。

第二，持续提升员工素质能力。创建了“刘守朝工作室”，以全国技能比武金牌获得者刘守朝为带领，充分利用双方技师、技术骨干力量开展练兵比武、知识讲坛、导师带徒、技术创新、课题立项、项目攻关、解决难题等工作，孵化出多项成果，孕育了更多人才。“守朝夜校”以贴近油田安全生产实际的专业技术、安全生产知识为主要内容，兼顾知识性和趣味性，已举办培训 60 多期，激发了职工学技术、提升能力的积极性。

第三，凝心聚力建队伍。融合党支部将党组织的关心关爱融入双方员工队伍，注重从思想上引导、生活上关心、困难中帮助，让一线员工感受到组织的关怀。以“扎根大漠，建功顺北”的队伍口号和“沙漠方舟”队伍精神引领员工。开展“五必谈五必访”，采取进宿舍、拉家常、个别谈话、集体交流等方式掌握员工思想状态，消除其思想包袱、心结。在抗疫期间，党员突击队组织起来，为隔离员工打饭送水，开展线上沟通交流，征集职工意见建议并进行解决。由于顺北油气田地处沙漠，员工远离家乡和亲人，融合党支部开展了趣味球类竞赛、棋牌智力游戏、读书会、音乐分享吧、共创绿色文明家园活动、摄影兴趣小组等，让干部职工融入工作、融入生活。

第四，突出重点促融合。融合党支部聚焦生产经营重点难点，以“党员责任区”“党员突击队”两项活动为抓手搭建党员发挥作用载体，在共同完成任务中感受到了融合意义，凸显融合党支部的合力价值。

3. 经验总结

（1）开展融合党支部建设可以夯实“一个基础”。

确保“企业发展到哪里、党的建设就跟进到哪里、党支部的战斗堡垒作用就体现在哪里”。通过党建品牌创新活动夯实两类基层党支部（一类是采油四厂所属党支部，另一类是在该区域工作的承包商党支部）的党建基础，提高国有企业基层党组织的建设质量。

（2）开展融合党支部建设可以发挥“五个平台”作用。

融合党支部建设具有统一思想、平等沟通、资源整合、攻坚克难、廉洁互促五个平台的作用，如图 6-5 所示。

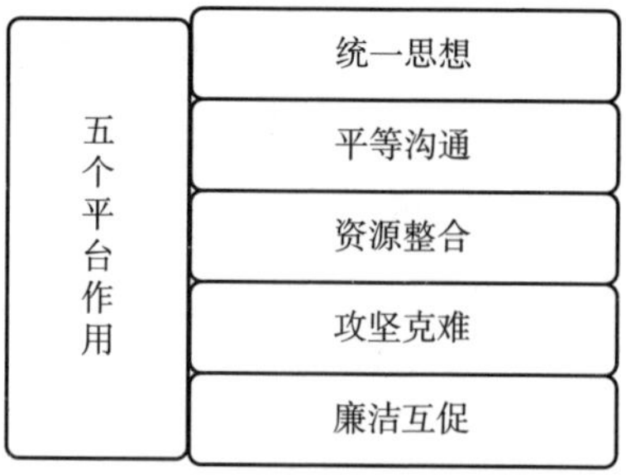

图 6-5　融合党支部的五个平台作用

第一，融合党支部具有统一思想平台作用。通过共同学习党的政策文件和重要会议精神，落实上级党组织的决策部署，强化党员的身份意识，有助于双方形成大局观，更好地贯彻落实上级党组织的任务和要求。上级党组织对两个党支部的要求在本质上是一致的。《党章》、《中国共产党国有企业基层党组织工作条例（试行）》、中国石化党组对两个党支部都有一致性的要求，尽管在落实到具体工作上略有不同，但本质是一致的。两个党支部都要学习宣传和贯彻落实党的理论和路线方针政策，宣传和执行党中央、上级党组织和本组织的决议，团结带领职工群众完成本单位各项任务。

第二，融合党支部具有平等沟通平台作用。通过搭建平等交流平台突出“同志关系”，淡化甲乙方身份。融合党支部具有沟通平台功能，这有助于打破甲乙双方的企业壁垒，从而有效降低沟通协调成本。与当前普遍流行的联合党支部仅联合开展党建活动更深一步，融合党支部进行实质化运作。融合党支部将甲乙双方的党员视为一个整体、一个团队。通过一个组织体系、共同决策、共同学习、共同开展活动等打破甲乙双方企业的有形界限，形成一个新的整体。这种整体的最大好处是每个个体的首要身份是团队中的一员，其次才是来自哪个企业，个体与个体之间是“相互信任的、友好的、考虑到别人感受的”的人际关系。因此即使是在党支部工作以外的其他工作中沟通交流，个体与个体之间的协调成本也会大大降低。

第三，融合党支部具有资源整合平台作用。融合党支部在人力、物力等方面可以调动的资源更广。融合党支部从两家党支部整体上考虑资源调配和人员技能提升，有助于提高资源配置效率，提升双方员工的技能水平。融合党支部可以从两家党支部的整体上整合资源、配置资源，从两家党支部的整个上整合、配置、培养人才。

第四，融合党支部具有攻坚克难平台作用。融合党支部组织两个党支部的党员、群众围绕生产经营开展活动，能够集中力量攻坚克难。由于采取了新型采油厂模式建设，使得生产经营任务的完成需要由两家党支部共同努力。也就是说，本单位生产任务的高质量完成不仅需要本单位党员、职工群众的努力，而且需要对方党支部领导的党员、职工群众的共同努力。

第五，融合党支部具有廉洁互促平台作用。融合党支部还可以实现廉洁互促。原有党支部中的党员都是一个单位的同事，党委委员多是单位领导，上下级关系和同事关系让反腐倡廉教育常常流于形式，而融合党支部引入了外单位的同志参与反腐倡廉教育，有利于提升反腐倡廉教育的效果。

参 考 文 献

阿道夫 · A. 伯利，加德纳 · C. 米恩斯，2005. 现代公司与私有财产［M］. 甘华鸣，罗锐韧，蔡如海，译. 北京：商务印书馆.

安晓非，2021. 定战略、作决策、防风险——中国船舶规范董事会建设实践［J］. 董事会（Z1）：46-47.

陈维政，胡豪，刘苹，2008. 基于企业产权关系的权变公司治理模式研究［J］. 南开管理评论（1）：91-98.

陈占夺，程鹤，2019. 深化国有企业改革培育世界一流企业［J］. 现代国企研究（Z1）：59-61.

陈占夺，齐丽云，牟莉莉，2013. 价值网络视角的 CoPS 企业竞争优势研究：一个双案例的探索性研究［J］. 管理世界（10）：156-169.

陈占夺，2016. 船舶设计成本管理：内涵、方法与案例——基于管理会计和全生命周期理论视角［J］. 会计之友（9）：33-35.

陈占夺，2006. 船舶制造企业外部环境变化分析与战略调整［J］. 船舶工程（3）：70-73.

陈占夺，2008. 基于流程的装备制造业复杂产品成本控制研究［J］. 中大管理研究（3）：113-126.

承文，2021. 国有企业董事会战略治理［M］. 北京：兵器工业出版社.

邓小平，1994. 解放思想，实事求是，团结一致向前看（一九七八年十二月十三日）［M］//邓小平. 邓小平文选（第二卷）. 北京：人民出版社.

董大海，2020. 中国国有企业基本理论读本［M］. 北京：人民出版社.

董大海，陈占夺，赵秀苹，2021. 公司治理七个基本原理［J］. 国资报告（4）：42-45.

国务院国资委党委，2021. 坚持党的领导、加强党的建设是国有企业的“根”和“魂”［J］. 求是（18）：24-28.

韩震，2020. 让劳动光荣、创造伟大成为铿锵的时代强音［N］. 光明日报，8-24（15）.

国企改革历程编写组，2019. 国企改革历程 1978—2018［M］. 北京：中国经济出版社 .

郝鹏，2021. 突出国资央企特色把握学习教育重点从党的百年历史中汲取智慧和力量［J］. 人民论坛（18）：6-9.

胡国栋，王晓杰，2016. 企业民主的缺失与重建：从“鞍钢宪法”到组织主人翁行为［J］. 马克思主义研究（1）：75-86.

江琳，2019. 中铝集团：从“亏损王”到“四连增”［N］. 人民日报，12-30（5）.

杰伊·B. 巴尼，德文·N. 克拉克，2011. 资源基础理论——创建并保持竞争优势［M］. 张书军，苏晓华，译 . 上海：格致出版社 .

杰伊·B. 巴尼，2012. 战略管理［M］. 北京：机械工业出版社 .

经济合作与发展组织，2011. 公司治理问责与透明度：国家所有权指南［M］. 李兆熙，谢晖，译 . 北京：中国财政经济出版社 .

拉姆·查兰，丹尼斯·凯利，2019. 董事会领导力：变革时代重新定义公司的管理逻辑［M］. 强薇，译 . 北京：机械工业出版社 .

李维安，2017. 公司治理学［M］. 北京：高等教育出版社 .

李政，王思霓，2021. 国有企业提升产业链现代化水平的理论逻辑与实现路径［J］. 学习与探索（8）：112-120.

刘宝增，王世洁，余满和，等，2020. 党建“三建模式”引领西部油企走在高质量发展前列［J］. 国企管理（3）：90-111.

刘汉民，康丽群，2013. 公司治理的路径演化和路径选择［J］. 中国工业经济（12）：78-90.

刘青山，原诗萌，饶恒，等，2020. 弘扬伟大抗疫精神践行央企责任担当［J］. 国资报告（9）：66-67.

刘青山，2021. 独家解读 2021 年《财富》世界五百强上榜国企名单［J］. 国资报告（8）：6-8.

刘青山，2021. 中国一重：完善市场化机制提供不竭发展动力［J］. 国资报告（3）：73-75.

刘尚希，2021. 共同富裕：基于所有人的全面发展［N］. 北京日报，9-6（9）.

卢纯，2021. 强国须重企，重企必强国，以建设世界一流企业助推国家崛起强大［J］. 人民论坛（23）：6-11.

卢纯，2020. 重企强国［M］. 北京：清华大学出版社 .

鲁桐，党印，2015. 改善国有企业公司治理：国际经验及其启示［J］. 国际经济评论（4）：134-149.

鲁桐，2018.《OECD 国有企业公司治理指引》修订及其对中国国企改革的启示［J］. 国际经济评论（5）：7，119-134.

鲁桐，2016. 改善国有企业公司治理的思考［J］. 中国国情国力（3）：31-33.

罗旭，2019. 中铝集团：党建如何助力“亏损王”打赢翻身仗［N］. 光明日报，12-30（2）.

马锦燕，2021. 新时代国有企业党的政治建设的要求与着力点［J］. 党政研究（5）：67-73.

马克思，恩格斯，1995. 马克思恩格斯选集（第 1 卷）［M］. 北京：人民出版社.

迈克尔·波特，2013. 竞争战略［M］. 北京：华夏出版社.

毛泽东，1999. 毛泽东文集（第 7 卷）［M］. 北京：人民出版社.

孟祥夫，2020. 党建工作抓得实工程建设进度快［N］. 人民日报，9-15（5）.

苗圩，2018. 高质量发展阶段的制造强国战略［J］. 求是（1）：38-41.

苗圩，2018. 加强核心技术攻关推动制造业高质量发展［J］. 求是（14）：27-29.

南亦秋，张明明，2009. 全过程目标成本控制在造船企业的应用［J］. 财务与会计（4）：17-18.

潘燕华，余晓云，李向远，2014. 信息集成环境下船舶制造企业材料成本控制研究［J］. 船舶工程（4）：120-124.

彭睿，綦好东，亚琨，2020. 国有企业归核化与风险承担［J］. 会计研究（7）：104-118.

强舸，成小红，2019. 国有企业党委（党组）与董事会的决策分工与运作机制——以“讨论前置”为考察核心［J］. 理论视野（11）：88-94.

秦永法，2017. 基于国家特性的中国国有企业治理［N］. 经济参考报，8-24（8）.

邱宝林，2022. 坚持“两个一以贯之”建设现代企业制度［J］. 红旗文稿（3）：23-26.

石大为，2021. 扎实开展“两带两创”活动打造党建经营深度融合的创新载体［J］. 国企（2）：31-33.

石平，2016. 着力培养一支宏大的高素质企业领导人员队伍［J］. 求是（21）：57-58.

时杰，2021. 国有企业在构建新发展格局中关键作用：增强产业链与供应链可控能力［J］. 现代国企研究（3）：32-37.

斯蒂芬·罗宾斯，蒂莫西·贾奇，2021. 组织行为学［M］. 孙健敏，朱曦济，李原，译. 北京：人民出版社.

宋海兵，2017. 新形势下怎样体现工人阶级的地位［N］. 学习时报，10-11（4）.

宋笑敏，2021. 习近平关于加强国有企业党的建设重要论述［J］. 世界社会主义研究，6（10）：19-26，113-114.

孙晓莉，2020. 深刻把握维护经济发展和社会稳定大局的方法论［N］. 学习时报，8-10（6）.

田毅鹏，苗延义，2016. 单位制形成过程中的“苏联元素”——以建国初期国企“一长制”为中心［J］. 吉林大学社会科学学报，56（3）：80-90.

W. 钱·金，勒妮·莫博涅，2016. 蓝海战略（扩展版）［M］. 吉宓，译. 北京：商务印书馆.

王满，2015. 管理会计：大道至简［J］. 财务与会计（4）：11-12.

王勇，2011. 坚持科学发展着力做强做优培育具有国际竞争力的世界一流企业——在中央企业负责人会议上的讲话（略有删节）［J］. 中国总会计师（2）：42-45.

习近平，2015. 在庆祝“五一”国际劳动节暨表彰全国劳动模范和先进工作者大会上的讲话［N］. 人民日报，4-29（1）.

习近平，2016. 坚持党对国有企业的领导不动摇，开创国有企业党的建设新局面［N］. 人民日报，10-12（1）.

习近平，2016. 习近平总书记在省部级主要领导干部学习贯彻党的十八届五中全会精神专题研讨班上的讲话［N］. 人民日报，05-10（1）.

习近平，2018. 论坚持全面深化改革［M］. 北京：中央文献出版社.

习近平，2019. 推进党的建设新的伟大工程要一以贯之［J］. 求是（19）：4-15.

习近平，2020. 在企业家座谈会上的讲话［M］. 北京：人民出版社.

习近平，2021. 扎实推动共同富裕［J］. 求是（20）：4-8.

习近平，2021. 把握新发展阶段，贯彻新发展理念，构建新发展格局［J］. 求是（9）：4-18.

习凯勋，陈枭，2020. 评论篇之三：从央企抗疫看中国精神［J］. 国资报告（9）：77-78.

夏春刚，石春生，2003. 国外公司治理结构的模式和发展趋势［J］. 科技与管理（4）：60-63.

向莹，2020. 深化国有企业改革提高国资配置效率［J］. 当代贵州（35）：42-43.

谢富胜，王松，2021. 习近平论公有制经济与非公有制经济有机统一［J］. 学术研究（04）：1-8.

新时代国有企业党的建设教程编写组，2019. 新时代国有企业党的建设教程［M］. 北京：中共中央党校出版社.

杨慧，吕荣杰，赵勇，2002. 我国公司治理的系统特征分析［J］. 科学学与科学技术管理（6）：82-84.

姚焕，2017. 加强国企党建重在责任落实［J］. 现代国企研究（21）：30-32.

殷萍萍，2012. 委托代理理论研究综述［J］. 现代营销（学苑版）（7）：150-151.

余菁，2021. 党领导下的中国企业管理思想的百年历程、实践逻辑与基本经验［J］. 经济体制改革（6）：5-12.

余满和，罗敏，2019. 创新实施“三建”模式实现党建质量提升——西北油田向世界一流油公司阔步前进［J］. 人民论坛（35）：116-118.

袁和平，2021. 官田兵工厂红色基因的传承神韵［J］. 国防科技工业（10）：20-23.

张晨，张宇，2010. “市场失灵”不是国有经济存在的依据——兼论国有经济在社会主义市场经济中的地位和作用［J］. 中国人民大学学报，24（05）：38-45.

张喜亮，刘青山，2021. 重温党史砺初心勇担使命开新局中国共产党领导的国企管理体制改革发展历史探究［J］. 国资报告（7）：23-35.

张旭，王天蛟，2020. 中国特色社会主义国有企业管理体制的形成、发展与超越［J］. 经济纵横（12）：2，25-35.

张银杰，2017. 公司治理——现代企业制度新论［M］. 第三版. 上海：上海财经大学出版社.

张宇燕，何帆，1996. 国有企业的性质（上）［J］. 管理世界（5）：128-135.

赵建平，2021.“两带两创”促进党建与中心工作深度融合［J］. 国企（18）：46-48.

中国中车，2021. 深化改革加快创建世界一流示范企业［J］. 国资报告（6）：41-43.

周海晨，2021. 国有企业党的领导融入公司治理问题和思考［J］. 现代国企研究（4）：20-26.

周雷，2019. 中铝集团：用好党建法宝扭亏脱困［N］. 经济日报，12-30（3）.

周昱汝，2011. 国外公司治理结构对我国当代国企发展的启示［J］. 法制与社会（35）：201-202.

朱安东，孙洁民，王天翼，2020. 我国国有企业在现代化经济体系建设中的作用［J］. 经济纵横（12）：36-43.

宗寒，2010. 正确认识国有经济的地位和作用——与袁志刚、邵挺商榷［J］. 学术月刊，42（08）：74-82.

ALLEE V. Reconfiguring the Value Network [J]. Journal of Business Strategy, 2000, 21 (4): 36-39.

BRADY T, HOBDAY M. The Oxford handbook of project management [M]. Oxford, UK: Oxford University Press Projects and Innovation, 2012.

COLLIS, D J. Research Note: How Valuable are Organizational Capabilities [J]. Strategic Management Journal, 1994 (15): 143-152.

DAVIES A, HOBDAY M. The business of projects - Managing innovation in complex products and systems [M]. New York: Cambridge University Press, 2015.

DEDEHAYIR O, NOKELAINEN T, MäKINEN S J. Disruptive innovations in complex product systems industries: A case study [J]. Journal of Engineering and Technology Management, 2014 (33): 174-192.

DONALDSON T, PRESTON L E. The Stakeholder Theory of the Corporation: Concepts, Evidence and Implications [J]. Academy of Management Review, 1995, 20 (1): 65-91.

DUTTA D K, GWEBU K L, WANG J. Personal Innovativeness in Technology, Related Knowledge and Experience and Entrepreneurial Intentions in Emerging Technology Industries: A Process of Causation or Effectuation? [J]. International Entrepreneurship and Management Journal, 2015, 11 (3): 529-555.

GREENBERG J. Gognitive Reevaluation of Outcomes in Response to Underpayment Inequit [J]. Academy of Management Journal, 1989 (3): 174-184.

HERZBERG F, MAUSNER B, SNYDERMAN B. The motivation to work [M]. New York: Wiley, 1959.

LEUNG K, TONG K, HO S S. Effects of Interactional Justice on Egocentric Bias in Resource Allocation Decisions [J]. Journal of Applied Psyhology, 2004 (3): 405-415.

PRAHALAD C K, HAMEL G. The Core Competence of the Corporation [J]. Harvard Business Review, 1990, 68 (3): 71-79.

RODENBACH M, BRETTEL M. CEO Experience as Micro-level Origin of Dynamic Capabilities [J]. Management Decision, 2012 (50): 611-634.

TEECE D J. Explicating Dynamic Capabilities: The Nature and Microfoundations of (Sustainable) Enterprise Performance [J]. Strategic Management Journal, 2007 (28): 1319-1350.

TEECE D, PISANO G, SHUEN A. Dynamic capabilities and strategic management [J]. Strategic Management Journal, 1997 (18): 509-533.

WANG C L, AHMED P K. Dynamic Capabilities: A Review and Research Agenda [J]. International Journal of Management Reviews, 2007 (9): 31-51.

WELTER C, MAUER R, WUEBKER R J. Bridging Behavioral Models and Theoretical Concepts: Effectuation and Bricolage in the Opportunity Creation Framework [J]. Strategic Entrepreneurship Journal, 2016, 10 (1): 5-20.

WINTER S G. Understanding Dynamic Capabilities [J]. Strategic Management Journal, 2003 (24): 991-995.